UTB

Eine Arbeitsgemeinschaft der Verlage

Böhlau Verlag · Wien · Köln · Weimar
Verlag Barbara Budrich · Opladen · Toronto
facultas.wuv · Wien
Wilhelm Fink · München
A. Francke Verlag · Tübingen und Basel
Haupt Verlag · Bern · Stuttgart · Wien
Julius Klinkhardt Verlagsbuchhandlung · Bad Heilbrunn
Mohr Siebeck · Tübingen
Nomos Verlagsgesellschaft · Baden-Baden
Ernst Reinhardt Verlag · München · Basel
Ferdinand Schöningh · Paderborn · München · Wien · Zürich
Eugen Ulmer Verlag · Stuttgart
UVK Verlagsgesellschaft · Konstanz, mit UVK/Lucius · München
Vandenhoeck & Ruprecht · Göttingen · Bristol
vdf Hochschulverlag AG an der ETH Zürich

Grundwissen Pädagogische Beratung

Herausgegeben von
Annemarie Bauer, Katharina Gröning, Cornelia Hoffmann
und Anne-Christin Kunstmann

Mit Beiträgen von
Regina Heimann, Cornelia Neumann, Eduard Reimer
und Brunhild Sander

Vandenhoeck & Ruprecht

Dr. Annemarie Bauer, Dipl.-Päd., Dr. phil.; Gruppenanalytikerin (DAGG) und Supervisorin (DGSv), von 1994 bis 2010 Professorin für „Psychoanalyse und Soziale Arbeit“ an der Ev. Fachhochschule Darmstadt; vorher und nachher Beratung in eigener Praxis.
Prof. Dr. Katharina Gröning, Erzieherin, Erziehungswissenschaftlerin M.A., Dr. phil., Supervisorin (DGSv), Professorin an der Universität Bielefeld, Fakultät für Erziehungswissenschaft, Arbeitsgruppe (AG 7) „Pädagogische Beratung“.
Prof. Dr. Cornelia Hoffmann, Erzieherin, Erziehungswissenschaftlerin M.A, Dr. phil., Supervisorin (i.A./DGSv*), wissenschaftliche Mitarbeiterin an der Universität Bielefeld, Arbeitsgruppe (AG 7) „Pädagogische Beratung“, Professorin für Bildung und Erziehung in der Kindheit an der Fliedner-Fachhochschule in Düsseldorf.
Dr. Anne-Christin Kunstmann, Krankenschwester, Diplom Pädagogin, Dr. phil., wissenschaftliche Mitarbeiterin an der Universität Bielefeld/Fakultät für Erziehungswissenschaft, Arbeitsgruppe (AG 7) „Pädagogische Beratung“.

Mit 3 Abbildungen

Online-Angebote oder elektronische Ausgaben sind erhältlich unter
www.utb-shop.de

Bibliografische Information der Deutschen Nationalbibliothek
Die Deutsche Nationalbibliothek verzeichnet diese Publikation in der Deutschen Nationalbibliografie; detaillierte bibliografische Daten sind im Internet über http://dnb.d-nb.de abrufbar.

Umschlaggestaltung: Atelier Reichert, Stuttgart
Satz: Ruhrstadt Medien AG, Castrop-Rauxel
Druck und Bindung: CPI books GmbH, Ulm

UTB-Band-Nr. 3744
ISBN 978-3-8252-3744-8

Inhalt

oder das Vermitteln von Wissen? Oder Selbstreflexion? beides?

→ Zusammenarbeit Schreibberatung?

Einleitung

Menschen sind im Laufe ihres Lebens immer wieder ratbedürftig. Eine der ältesten Reflexionen, die diesen Gedanken in eine Kunst der Lebensführung übersetzen, sind die Texte des griechischen Philosophen Aristoteles zur Wohlberatenheit in der *Nikomachischen Ethik* (vgl. Münch 2010). Wohlberatenheit ist nach Aristoteles eine Tugend des Alltags, die der kluge Mensch sich quasi zulegt. Rat geben und vor allem Rat suchen, bevor man eine Entscheidung und ein Urteil fällt, das gehörte zur umsichtigen Lebensführung und Lebenskunst in der Antike. Aristoteles beschreibt die Wohlberatenheit und das Ratgeben als zehnte Tugend und spricht davon als von einer Kunst, die zwischen Wissenschaft (der Perspektive des Allgemeinen), Suche nach der richtigen Meinung (der Perspektive der Person) und schließlich Takt (der Haltung des Beraters, der bei Aristoteles vor allem Philosoph ist) angesiedelt ist.

> Wir müssen aber auch ermitteln, was die Wohlberatenheit ist, ob eine Wissenschaft oder Meinung oder richtiger Takt, oder ob sie zu einer anderen Gattung gehört. Wissenschaft ist sie offenbar nicht. Denn was man weiß, danach sucht man nicht; die Wohlberatenheit ist aber eine Art Beratschlagung, und wer beratschlagt, sucht und schließt. Ebenso wenig ist sie ein richtiger Takt. Denn dieser sucht nicht nach Gründen und bedarf keiner Zeit.

Beratung braucht nach Aristoteles zweitens Zeit. Der Beratungsprozess ist bei ihm so konzipiert, dass vom Ratsuchenden erwartet wird, dass er den Rat, der ihm als Ergebnis gemeinsamer Überlegungen gegeben wurde, umsetzt, was nur möglich ist, wenn der Rat gut und richtig ist, wozu wiederum Zeit zum Beraten nötig ist.

> Zum Beraten aber gehört viel Zeit, und es ist ein bekanntes Wort, man müsse, was man beraten und beschlossen, unverweilt ausführen, zum Beraten aber sich Zeit gönnen.

Aristoteles macht drittens auf die Bedeutung der (sachlichen) Richtigkeit des Rates aufmerksam, d. h. der Rat muss passen im Sinne der Sache und Entscheidung, um die es dem Ratsuchenden geht. Gleichzeitig muss der Rat persönlich angemessen sein und für die konkrete Lage und Situation stimmen. Die Beratungskunst liegt also darin, vom allgemeinen Hintergrundwissen auf das Konkrete des Falls zu kommen und beide Perspektiven zu verbinden. Ein Rat muss darüber hinaus viertens Perspektiven der Lebensführung und Ideen des guten Lebens der Person berücksichtigen und somit allgemeine Reflexion und Nachdenken einschließen. Erst dann, wenn diese Reflexivität, die Spielräume und Freiheit lässt, die nicht bedrängt und nicht führt, Teil der Beratung ist, ist der Rat ein guter und richtiger Rat.

das Konkrete des Falls

Da vielmehr, wer sich übel berät, fehlt, und wer sich wohl berät, sich richtig berät, so ist Wohlberatenheit offenbar eine gewisse Richtigkeit, aber eine Richtigkeit weder des Wissens noch der Meinung. [...] Aber die Wohlberatenheit entbehrt auch nicht der Gründe und des Denkens. Mithin bleibt nur übrig, dass sie zum Nachdenken gehört, das ja noch kein Behaupten ist. Denn die Meinung ist kein Suchen, sondern schon ein Behaupten, wohl aber ist es von dem, der sich berät, tue er dieses nun gut oder schlecht, wahr, dass er nach etwas sucht und Überlegungen anstellt.

Der letzte Aspekt, welchen Aristoteles anspricht, ist der Zuwachs an Erfahrung und an Bildung durch den Rat. Beratung ist danach mehr als nur eine sachliche Auskunft oder eine Information. Sie lässt dem Ratsuchenden die Freiheit des Nachdenkens und ermöglicht gleichzeitig Einsichten und Erkenntnisse, die den Ratsuchenden so kompetent machen, dass er künftig in vergleichbaren und ähnlichen Situationen von seiner Wohlberatenheit profitieren kann.

Endlich kann man teils schlechthin wohlberaten sein, teils mit Beziehung auf ein einzelnes Geschäft. Mithin ist Wohlberatenheit schlechthin diejenige, die für den Zweck des Lebens schlechthin das Richtige trifft, dagegen Wohlberatenheit in einer bestimmten Hinsicht jene, die es für ein einzelnes Geschäft trifft.

Alle Zitate: Aristoteles 1985, S. 142f.

Wohlberatenheit schafft schließlich nach Aristoteles Lebensklugheit und Lebenskompetenz. „Wenn es demnach ein Merkmal des klugen Mannes ist, wohlberaten zu sein, so kann man sagen: Die Wohlberatenheit ist Richtigkeit in Bezug auf das, was zu einem Zweck dient, von dem die Klugheit eine wahre Meinung hat", (Aristoteles 1985, S. 143).

Die Merkmale des guten und richtigen Rates und Beratens heißen demnach sachliche Richtigkeit und Reflexivität, Anwendung des sachlichen Wissens, des Personenwissens und die Bereitschaft, das allgemeine Wissen auf einen konkreten Fall anzuwenden. Jeder guten Beratung wohnt ein Moment von Bildung inne, eine besondere Art des reflexiven Lernens, die sich nicht durch nomologisches Wissen, sondern durch einen *Zuwachs an innerer Freiheit* auszeichnet. Um diese beraterische Fähigkeit entwickeln zu können, sind zum einen bestimmte Beratungstechniken vonnöten, zum anderen aber auch eine bestimmte Haltung und eine besondere Beziehungsfähigkeit des Beraters.

Einen ähnlichen Aufriss von Beratungskunst, in deren Mittelpunkt die Mündigkeit des Ratsuchenden steht, hat in den 1960er Jahren der Erziehungswissenschaftler Klaus Mollenhauer (1965) formuliert. Beratung, so Mollenhauer, enthülle ein bestimmtes anthropologisches, gesellschaftliches Konzept. Wer ein pessimistisches Menschenbild vertrete, könne nicht beraten, sondern nur Anweisungen geben. Den Ratsuchenden zu lenken und führen lehnte Mollenhauer ab:

Beraten = eine Entscheidung vorbereiten

- Beratung bedeutet für den Ratsuchenden die Vorbereitung einer Entscheidung. Er will aus einer Aporie heraus.
- Vom Berater erwartet der Ratsuchende keine Anweisungen, sondern dass er zuhört und aus vielleicht besserer Übersicht eine Antwort gibt bzw. Möglichkeit aufzeigt. Der Ratsuchende erwartet keinen Zwang, keine Vorschriften, keine unumstößlichen Wahrheiten, kein Urteil, das nicht revidiert werden könnte.
- Der pädagogische Sinn der Beratung liegt darin, dass sie die Selbstfähigkeiten, die Produktivität, die Rationalität und die Fantasie des Ratsuchenden anspricht.
- Die entscheidende Funktion der Beratung ist, dass kritische Aufklärung stattfinden kann, im Sinne der Möglichkeit zur Distanz, zu objektivierender Betrachtung und eines rationalen Verhaltens zu sich selbst.
- Im Akt der Selbstaufklärung wird die Information in ein kritisches Selbst- und Weltverhältnis umgesetzt. Beratung in diesem Sinne führt nicht in die Anpassung, sondern soll von Konformitätszwängen befreien (vgl. Mollenhauer 1965, S. 25ff.).

Die theoretische Stärke von Mollenhauers Entwurf liegt sicher darin, dass er Beratung als Aufklärung (im kantianischen Sinn) verstanden hat und damit die Beziehung von Ratsuchendem und Berater neu definiert. Nach einer Zeit, in der das Ratgeben vor allem mit sozialer Kontrolle einherging, hat Mollenhauer einen neuen Beratungsbegriff für die Pädagogik mitgeprägt. Der bekannte Satz von Hartmut von Hentig (1985), die Pädagogik müsse „die Menschen stärken und die Sachen klären“, kommt in seiner Intention sowohl der Vorstellung von Beratung als Aufklärung als auch der Tugend der Wohlberatenheit sehr nahe.

Nachdem für das Thema „Beratungskunst“ ein Philosoph und ein Pädagoge zu Wort gekommen sind, soll schließlich an Carl Rogers und Martin Buber, zwei wichtige Theoretiker und Wegbereiter der Beratungskunst, erinnert werden. Rogers war Psychologe und Buber Theologe. Beide haben sich über Prinzipien der Beratung ausgetauscht. Carl Rogers hat sich vor allem hinsichtlich der Beziehungsgestaltung und des „Beziehungsraums“ auf Buber bezogen und dessen Konzept von „Ich und Du“ als maßgeblich angenommen.

Martin Buber hat in seinem 1923 erschienen Buch *Ich und Du* zwischen Ich-Es-Beziehungen und Ich-Du-Beziehungen, also zwischen instrumentellen und ethischen Beziehungen unterschieden. Das *Verstehen einer Sache* ist danach etwas ganz anders als das *Verstehen eines Menschen.* Eine Krankheit beispielsweise ist im Rahmen einer Ich-Es-Beziehung zu verstehen, das Verstehen eines (kranken) Menschen nur im Rahmen einer Ich-Du-Beziehung. Zwar ist es nach Buber grundsätzlich möglich, die innere Struktur eines Menschen, die Logik seiner Seele, die Sinnhaftigkeit seines Verhaltens über eine Ich-Es-Beziehung logisch zu erfassen, trotzdem dürfte sich dieser Mensch dann nicht unbedingt verstanden, sondern lediglich erkannt (und vielleicht beschämt) fühlen. Dies ist das Eigentümliche am Verstehen eines Menschen oder am Verstehen zwischen Menschen.

Verstehen basiert darauf, sich ähnlich zu machen, sich zu identifizieren und den anderen Menschen anzuerkennen. Menschen können sich sowohl ausgegrenzt, gekränkt, beschämt und zurückgestoßen (wenn man sie nur erkennen will) als auch integriert, anerkannt und wertgeschätzt fühlen – je nachdem, ob das Verstehen aus einer Ich-Es-Beziehung heraus oder aus einer Ich-Du-Beziehung heraus geschieht. Der Psychologe und Begründer des personenzentrierten Ansatzes Carl Rogers hat diese Ich-Du-Beziehung zu einer umfassenden Haltung in der Beratung entwickelt und Folgendes gesagt:

> Dass der Klient derjenige ist, der weiß, wo ihn der Schuh drückt, welche Richtung einzuschlagen ist, welche Probleme entscheidend, welche Erfahrungen tief begraben gewesen sind. Langsam merkte ich, dass, wenn ich es nicht nötig hätte, meine Cleverness und Gelehrsamkeit zu demonstrieren, ich besser daran täte, mich auf den Klienten zu verlassen, was die Richtung des Prozessablaufes anging.
>
> *(Rogers 1973, S. 27f.)*

Rogers' entscheidende Erfahrung war, dass nicht der Klient sich seiner Führung, sondern er sich der Führung des Klienten anvertrauen musste, um Erfolge zu erzielen. Er forderte denn auch, dass der Klient spricht und der Berater vor allem aktiv zuhört, dass den Klienten Diagnosen erspart werden und auf wissenschaftliche und expertenhafte Deutungen oder Interpretationen weitgehend verzichtet wird. Stattdessen soll der Berater für den Klienten ein Spiegel sein und ihn auf der Ebene von Ich und Du verstehen. Bei Rogers liegt der Schlüssel zur Beratung in der Anwendung von Techniken der einfühlenden Gesprächsführung, die seine Methode auszeichnet. Diese Gesprächstechnik ist seit den 1970er Jahren in den sozialen Berufen sehr verbreitet und stellt heute einen Kern von Beratung dar. Dabei sind bedauerlicherweise die philosophischen (aristotelischen und kantianischen) Aspekte der Aufklärung in den Hintergrund geraten, werden heute aber wieder entdeckt.

Eines der wesentlichen Elemente der *Kunst der personenzentrierten Gesprächsführung* ist zunächst das Weglassen und Unterdrücken des „üblen Rates“, um Aristoteles' Argumentation aufzugreifen. Wilfried Weber (1976, S. 32–34) nennt als Lasterkatalog der Gesprächsführung z. B.: gängeln, dominieren, drohen, dozieren, belehren, expertokratisieren, lenken, Schuldgefühle machen, beschämen, „zutexten“. Rogers rückt die Förderung der Selbstachtung des Klienten in den Mittelpunkt des Prozesses, das ist vor allem in der psychologischen und psychosozialen Beratung sehr wichtig. Unabhängig von der Beratungsform gibt es unter Beratungswissenschaftlerinnen und -wissenschaftlern einen breiten Konsens darüber, dass es entscheidend ist, inwieweit es dem Berater gelingt, dem Klienten Achtung, Wertschätzung und emotionale Wärme entgegenzubringen. Durch die zugewandte Haltung sollen dem Ratsuchenden Angstgefühle, Scham und Verteidigungshaltungen genommen werden.

Mit den vorgestellten Ansätzen sind drei wichtige Denkweisen für das Beratungshandeln in der Pädagogik eingeführt. Sie an den Anfang eines Buches zu stellen soll den Studierenden der Studiengänge Erziehungswissenschaft, Soziale Arbeit, Supervision und Beratung Appetit machen, sich auf Beratung als Prozess im Feld des pädagogischen Handelns einzulassen. Maßgeblich ist das vorliegende Beratungsverständnis an der Universität Bielefeld in der Arbeitsgruppe „Pädagogische Beratung" entstanden, in welcher alle Herausgeberinnen arbeiten, wobei Annemarie Bauer freiberuflich arbeitet. Inhaltlich ist das nachfolgende Prozessmodell der pädagogischen Beratung aus unseren Seminaren und Veranstaltungen zur Beratungskompetenz hervorgegangen. Wichtig zu erwähnen ist in diesem Zusammenhang unsere Kollegin Bernadette Grawe, die vor ihrer Berufung an die Katholische Fachhochschule Paderborn ein Jahr in unserer Arbeitsgruppe tätig war und eine erste Skizze für das vorliegende Prozessmodell gelegt hat.

Das vorliegende Lehrbuch versteht die pädagogische Beratung vor allem als Handlungsmodell und Methode. Dieses Verständnis pädagogischer Beratung erläutert Katharina Gröning nachfolgend in sechs Kapiteln, in denen je unterschiedliche Dimensionen der pädagogischen Beratung, ihre Potenziale und Perspektiven aber auch spezifische Konflikte und Dilemmata im Zentrum stehen.

Zunächst werden in Kapitel 1 die Dimensionen des Verstehensbegriffs im Zusammenhang mit der Beratung in der Pädagogik erläutert. Katharina Gröning beschreibt die Verstehenskompetenzen der Beratenden als sozialwissenschaftliche Kompetenz und stellt Verbindungen zu unterschiedlichen Traditionen des Verstehens – zu Ansätzen der qualitativen Forschungsmethoden ebenso wie zu geisteswissenschaftlichen Traditionen des Verstehens her. Differenziert werden insbesondere solche Beratungsprozesse, in denen das Verstehen primär in Entscheidungen mündet, von solchen, in denen der verstehende Zugang eher dem Beziehungsaufbau dient.

Zentral für das Kapitel 2 des Lehrbuches ist die Auseinandersetzung mit der Kunst einen Beratungsprozess zu gestalten, der sich nicht an therapeutischen Modellen orientiert, sich aber auch nicht auf die Begleitung selbstreflexiver Prozesse oder die Vereinbarung von Maßnahmen begrenzt. Die Beratungskunst liegt hier darin, die Herausforderungen am Beginn der Beratungsbeziehung im Hinblick auf Kontraktierung und Aufbau eines tragfähigen Arbeitsbündnisses ebenso zu bewältigen wie die Konkretisierung der Beratung durch die Raterteilung und die Gestaltung des Abschiedsprozesses bei Abschluss der Beratungsbeziehung.

Daran anknüpfend reflektiert Katharina Gröning in Kapitel 3 wesentliche Probleme bezüglich der formalen Dimensionen pädagogischer Beratung: Beratungsformen und -rollen sowie Formalisierungsgrade der Beratung werden mit Blick auf die Zusammenhänge zwischen Profession, Beratungsverständnis und Institution thematisiert. Dabei finden (potenzielle) Rollenkonflikte der Beratenden besondere Beachtung.

Die Beratenden selbst sowie die Beziehung zwischen Beratenden und zu Beratenden stehen im Zentrum der folgenden beiden Kapitel. Kapitel 4 fokussiert zunächst die Gefühle, die sowohl seitens der Beratenden als auch seitens der Klienten auftreten (können), und stellt deren Einfluss auf die Beratungsbeziehung heraus. Damit geht es um die Tiefendimension der Beratung, um die „großen" Gefühle, um Gefühle der Scham und Schuld, um Angst und Aggression. Während hier schwerpunktmäßig der Umgang mit diesen Gefühlen in der konkreten Beratungsbeziehung berücksichtigt wird, richtet das 5. Kapitel den Blick auf die Psychohygiene der Beratenden und ist damit deutlicher präventiv ausgerichtet. Die reflektierte Auseinandersetzung mit „typischen" Phänomenen in der pädagogischen Beratung, z. B. der Nähe-Distanz-Problematik, und das Wissen um die Wirkung von Interaktionsstilen und persönlichen Haltungen sowie um die Risiken durch interpersonelle Abwehrprozesse und Kollusionen infolge beraterischer Verstrickung wird als Teil des Professionalisierungsprozesses verstanden.

Die „Traditionen" pädagogischer Beratung werden im Kapitel 6 erläutert. Anhand relevanter Entwicklungslinien der pädagogischen Beratung verortet Katharina Gröning diese Beratungsform zwischen sehr unterschiedlichen, zum Teil polarisierten Traditionen: Pädagogische Beratung ist beispielsweise einerseits zivilgesellschaftlich und demokratisch verankert und andererseits beeinflusst durch obrigkeitliche und antidemokratische Traditionen. Beide Traditionen und die damit verbundenen Konflikte und Widersprüche bleiben für die heutige Beratungspraxis bedeutend. Eine Konkretisierung dessen, was pädagogische Beratung z. B. in Abgrenzung zur pädagogischen Psychologie heute ausmacht, schließt dieses Kapitel ab und leitet über zu der Frage, welche Potenziale mit der pädagogischen Beratung in spezifischen Beratungsfeldern verbunden sind.

Im Kapitel 7 sind werden die Felder der pädagogischen Beratung von verschiedenen BeiträgerInnen aufgefächert, hier sind Bezüge zu einem Professionsmodell von Beratung angesprochen. Exemplarisch werden die (historische) Entwicklung und der (institutionelle) Rahmen der Beratungspraxis in den jeweiligen Feldern reflektiert, relevante Bezugstheorien sowie Prinzipien der Beratung skizziert und die spezifischen Dilemmata, mit denen die Beratung hier konfrontiert ist, problematisiert.

Zunächst stellt Annemarie Bauer mit der sozialpädagogischen Beratung eine Beratungsform vor, die im Feld der sozialen Arbeit verortet ist und sich entsprechend auf ein breites Spektrum thematischer Beratungsinhalte beziehen kann. Als verbindendes Element sozialpädagogischer Beratung arbeitet die Autorin den Alltags- und Lebensweltbezug der Beratung ebenso heraus wie das daraus resultierende Beratungsverständnis, das individuelle Problemlagen nicht losgelöst von sozialen/gesellschaftlichen Bedingungen betrachtet. Beratungsziel ist folglich häufig nicht die Problemlösung, sondern die Ermöglichung eines gelingenderen Alltags. Dass sozialpädagogische Beratung aufgrund ihrer institutionellen und rechtlichen Rahmung im Spannungsfeld zwischen Hilfe und Kontrolle erfolgt, bedingt ihr zentrales Dilemma. Neben die Anforderung einer prinzipiellen ethischen Fundierung von Beratung treten in diesem Feld in besonderem Maß Fragen zur Ethik des Intervenierens.

Ausgangspunkt von Cornelia Hoffmanns Analyse der Schul- und Bildungsberatung im Jugendalter ist ein grundsätzliches Paradox, nämlich die diesbezügliche

Beratung durch Lehrerinnen und Lehrer: Während Beratung einerseits als integraler Bestandteil des beruflichen Handelns von Lehrern gilt, schließt ihre institutionelle Einbindung sie andererseits eigentlich als Beratende aus, weil sie erstens qua Rolle unmittelbar an Beratungsanlässen im schulischen Kontext beteiligt sind, weil zweitens das strukturelle Machtgefälle zwischen Lehrern und Schülern/Eltern direkte Auswirkungen auf die Beratung zur Folge hat und drittens das Prinzip der Freiwilligkeit der pädagogischen Beratung mit dem Pflichtcharakter von Schule kollidiert. Wie pädagogische Beratung ihrem konzeptionellen Anspruch im schulischen Kontext gerecht werden kann, erläutert die Autorin, indem sie Auftrag und Aufgabenschwerpunkte der Schulberatung skizziert und anhand von Fallbeispielen konkretisiert.

Eduard Reimer thematisiert die Berufsberatung von Jugendlichen im Kontext der schulischen Berufsorientierung zunächst aus theoretischer Perspektive und skizziert die verschiedenen disziplinären Zugänge zu Fragen der Berufswahl. Für die heutige Berufsberatung wird ein Beratungsverständnis umrissen, das die Berufsfindung nicht als ein rein rationales Auswahlverfahren, sondern als einen mehrphasigen Entscheidungsprozess auffasst. Die Berufsberatung ist in diesen Prozess eingebunden und bietet je nach Beratungsanlass neben Information und Lotsenfunktion im „Berufswahldschungel" immer auch Raum für Lern- und Reflexionsprozesse.

Die Weiterbildungsberatung im Kontext lebenslangen Lernens reflektiert Regina Heimann zunächst im Hinblick auf Beratungsbegriff, Beratungstypen und Arbeitsfelder der Bildungsberatung Exemplarisch wird – bezogen auf die Zielgruppe der Berufsrückkehrerinnen – die reflexive biografieorientierte Bildungsberatung mit Pierre Bourdieus Konzepten des Habitus und der symbolischen Gewalt verknüpft. Deutlich wird, dass für diese Zielgruppe neben strukturellen auch inkorporierte, unbewusste Nutzungsbarrieren bei der Weiterbildungsteilnahme bestehen, die im Rahmen der Beratung zu bearbeiten sind.

Veränderungen hinsichtlich der theoretischen Auffassungen darüber, was unter „Familie" zu verstehen ist und hinsichtlich der praktischen Gestaltung des Lebens in Familien, so argumentiert Annemarie Bauer, haben Konsequenzen für die Familienberatung. Dadurch, dass z. B. das traditionelle bürgerliche Familienmodell um eine Vielfalt familialer Lebensformen ergänzt und teilweise durch sie ersetzt wird, treten strukturdiagnostische Methoden in ihrer Bedeutung hinter prozessorientierten Verstehenszugängen zurück, die stärker die Familiendynamik fokussieren. Die pädagogische Beratung kann hier auf Ansätze zurückgreifen, die – jenseits der systemischen Sicht – Perspektiven auf spezifische Problemlagen von Familien eröffnen.

Die engen Bezüge zwischen der pädagogischen Beratung und der Frauenberatung werden dadurch verdeutlicht, dass Cornelia Neumann die Prinzipien feministischer Beratung erläutert. Wie diese Prinzipien in der konkreten Beratungspraxis zum Tragen kommen, schildert die Autorin beispielhaft an einem für das Feld zentralen Beratungsanlass: der Gewalterfahrung von Frauen. Indem nach der theoretischen Auseinandersetzung der Verlauf eines Beratungsprozesses ausführlich nachvollzogen wird, gelingt es, sowohl „das Typische“ der feministischen Beratung zu berücksichtigen, als auch „das Besondere“ der spezifischen Lebenssituation von Frauen im Kontext von Gewalterfahrungen hervorzuheben und damit die Komplexität der Beratung in diesem Feld zu veranschaulichen.

Das Kapitel endet mit dem Blick auf die späte Familie, indem Anne-Christin Kunstmann und Brunhild Sander sich kritisch mit bestehenden Angeboten bei der Beratung pflegender Angehöriger auseinandersetzen. Diese Angebote, so argumentieren die Autorinnen, werden in Teilen weder den Beratungsbedürfnissen pflegender Familien gerecht, noch entsprechen sie den Prinzipien pädagogischer Beratung. Angesichts dieser Problematik werden Eckpfeiler einer pädagogischen Beratung im Feld der Angehörigenberatung umrissen.

Indem Kapitel 7 ausgewählte Felder pädagogischer Beratung vorstellt, zeigt es, dass hier noch viele Schritte zu gehen sind. Beispielsweise ist es nötig Kriseninterventionskonzepte und pädagogische Beratung deutlicher miteinander zu kombinieren.

Fragen zur sozialwissenschaftlichen Fundierung pädagogischer Beratung schließen das vorliegende Lehrbuch ab. In Kapitel 8 formuliert wieder Katharina Gröning beratungswissenschaftliche Thesen zu zentralen Themenfeldern einer sich derzeit institutionalisierenden Beratungswissenschaft: Im Sinne eines vorläufigen Fazits oder Ausblicks wird die Bedeutung der Beratung als Instrument gesellschaftlicher Modernisierung ebenso diskutiert wie hinsichtlich der Stichworte „Beratung als Demokratisierung“ und „Beratung in komplexen sozialen Systemen“.

Unser Dank gilt all jenen Personen, die das Projekt gefördert und „bemuttert“ haben. Unsere Kollegin Susanne Heimanns hat an vielen Stellen im Sekretariat der Arbeitsgruppe den Entstehungsprozess mitgesteuert. Manuela Olsson hat wie immer schnell, zuverlässig und stützend das Manuskript bearbeitet, und schließlich gilt unser Dank den Autorinnen und Autoren, die uns ihre Manuskripte zur Publikation überlassen haben.

Bielefeld im November 2011 — Die Herausgeberinnen

1. Verstehen und beraten

Das folgende Kapitel bildet eine theoretische und allgemeine Fundierung für die Beratung in der Pädagogik. Die Verstehenskompetenzen des Beraters bzw. der Beraterin werden als sozialwissenschaftliche Kompetenz beschrieben und sowohl mit Ansätzen der qualitativen Forschungsmethoden als auch mit geistes- und sozialwissenschaftlichen Traditionen des Verstehens verbunden. Leserinnen und Leser erhalten einen Einblick in die verschiedenen Dimensionen des Verstehensbegriffs und lernen zu unterscheiden zwischen Beratungsprozessen, in denen Erklären und Entscheiden im Mittelpunkt steht, und denen, in welchen der Zugang zur Person zentrales Merkmal beraterischer Kompetenz ist.

1.1 Verstehen

Der Verstehensbegriff in der pädagogischen Beratung, sofern sich diese erziehungswissenschaftlich fundiert versteht, ist keiner, der sich mit „vier Ohren und vier Schnäbeln" (vgl. Schulz von Thun 2006) zufrieden geben darf, auch wenn das Modell des „vier-ohrigen" Empfängers kreativ und bestechend plausibel anmutet. Ein erziehungswissenschaftlich fundiertes Verstehen muss sich durch die Schwierigkeiten der sozialwissenschaftlichen Erkenntnisse und Strömungen quasi hindurcharbeiten. Der Prozess des Verstehens umfasst in der pädagogischen Beratung nämlich mehr als das Ich und Du, es geht gleichzeitig um den Prozess eines sozialwissenschaftlichen Erkennens und es geht beim Verstehen um Reflexion im wissenschaftlichen Sinn. Denn pädagogische Beratung und Kommunikation findet zumeist in *Institutionen* statt, und zwar in wirkungsmächtigen Institutionen. Diese Institutionen verfügen, wie Gerda Kasakos (1981) es einmal ausgedrückt hat, über eine amtliche Definitionsmacht. Die Reaktion und Verhaltensweisen der Klienten und der in den pädagogischen Institutionen (z. B. Jugendamt oder Schule) tätigen Menschen lassen sich nur nachvollziehen, wenn man die Wirkungsmacht der Institution mitberücksichtigt. Aus diesem Grund wird für die pädagogische Beratung neben dem psychologischen Verstehen vor allem sozialwissenschaftliches Verstehen benötigt.

Verstehen im Zusammenhang mit der pädagogischen Beratung umfasst demnach neben den allgemeinen Erkenntnissen über das Verstehen folgende Dimensionen:

1. „Ich und Du" im Sinne von Martin Buber und Carl Rogers als Ebene der Person und der menschlichen Interaktion,
2. den Prozess der Erkenntnis über den Weg der Hermeneutik, d. h. die Rekonstruktion von Sinn der Erzählung in der Beratung,
3. die sozialwissenschaftliche Objektivierung des Verstehens und des Erkennens, zum Beispiel durch Berücksichtigung der Institutionen und gesellschaftlichen Kontexte,
4. und die Reflexion des Beraters/der Beraterin.

Die historischen Wurzeln für eine Wissenschaft vom Verstehen liegen, so der Phänomenologe Gregor Bongaerts (2010), in der Antike, hier entstehen Grundzüge einer Verstehenslehre, die sich als Deutungskunst, Hermeneutik (griech.: *hermeneúein)*, vor allem im Zusammenhang mit dem Verstehen von klassischen Texten entwickelte. Bongaerts differenziert verschiedene Ebenen des Verstehens, die sowohl für das Thema „Beratung" als auch für qualitative hermeneutische Forschung und „forschendes Beraten" von großer Bedeutung sind. Zunächst einmal differenziert Bongaerts den Gegenstand des Verstehens: Was soll verstanden werden? Ein schriftlicher Text, eine mündliche Rede, eine Handlung anderer Menschen oder Bilder, Musik, Baupläne, Automotoren usw.? Was als „Verstehen" bezeichnet wird, hängt stark ab vom Phänomen bzw. vom Gegenstand, der verstanden werden soll.

Die Hermeneutik entsteht dabei historisch durch die Auslegung von klassischen Texten. Indem immer wieder zwischen dem wörtlichen Sinn der Texte, ihrer Pragmatik und ihrem literarischen Sinn unterschieden wird, nähert man sich einem Verstehen der Texte an. Diese Unterscheidung von verschiedenen Sinnebenen ist für die Hermeneutik bis heute wichtig und prägt ihre Entwicklung, ihre Strömungen und ihre Methoden. Als Verstehenslehre bleibt die Hermeneutik lange der Auslegung religiöser Texte verpflichtet, die Deutung richtet sich auf die göttlichen Botschaften (vgl. Bongaerts 2010, S. 20).

Menschen schaffen sich, so Bongaerts (2010, S. 13) in Anlehnung an Ernst Cassirer (1977), eine soziale Wirklichkeit, indem sie die gesamte Welt, in der sie leben, vermittels symbolischen Formen in *Sinnzusammenhänge* stellen. Die Welt ist nach dieser Auffassung kulturell codiert bzw. gesellschaftlich konstruiert (Berger / Luckmann 1969). Etwas wird als etwas aufgefasst und ist deshalb auf Sinn bezogen. Sinn kann dabei subjektiv oder auch objektiv sein. *Subjektiver Sinn* ist der Sinn, den einzelne Akteure mit ihrem Handeln zum Ausdruck bringen, so Bongaerts (2010, S. 21). Es geht darum, was ein Handelnder subjektiv meint, wenn er etwas tut oder sagt. *Objektiver Sinn* ist hingegen der Sinn, der in Form von Zeichen (Sprache) oder auch in Form von hergestellten Dingen für jedermann verfügbar ist. Er ist Produkt kommunikativen Geschehens und damit intersubjektiv in einer Sprach- und Kulturgemeinschaft verfügbar. Kulturen zeichnen sich dadurch aus, dass das Verstehen fraglos geht, weil die Menschen die gleichen oder zumindest ähnliche objektive Sinnstrukturen verinnerlicht haben.

Nach Bongaerts (2010) hat vor allem Martin Heidegger (1889–1976) die Hermeneutik von ihrer Fixierung auf Schrift gelöst, in den Alltag transferiert und damit sozialtheoretisch zugänglich gemacht. Menschen müssten sich dauernd und in ihrem Alltag verstehen. Nach Heidegger ist dem menschlichen Verhalten das Verstehen insgesamt zueigen, weil in der alltäglichen Praxis des Verhaltens auf die Welt selektiv und sinnbezogen Bezug genommen wird. Der gesamte Sozialisationsprozess richtet sich auf die *Ein*übung von Verstehen aus, zunächst der Affekte und Emotionen, deren intersubjektives Verstehen wiederum eine Voraussetzung für die kognitive Entwicklung darstellt. Je nachdem, was ein Gegenstand für mich bedeutet, wie ich ihn nutze, aber auch welchen Sinn er subjektiv für mich hat, beeinflusst dies mein Verhalten. So kann eine Tasse, die über Jahrzehnte im Schrank steht und dort nur noch steht, weil sie vor langer Zeit z. B. auf der Flucht gerettet oder bei der Ausreise mitgenommen wurde, zu einem ganz besonderen Objekt werden. Der letzte Zahn im Mund einer 95-Jährigen ermöglicht ihr vielleicht, noch an Äpfeln zu knabbern und sich noch gesund und alltagsfähig zu fühlen. Der Verlust dieses letzten Zahns, obwohl hässlich und entstellend, löst z. B. eine Depression oder eine große Trauerreaktion aus, die niemand in der Umwelt wirklich nachvollziehen kann, weil sein subjektiver Sinn, seine Bedeutung im Selbstkonzept, sich nicht sofort erschließt und der objektive Sinn durch die Möglichkeit zahnärztlicher Behandlung nicht unmittelbar gegeben ist. Die Vermittlung dieser subjektiven Sinnstrukturen an andere macht nicht nur einen großen Teil der Alltagskommunikation aus, sondern zeigt auch, wer ich bin (Identität), und regelt Nähe und Distanz. Allerdings tritt neben die Erforschung des subjektiven Sinns der Anspruch in der sozialen Welt, die objektiven Sinnstrukturen zu erschließen.

1.2 Erklären und verstehen

Eine besondere Bedeutung in den Wissenschaften hat die Unterscheidung von Erklären und Verstehen. Historisch hat der Gegensatz das Verhältnis zwischen den Geisteswissenschaften und den Naturwissenschaften nachhaltig geprägt (Bongaerts 2010, S. 22). Die Geisteswissenschaften erforschen sinnhafte Gegenstände, die verstanden werden können, während die Naturwissenschaften eine vorgeblich sinnfreie Natur zum Gegenstand haben, in der kausale Gesetzmäßigkeiten gelten und die deshalb erklärt werden kann.

Diese Kategorien sind heute fraglich, so Bongaerts (2010), denn zum einen haben die Humanwissenschaften die große Bedeutung erklärender Forschungsmethoden für sich entdeckt und der empirisch-analytischen Forschung zu großer Bedeutung verholfen, zum anderen wollen heute in Zeiten der Neurowissenschaften auch Naturwissenschaftler und Naturwissenschaftlerinnen nicht mehr nur erklären, sondern erforschen und interpretieren, in der Tendenz immer öfter sinnverstehend interpretieren. Gleichwohl ist die Unterscheidung von Erklären und Verstehen lange Zeit kategorial gewesen und gilt bis heute.

Ein Verstehenszugang mit wissenschaftlichem und erklärendem Anspruch hat vor allem in der Psychotherapie eine lange Tradition und für den Fall, dass psychologische und psychotechnische Verfahren zum Zuge kommen, auch innerhalb der pädagogischen Beratung (vgl. Gröning 2010). In der Schulberatung, der Berufsberatung und der Erziehungsberatung, um drei wichtige pädagogische Beratungsfelder zu nennen, werden zu einem beachtlichen Teil *erklärende wissenschaftliche Methoden* vor allem in Form von (Eignungs-)Tests angewendet. Sie dienen als diagnostische Grundlage für weitere Beratungsschritte z. B. zur

Schullaufbahn, zur Berufswahl und zur Erziehung, insbesondere zu Fragen von außerfamilialer Unterbringung in Kinderheimen, Wohngruppen oder in einer heilpädagogischen Tageseinrichtung, zur Frage von erzieherischen Hilfen wie z. B. Erziehungsbeistandschaft, sozialpädagogische Familienhilfe oder Familientherapie und zu Fragen der elterlichen Sorge. Die Diagnosen werden zumeist im Rahmen der Erziehungsberatung (§ 28 KJHG, Kinder- und Jugendhilfegesetz) durchgeführt. In der pädagogischen Beratung haben sie eine lange Tradition. Einige Theoretiker setzen die *Diagnose*, also das Erklären und Testen, an eine zentrale Stelle in der pädagogischen Beratung (z. B. Aurin 1980), wohingegen andere (z. B. Wilhelm Mader 1976 oder Hans Thiersch 1991) für einen strikteren phänomenologischen Ansatz in der pädagogischen Beratung und für die Berücksichtigung der Lebensverhältnisse und Lebensschwierigkeiten der Rat suchenden Menschen plädieren. Den erklärenden Ansatz, also Erstgespräch, Diagnose, Prognose, Aufklärungsgespräch, Maßnahme, vertreten innerhalb der Wissenschaften im Kontext pädagogischer Beratung die Vertreter der pädagogischen Psychologie (z. B. Wild / Gerber 2008).

In den letzten Jahren sind jedoch eine Reihe von Forschungen und Arbeiten entstanden, die die *enge Verwandtschaft von wissenschaftlicher Erkenntnis und Kunst des Verstehens* aufgezeigt haben. Diese Verwandtschaft hängt zusammen mit der zunehmenden Bedeutung des Subjektivismus, der Phänomenologie und des (sozialen) Konstruktivismus. Zu nennen sind zudem phänomenologische Ansätze wie der Ansatz von Gabriele Rosenthal zum heilsamen Erzählen (vgl. Rosenthal 2002) und zur Biografieforschung (Rosenthal 1995). Jedoch auch die klassischen Methoden zum narrativen Interview von Fritz Schütze (1984) gehören in dieses Repertoire. Sie werden als qualitative Verfahren in der Sozialforschung bezeichnet und suchen zwischen dem Verstehensbegriff der klassischen geisteswissenschaftlichen Hermeneutik (Textauslegung) und der empirischen Wissenschaft, die mit Verfahren der Beobachtung und des Messens vor allem erklären will, einen dritten Weg.

1.3 Lebenswelt und Lebenslage der Ratsuchenden

In der Sozialforschung werden heute auch zunehmend ethnologische und ethnografische Methoden und Formen erprobt, denn eigentlich geht es Beraterinnen und Beratern häufig wie einem Touristen in einem fremden Land. Sie erleben durchaus ein interaktives Defizit, einen Notstand an Kommunikation, vor allem am Anfang von Begegnungen und Beratungen. Sehr schnell jedoch wird diese Unsicherheit zugedeckt und in Routinen, in Rollen und nicht zuletzt unter Hinweis auf die Institution und das hier vorrätige wissenschaftliche Wissen erstickt. Die Folge ist, dass der Klient und Ratsuchende eigentlich seinem Berater fremd bleibt und dieser viele Phänomene seines Klienten nicht versteht und nicht einordnen kann.

Die Aufforderung, „ins Feld zu gehen", das Feld kennenzulernen und den Klienten in seinem und über sein Feld besser zu verstehen, ist eine praktische Verstehensform, um dieses Defizit auszugleichen. Vor allem in der pädagogischen Beratung gehört dazu die Aufforderung, die *Lebenswelt des Klienten* rekonstruktiv nachzuvollziehen und ihre Sinnstrukturen zu erschließen. Zu Beginn der Debatte um die pädagogische Beratung war das Lebensweltkonzept recht allgemein gehalten und vor allem theoretisch vorgetragen. Heute verbindet sich dies mit Methoden der Gesprächsführung, die denen der qualitativen Sozialforschung entsprechen. „Lebenswelt" und „Lebenslage" sind dabei zwei aufeinander bezogene Konzepte. Die *Lebenslage* beschreibt vor allem die materiellen Grundlagen der Lebenswelt und hat sich in der Sozialberatung als wichtiges Konzept erwiesen, die *Lebenswelt* hingegen ist vor allem im Zusammenhang mit der Herausforderung des Verstehens des Fremden praktisch bedeutend geworden.

1.3.1 Lebenswelt

Das Lebensweltkonzept stammt ursprünglich von Edmund Husserl (1859–1938). Husserl hat sich vor allem kritisch mit der empirischen Wissenschaft auseinandergesetzt und deren falsches, weil verkürzt rationalistisches Selbstverständnis kritisiert. Husserl hinterfragt die selbstverständlich angenommene Objektivität der wissenschaftlichen Forschung. Er zweifelt vor allem an der Objektivität der Position des Wissenschaftlers und beginnt von hier aus seine Überlegungen zur Lebenswelt. Dass Wissenschaft nicht wirklich objektiv sein kann, steht für Husserl außer Frage. Der Wissenschaftler sei selbst Teil seiner subjektiven Lebenswelt. Husserl argumentiert, dass wirkliche Objektivität nicht möglich ist. Wissenschaft müsse sich stattdessen um das *Verstehen des Zusammenhanges von Lebenswelt und Wissenschaft* bemühen. Das heißt, sie muss reflexiv werden, also auch sich selbst in die Beobachtung miteinbeziehen. Für Husserl nimmt jede Erkenntnis, auch die wissenschaftliche, ihren Ausgang auf dem Boden der Lebenswelt. Er unterscheidet zwei Funktionen der Lebenswelt: als Leitfaden und als Boden.

In der modernen Pädagogik gilt Husserls Lebensweltkonzept heute als wesentliches Konzept. Das Individuum orientiert sich an seinen unbewussten und bewussten Erfahrungen, es handelt im Kontext einer von ihm so gefühlten *Normalität*. Vor allem die pädagogische Auseinandersetzung mit Menschen aus verschiedenen Kulturen ist hervorzuheben. Auch Differenzen wie z. B. beim pädagogischen Umgang mit alten Menschen, die einer anderen Generation angehören, wo der Pädagoge/die Pädagogin der jüngere und weniger erfahrene Mensch ist, haben gezeigt, dass der Zugang zur Lebenswelt ein ganz entscheidendes Kriterium für den Erfolg der pädagogischen Arbeit darstellt. Dies gilt auch für die Beratung. Wer alte Menschen, Menschen mit Behinderung und Menschen in besonderen Lebenssituationen berät, ist auf Kompetenzen angewiesen, die weit über die Diagnosen und Tests, die üblicherweise in der pädagogischen Beratung Anwendung finden, hinausgehen. Im Gegenteil richten diese Instrumente hier mehr Schaden an, als dass sie erklären könnten, was zu tun ist. Ein Schul- und Intelligenztest bei einem Migrantenkind, welches noch nicht lange in Deutschland weilt, ist immer ein Risiko, weil es hier immer zu der Frage kommt, wie mit unverstandenem Material, welches sich notwendig aus der fremden Lebenswelt ergibt, umgegangen werden kann.

In Bezug auf wichtige Bausteine im verstehenden Umgang mit Klienten innerhalb der pädagogischen Beratung lassen sich folgende Theoretiker auslisten:

Karl Mannheim (1929–1978) hat besonders die *Historizität der Lebenswelt* untersucht und seine *Theorie der Generation* als eine Gleichheit von konkreten historischen Erfahrungszusammenhängen entwickelt. Generationen entstehen nach Mannheim dadurch, dass eine bestimmte in einem bestimmten geografischen Raum lebende Altersgruppe ein bestimmtes historisches Ereignis im Kontext eines gemeinsamen Lebensabschnitts erlebt. Dieser Erfahrungszusammenhang bleibt biografisch prägend und wird Teil der Lebenswelt. So ist z. B. bekannt, dass Menschen, die Krieg und Mangel erlebt haben, ihr ganzes Leben hindurch einen bestimmten Umgang mit Nahrungsmitteln kultivieren, auch wenn der Hunger lange vorbei ist. Menschen dieser Generation essen sich z. B. gerne satt. Sie können keine Lebensmittel wegwerfen und bevorzugen Nahrungsmittel, die ihnen Sicherheit und Vertrautheit geben. Ihre Erfahrung ist zur Struktur ihrer Lebenswelt geworden und unterscheidet sie von anderen Generationen. Diese Menschen verhalten sich ggf. ein Leben lang so, als lebten sie in einer Mangelgesellschaft und kommen mit dem Überfluss nicht zurecht. Benötigen sie im Alter die Unterstützung ihrer Kinder, so sind diese unter Umständen von den Alltagstechniken und der Lebensweise der alten Eltern befremdet und reagieren darauf wiederum kultur- und lebensweltspezifisch.

In vielen pädagogischen Beratungszusammenhängen muss zwischen den generationsspezifischen, kulturspezifischen und geschlechtsspezifischen Dimensionen der Lebenswelten vermittelt werden, um Abwehrmechanismen zu verändern, Projektionen und Übertragungen aufzulösen, Konflikte zu bewältigen und Verstehen zu fördern. In der Sozialpädagogik besonders verbreitet hat sich die Aufarbeitung des Lebensweltkonzeptes von Hans Thiersch (1993), der vor allem das Verhältnis von traditionellen Lebenswelten und gesellschaftlichen Modernisierungsprozessen reflektiert und sowohl für den Bereich der Beratung als auch für den Bereich der Sozialpädagogik konzeptionelle Entwürfe verfasst hat.

1.3.2 Lebenslage

„Lebenslagen repräsentieren gesellschaftlich definierte, fördernde und behindernde Lebensumstände und Ressourcen zur Lebensgestaltung und Lebensbewältigung. Diese Ressourcen liegen für die von bestimmten Lebenslagen betroffenen Personen und Gruppen in Lebensbedingungen, die sich als Lebensumgebungen

(z. B. Architektur, natürliche Umwelt), Lebensorte (Gesellschaften, Kulturen, Religionen ...), Lebensbereiche (Familie, Freunde, Arbeitsplatz ...), Lebensentwürfe (Ideologien ...), und Lebensmittel (Recht, Einkommen, Status ...), konkretisieren (Niepel 1989, S. 185, zit. n. Nestmann 1997, S. 24).

Der Begriff der Lebenslage geht zurück auf den Volkswirtschaftswissenschaftler *Otto Neurath* (1909), der sich zunächst mit dem Phänomen befasst hat, dass neben dem Markt, insbesondere in Zeiten wirtschaftlicher Krisen, weitere gemeinschaftliche Formen des Austausches von Waren und Gütern vorhanden sind und die Ökonomie fast ohne Geld auskommt. Er fand heraus, dass die Situation der Bevölkerung relativ unabhängig vom Zugang zum Geld analysiert werden kann. Einkommen sei nur einer von verschiedenen möglichen Faktoren, mit denen man Wohlbefinden, Kompetenz und Zufriedenheit messen kann. Otto Neurath entwickelte dann eine erste *Theorie der Lebenslage als qualitativen Begriff sozialer Ungleichheit:* Neben dem Einkommen werden die Wohnverhältnisse, Lage und Ausstattung von Wohnungen, Gesundheit und der Zugang zur sowie die Qualität von medizinischer Versorgung und der Zugang zu Bildungsgütern als Faktoren und Indikatoren der Lebenslage aufgezählt. Otto Neurath schlug vor, zur Erfassung der sozialen Lage der Bevölkerung Lebenslagekataster zu erstellen. Dabei ist die Lebenslageforschung vor allem Vergleichsforschung. Die Daten der einzelnen Faktoren der Lebenslage werden gemessen am Durchschnitt der Bevölkerung. Auf diese Weise kann der Zugang zu Ressourcen ermittelt werden. Hans Weisser hat in den 1970er Jahren die Entwürfe und Ansätze Neuraths weitergeführt. Ihm kam es darauf an, den Begriff „Lebenslage“ auszuweiten und mit Ressourcen für die Lebensbewältigung und mit der psychologischen Forschung zu verbinden. Zur Lebenslage zählte er auch die innere Realität, das psychische Befinden, die Einstellung zum Leben und umgekehrt den Grad der Verelendung. Dabei wird zwischen Verarmung, Verelendung, gefährdeten Lebenslagen und prekären Lebensverhältnissen unterschieden. Heute spielt der Begriff in der sozialpädagogischen Armutsforschung eine wichtige Rolle und wird vor allem von August Chassé vertreten.

Der Beratungsbegriff, der aus der Theorie der Lebenslage folgt, ist vor allem der einer *solidarischen Sachberatung.* Klienten werden über ihre Rechte und die Möglichkeiten, sozialstaatliche Unterstützung in Anspruch zu nehmen, aufgeklärt. Lebenslageorientierte Ansätze grenzen sich von psychologischen Beratungen ab. Der Klient bzw. die Klientin ist hier mündig, aber sozial benachteiligt. Die Beratung ist häufig parteilich und advokatorisch im direkten Sinn. Zur lebenslageorientierten Beratung gehören die Beratung von Sozialhilfeempfängern und Arbeitslosen, die Beratung von sozial benachteiligten Klienten wie alleinstehenden Müttern, Migranten etc. Bereits in den 1980er Jahren hat sich Frank Nestmann (vgl. Nestmann / Tappe 1982) mit dieser Beratungspraxis befasst und aus dieser Praxis eine erste Theorie pädagogischer Beratung jenseits psychologischer Modelle entwickelt. Richtungsweisend war für ihn hier die Alltagstheorie, die Theorie der Lebenswelt und der Lebenslage.

1.3.3 Lebenswelten und Lebenslagen kommunikativ erschließen

Lebenslagen, vor allem aber Lebenswelten können, nur durch einfühlende Kommunikation, die Sinn rekonstruiert, erschlossen werden. Dazu ist es nötig, dass sich der Berater oder die Beraterin den Regeln der alltagsweltlichen Kommunikation ihrer Klienten anpassen, um Zugang zu deren Denken zu finden. Auf eine wissenschaftliche Sprache oder eine Amtssprache sollten sie verzichten. Nach Alfred Schütz erlaubt der Einbezug sozialstruktureller Aspekte vor allem in Bezug auf die Kriterien der Lebenslage des Klienten die Erfassung seiner sozialen Wirklichkeit mit Hilfe kommunikativer Methoden (vgl. Lamnek 2005, S. 219). Beraterinnen und Berater gestalten mittels ihrer Kommunikation die soziale Wirklichkeit mit. Die Gewinnung von Informationen und Verstehenszugängen ist eine gemeinsame kommunikative Leistung von Berater und Klient. „Schütze spricht in diesem Zusammenhang von ‚kommunikativer Sozialforschung', die den Anspruch verfolgt, den Kommunikationsprozess entsprechend der Regeln des Alltags zu gestalten und den Alltagshandelnden die Möglichkeit gibt, ihre Sicht der Welt wie auch ihre Definition der Situation verdeutlichen zu können" (Rosenthal 2005, S. 44; vgl. Schütze 1978, S. 117).

Dies ist in der Beratung an zentrale Stelle zu setzen. Hervorzuheben ist, dass in der Beratung die Erhebung von Informationen und ihre Interpretation Hand in Hand gehen. Je nachdem, wie der Ratsuchende die Situation in der Beratung interpretiert, wird er eher das Eine oder das Andere sagen, das Eine oder das Andere verschweigen.

Um also eine Beziehung und einen Kontakt aufzubauen ist es nötig, mit dem Klienten *eine gemeinsame Welt kommunikativ herzustellen.* Dafür folgt der Berater zunächst den Interpretationen des Klienten. Durch die Analyse von Kommunikations- und Interaktionssequenzen mit Hilfe unterschiedlicher qualitativer Forschungsmethoden wird das erzählte Material dann reflektiert. Eva Jaeggi hebt in diesem Zusammenhang die Bedeutung des szenischen Verstehens hervor. „Nicht detaillierende, Subjekt-Objekt trennende Verfahren sind hier angezeigt (jeder Fragebogen zum Prozess tut dies!), sondern solche, die Sinnverstehen als ‚szenisches Verstehen' (Argelander 1970) begreifen" (Jaeggi 1991, S. 127).

Beratung, die auf der *qualitativen Sozialforschung* aufbaut, will mit Hilfe des Einzelfalls und mit dem Anspruch auf Generalisierung am Einzelfall Erkenntnisse über eigentlich fremde Lebenswelten gewinnen. Es geht um eine Logik des Entdeckens und um ein *offenes Vorgehen.* Weder werden Instrumente standardisiert, noch geht es um die Häufigkeit des Auftretens bestimmter sozialer Phänomene (wie z. B. Pünktlichkeit des Klienten), vielmehr sollen Besonderheiten der beratenen Person deutlich werden. Allen reflexiven, qualitativen Methoden ist gemeinsam, dass sie vom Besonderen auf das Allgemeine schließen und subjektive Prozesse zu erfassen suchen. Für die Praxis sind sie damit als Instrumente der Reflexion, Kommunikation und Beobachtung hilfreich.

1.4 Probleme erkunden und explorieren

In der Psychologie bezeichnet *Exploration* eine Methode der Beratung am Anfang der Arbeit mit dem Patienten/der Patientin. Manchmal werden Exploration und Erstinterview synonym verwendet. Der Interviewer veranlasst die Klientin oder den Klienten durch eine bestimmte Fragetechnik – in der Regel sind dies Erzählaufforderungen und offene Fragen – zu freier Meinungsäußerung. Der Interviewer hält sich während der Exploration möglichst zurück. Je nach Ansatz wird jedoch indirekt gesteuert, indem z. B. bestimmte Problemdimensionen vertieft und besonders nachgefragt werden. Wenn es um Affekte und Gefühle geht, um Ereignisse und Erfahrungen im Zusammenhang mit Affekten und Gefühlen, um signifikante Beziehungen oder um Krisen und Traumatisierungen, wird das Gespräch meist durch gezieltes Nachfragen gelenkt. Das Verfahren der Exploration entstammt sowohl der hermeneutischen Sozialforschung, der biografischen Methode als auch der klinischen Psychologie.

In der Beratung dient die Exploration der *Problemerkundung*. Hier sind zwei Aspekte wichtig: zum einen die Geschichte des Problems, zum anderen die lebensweltliche und objektive Bedeutung des Problems.

1. Die Geschichte des Problems: Seit wann besteht das Problem? Wann ist es zum ersten Mal aufgetaucht? Wie hat es sich am Anfang dargestellt und wie wurde es am Anfang erlebt? Weiterhin interessiert die Entwicklung des Problems. Wann ist es größer geworden, wann kleiner? Eine historische Rekonstruktion des Problems durch Übungen wie einen Zeitstrahl helfen, ein Bild der historischen Perspektive, der Genese des Problems zu erhalten. Dabei wird der Klient gebeten, zunächst mit Blatt und Stift eine Geschichtslinie des Problems zu zeichnen. Inwieweit dies völlig frei geschieht oder der Berater Anweisungen gibt, ist von Situation zu Situation unterschiedlich, hängt aber zusammen mit dem Ziel der Beratung. Es empfiehlt sich, das Problem in den Kontext anderer biografischer Ereignisse zu stellen, die sowohl positiv als auch negativ sein können. Im anschließenden explorativen Gespräch wird dem Klienten/der Klientin Gelegenheit gegeben, über seine Zeichnung zu sprechen.
2. Die lebensweltliche und die objektive Bedeutung des Problems kann im Erstgespräch ergänzend exploriert werden. In Verbindung mit der Lebenslage des Klienten/der Klientin und den biografischen Dimensionen werden die wichtigen Aspekte erkundet.

Bei der Exploration spielt die *Biografie der Klienten* eine besondere Rolle, deshalb findet zusätzlich zur konkreten Problemerkundung meist eine biografische Exploration statt. Dies ist besonders in der pädagogischen Beratung bedeutend, z. B. bei Erziehungsschwierigkeiten, Schulproblemen, bei der Beratung Jugendlicher im Kontext ihrer Entwicklungsaufgaben, bei der pädagogischen Beratung im Kontext von Familienbildung und Familienarbeit oder im Kontext der späten Familie, bei Krisenberatungen, aber auch bei der Planung von Hilfemaßnahmen und Interventionen.

Die biografische Exploration in der pädagogischen Beratung verfolgt dabei drei Spuren:

1. die subjektive Erzählung der Biografie, als Geschichte eines einzelnen Menschen, einer Familie und/oder die Geschichte verschiedener Generationen,
2. die sozialen Aspekte in der Biografie, die Veränderungen und Wendepunkte, die kulturell vorgegebenen biografischen Muster der sozialen Zeit, die durch gesellschaftliche bzw. soziale Ereignisse oder gesellschaftlichen Wandel beeinflusst werden,
3. die strukturalen Aspekte in der Biografie, d. h. die gesellschaftliche Schichtung und die gesellschaftlichen Milieus, die Lebensumstände und Lebenslagen, die verschiedenen Kapitale (Bildungskapital, Geldkapital, Netzwerkkapital) und ihre Entwicklungen.

Bei der Exploration von Biografien hat sich die Forschungsmethode von Gabriele Rosenthal (1995) als besonders fruchtbar und hilfreich erwiesen. Nach Rosenthal folgt die biografische Erzählung der Psycho-Logik einer Gesamtgestalt. Rosenthal unterscheidet drei Dimensionen der Erzählung einer Biografie:

- die Ebene der Ereignisse,
- die Ebene der Erlebnisse,
- die Ebene der Erzählung.

Mit ihrem Ansatz, den sie 1995 in einer Habilitationsschrift begründete und verteidigte, greift Rosenthal zurück auf die *Gestalttheorie* der frühen 1920er Jahre, die mit den Namen Max Wertheimer (1880–1943) und Kurt Koffka (1886–1941) verbunden ist. Diese Theorie geht von einer Gestalthaftigkeit der Wahrnehmung, des Erlebens und der erzählten Lebensgeschichte aus. Auch der bekannte Satz „Das Ganze ist mehr als die Summe seiner Teile“ gehört in diesen Kontext. Auf Biografie übertragen heißt das: Das Erzählen von vielen Einzelheiten macht noch keine Biografie. Das Ganze der Biografie ist eine durch Erzählung geschaffene Konstruktion, oder, wie die Gestalttheorie sagt: eine Gestaltgebung. Diese setzt sich aus Einzelteilen zusammen, aber deren Verknüpfung ist das eigentlich Interessante. Die Art, in der jemand seine Lebensgeschichte erzählt, Zeit, Orte, Akteure, Erfahrungen und Ereignisse miteinander in Beziehung setzt, gibt Hinweise auf seine Identität.

Daraus folgt für die Analyse oder den Verstehensprozess die umgekehrte, aber äquivalente Regel: Im Verstehen einer Biografie ist nicht das Ganze in Teile zu zerlegen, sondern umgekehrt ist die gestaltgebende Bedeutung eines Einzelteils für das Ganze, das sich wie ein Puzzle aus Einzelteilen zusammensetzt, zu verstehen, aber auch das Einzelteil selbst ist nur verstehbar in seinem Beitrag für das Ganze. Biografische Ereignisse werden erst über die Bewertungen und die Bearbeitung über unterschiedliche Wahrnehmungskanäle zu einem Erleben und können damit zu einem Bestandteil der Biografie werden. Indem ein Mensch von seinem Leben erzählt – dies kann er für andere tun oder auch für sich selbst – fügt er Ereignisse in ein sinnhaftes Ganzes und in einen sinnhaften Zusammenhang zueinander und zum Ganzen, zur Gestalt. Jedes Einzelteil eines biografischen Erzählens trägt die Logik und die Struktur des Ganzen in sich, es trägt seinen Sinn in sich aus der Gesamtgestalt der Erzählung.

Ein Ereignis hat an sich keine Bedeutung, das Individuum gibt einem Ereignis erst eine Bedeutung. Insofern sind die individuelle Wahrnehmung und Verarbeitung von eminenter Bedeutung für das Entstehen der Biografie. Biografie heißt also: *Lebensereignisse müssen integriert werden zu einem Ganzen*, was dann besetzt wird als „meine Biografie". Einzelne Sequenzen einer erzählten Geschichte können zwar analysiert werden, aber ohne den Rückbezug auf das Ganze sind sie nicht verstehbar. Werden Einzelteile aus dem Ganzen herausgelöst und isoliert, verfehlen sie ihren Beitrag zu dem Gesamten einer Biografie. Dies nennt Rosenthal im Anschluss an die Gestalttheoretiker die „Gestalt". Es geht in der Gestalttheorie auch immer darum, ob die Gestalt offen ist oder geschlossen werden kann, d. h. ob sie abgerundet ist oder fragmentarisch bleibt.

Gestalttheorie ist der Versuch, die Ordnung zu verstehen, mit der ein Mensch seine Wahrnehmung, sein Denken und Fühlen zusammenbringt. Eine biografische Erzählsequenz entsteht bereits mit dem – bewussten oder unbewussten – Blick auf das Ganze. Die Sequenzen werden zu einer Gestalt im Verlauf der Erzählung koordiniert. Dies kann unbewusst geschehen im Sinne einer Lenkung der Person, dem die Erzählung angeboten werden soll. Dies kann aber auch sehr bewusst geschehen, eben auch im Sinne der bewussten Lenkung bis hin zur Manipulation dessen, der die Geschichte hören soll.

Erzählen ist also eine Intention, bewusst oder unbewusst. Von daher ist es für die Biografieforschung nicht wichtig, ob alle Details, die ein Mensch erzählt, den Tatsachen entsprechen. Wichtig ist, ob und dass das Muster der Erzählung und das Muster der Intention zu erkennen ist. Ob ein Detail erfunden oder gelogen ist, ist aber insofern relevant, als es Aufschluss darüber gibt, dass der Erzähler etwas erfindet, weil er damit ein bestimmtes Ergebnis produzieren möchte, eine bestimmte Intention verfolgt und die Wahrnehmung des Zuhörenden lenkt. Die Wahrheit ist wichtig, weil sie zeigt, wie der Erzähler mit ihr umgeht.

In der pädagogischen und der sozialen Arbeit werden *Geschichten erzählt*. Diese Geschichten können aber nicht in Form einer Aneinanderreihung erzählt werden, wie z. B. beim kindlichen Erzählen (*dann, dann und dann …*). Eine Erzählung wird vielmehr sinnhaft, wenn ein Muster darin auftaucht. Jeder „gesunde" Mensch etwa ab dem sechsten Lebensjahr wird versuchen, seine Erzählung zu einer Gestalt zu formen und sie anzubieten. „Gesund" meint in diesem Zusammenhang: Mit den kognitiven Voraussetzungen geht das Bemühen des Erzählers einher, in seiner Intention verstanden zu werden.

Manchen Menschen bereitet es Mühe, Erlebnisse und Erfahrung in Worte zu fassen. Dies kann darauf hindeuten, dass es Mühe macht, das Ganze herzustellen, dass es vielleicht mühevoll ist, eine plausible Geschichte zu konstruieren. Wiederholungen, Abbrüche oder Neustarts in Erzählungen können als Versuch gedeutet werden, die Gestalt der Biografie zu konstruieren. Von daher kann man Einzelteile leicht vergessen. Wenn sie aber eingebaut werden in eine Gestalt, bleiben sie in Erinnerung, sie behalten und gewinnen an Bedeutung.

Ein Beispiel für nicht gelungenes Erzählen ist der erzählende Umgang mit einem traumatisierenden Ereignis: Hier müssen Einzelteile verdrängt werden und das Ganze darf nicht erinnert werden; vielleicht müssen auch Einzelheiten vergessen werden, damit das Ganze nicht entstehen kann.

Eine Erzählung differenziert und verändert sich mit der Zeit. Da eine Erzählung immer rückwärts gerechnet ist und frühere Ereignisse und das frühere Erleben thematisiert, nimmt das Erleben in der Zwischenzeit, also zwischen Ereignis und Erzählung, Einfluss auf die Art des Erzählens. Ein Ereignis kann zu verschiedenen Zeiten eines Lebens sehr unterschiedlich erzählt werden, was kein Hinweis darauf ist, dass der Mensch nicht die Wahrheit erzählt, sondern darauf, dass der Mensch heute einen anderen Blick auf die Dinge hat. Andererseits müssen ewig gleiche Erzählungen stutzig machen, denn sie werden verdichtet, kapseln sich ab und unterliegen nicht mehr der Neubewertung. Die Erfahrungen überlagern nämlich Erinnerungen und manchmal verlangen sie eine Neubewertung der Erinnerung.

Erzählen braucht ein Gegenüber und geschieht immer nur im Kontext. Je nach Kontext aber verändert sich eine Erzählung: Es können unterschiedliche Schwerpunkte gesetzt werden, die Ereignisse können mit unterschiedlichen Emotionen konnotiert und in unterschiedliche Handlungsketten eingefügt werden. Da Erzählen auch immer wieder Gefühle aktiviert, die ausgehalten oder die gemanagt werden müssen, unterliegen auch sie dem Einfluss des Kontextes und dem Zeitpunkt der Erinnerung. Beim späteren Erzählen kann aus Schuld- und Schamgefühlen auf einmal Ironie werden, Angst kann sich in Tapferkeit und Mut verwandeln und Ratlosigkeit in Sicherheit.

Im Erzählen muss nicht nur erinnert werden, sondern es wird auch selektiert. Details werden weggelassen, weil sie nicht als wichtig erachtet werden oder gerade weil sie als zu wichtig erachtet werden. Der Zuhörer/die Zuhörerin einer biografischen Erzählung bekommt immer eine selektierte Geschichte. Er erhält immer die Verknüpfung von Ereignissen, die kausal so miteinander verbunden werden, dass sie ein logisches Verstehen des Zuhörers/der Zuhörerin ermöglichen, wodurch der Erzähler die Intention seines Erzählens mitteilt. Zu der Selektion gehört, dass der Mensch gelernt hat, was aus seinem Leben erzählbar ist und wie es erzählt werden muss; er hat aber auch gelernt, was er tunlichst nicht erzählt und verschweigt. Dieser Lernprozess ist ein Teil des Sozialisationsprozesses und das bedeutet, dass bestimmte Dinge „sprachlos“ gemacht werden müssen. Alfred Lorenzer 2006 nennt dies eine „Sprachzerstörung“, die im therapeutischen Prozess eine Rekonstruktion verlangt.

Die selbst-strukturierte Erzählung, d. h. was erzählt und wie es erzählt wird, verweist auf die Gegenwartsperspektive des Erzählers – nicht mehr. Wir können daraus nicht schließen, ob der Erzähler sich zu allen Zeiten mit diesen Ereignissen und Erlebnissen so gefühlt hat, wie er sie heute präsentiert. Wir können immer nur aktuell die Auswahl des Erzählten und die Art des Erzählens verstehen – mehr nicht. Es gibt keinen faktischen Lebenslauf, allenfalls gibt es einige feste Daten und Ereignisse. Biografien werden aber rückwärts erzählt und zu einem sinnhaften Ganzen konstruiert. Damit können Merkmale retrospektiver Lebensgeschichten auch Merkmale von Illusionen sein. Aus Lebensgeschichten können auch Lebenslügen entstehen.

1.5 Spiegeln und aufklären

Ratbedürftige und ratsuchende Menschen befinden sich in einem seelischen Spannungszustand, den Berater am besten verändern, wenn sie sich empathisch verhalten. Vor allem eine Gesprächstechnik, die Carl Rogers die *nicht-direktive Methode* genannt hat, ist in der Beratung ein wichtiger Teil der Gesprächskunst. Der Berater versucht, die Gefühle des Klienten zu erfassen, indem er sich zu den Reaktionen wie ein Spiegel verhält. Der Berater soll dem Klienten ein zweites Selbst werden und den Klienten so verstehen, wie er sich selbst erscheint. Es geht beim Spiegeln um eine Art des Verstehens, wie der Klient sich im Augenblick wahrnimmt. Spiegeln ist ein empathischer Akt, der viel mit Prozessen der Identifizierung zu tun hat. *Empathie* bedeutet, so Wolfgang Krone (1988, S. 99), die Wahrnehmungswelt des anderen zu betreten und darin so gut wie möglich heimisch zu werden. Der Berater muss ein Gespür dafür haben, in welchem Affektzustand der Klient sich bewegt. Wut, Angst, Verwirrung müssen mitgefühlt und nachvollzogen werden können. Empathie bedeutet, in das Leben der Person einzutreten und keine Urteile zu fällen, keine Gefühle aufzudecken und nicht zu konfrontieren, das wäre zu bedrohlich.

Beim Spiegeln legt der Berater seine eigene Person gewissermaßen beiseite, die Methode ist deshalb besonders schwierig. Rogers geht aber davon aus, dass es vor allem diese Erfahrung des Verstehens und Übereinstimmens ist, die zur inneren Freiheit des Klienten, zur Katharsis und zum Lernen führt. Empathie richtet sich auf die innere Welt des Klienten, sein Selbstbild, Weltbild, Menschenbild, wie es sich ihm darstellt und für sein Fühlen, Wahrnehmen und Erleben bestimmend ist. Dazu gehört die Bereitschaft des Beraters, die Welt des Klienten nicht nur zu erspüren, sondern auch zu antworten. Was er verstanden hat, spiegelt er zurück. Dies ist der Kern des helfenden und befreienden Dialogs.

Neben dem Spiegeln hat sich die pädagogische Beratung immer auch durch ihre hohe Neigung ausgezeichnet, die pädagogische Beratung als *Aufklärung* zu verstehen. „Alle Erziehung sollte auf kritische Aufklärung, auf Mündigkeit Autonomie und Selbstverwirklichung im individuellen und gesellschaftlichen Bereich zielen, Beratung wird als ein Mittel zur Förderung dieser Zielsetzung verstanden" (Hornstein 1977, S. 34). Walter Hornstein hat diesen Denkansatz in den 1970er Jahren aufgegriffen und versucht, ihm vor allem als Angebot unter dem Dach der pädagogischen Beratung im Kontext von Schule und sozialer Arbeit eine Kontur zu verleihen.

Weiter geht Thea Sprey, die mit ihrem 1968 erschienen Standardwerk zur pädagogischen Beratung von einem Bedürfnis von Kindern, Jugendlichen und Eltern spricht. Nach Sprey befinden sich Kinder und Jugendliche häufig in einem Zustand der Ratlosigkeit. Das Bedürfnis nach Beratung versteht Sprey vor allem entwicklungstheoretisch. Kindheit und Jugend seien Entwicklungsstadien, die besonders die pädagogische Aufklärung bräuchten (vgl. dazu auch Gröning 2011), da Jugendliche ihre entwicklungsbedingten Probleme und Krisen zumeist selbst nicht verstünden. Sie seien ihren Affekten wie Scham, Angst, Minderwertigkeits- und Verfolgungsgefühl zumeist recht hilflos ausgeliefert und bedürften deshalb besonders der pädagogischen Aufklärung und des guten Rats. Dem heutigen Forschungsstand entsprechend wird dieser Zustand der *Ratbedürftigkeit Jugendlicher* heute eher mit „Entwicklungsaufgaben" übersetzt.

Reflexion, Entscheidungsförderung, Ermutigung und Beistand sind die Säulen des Beratungsprozesses. Ein erfahrener Mensch hat nach Sprey ein Können und eine Kompetenz aufgebaut, die es ihm ermöglichen, über die Wirklichkeit zu verfügen. Umgekehrt bedeutet dies, dass die Nicht-Erfahrung unsicher macht. Für das Erwachsenenalter ist typisch, dass Erfahrungen übertragen werden können, um Belastungen zu reduzieren. Zwar liegt darin das Risiko der Verengung, des falschen Übertragens, jedoch ermöglicht die Übertragung auch die Handlungsfähigkeit des Erwachsenen, der seine Erfahrungen eben gemacht hat. Genau diese Erfahrungen im Laufe des Lebens fehlen Kindern und Jugendlichen selbstverständlich noch.

Beraten in der Pädagogik versteht Sprey im Sinne dieser Schärfung des Reflexionsvermögens als *reflexionsorientierte Ordnungshilfe.* Kinder und Jugendliche geraten in Konflikte, die ihr Reflexionsvermögen übersteigen. Mit Theodor Litt spricht sie davon, dass der Beratungsprozess – wie alle Erziehung und wie jedes Wachstum – kein bruchloses Wachstum zur Harmonie sei, sondern in immer neuen Gegensätzen und Spannungen das Selbstwerden und Weltgestalten herausfordere (Sprey 1968, S. 76).

1.6 Konfrontieren und urteilen

Man sollte die Wahrheit dem anderen wie
einen Mantel hinhalten,
dass er hineinschlüpfen kann,
und nicht wie ein nasses Tuch
um die Ohren schlagen.
Max Frisch

Konfrontieren heißt in der Beratungspraxis: sich gegenüberstellen, in einen Konflikt mit dem Klienten gehen, sich abgrenzen. Eigentlich sind dies Vorgehensweisen, die man in der Beratung nicht unbedingt macht und die mit dem Bild einer von Empathie geprägten Beratungsbeziehung schlecht vereinbar sind. Gleichwohl geht es manchmal nicht anders und der Berater muss Gegenhorizonte benennen, die dann auch als solche bezeichnet werden können. Zunächst geht es darum, *nicht mit dem erhobenen Zeigefinger* zu konfrontieren. So ist an Sokrates zu erinnern, der die Aufgabe der Beratung darin gesehen hat, dem Klienten die Wahrheit zu sagen oder auch Kritik zu üben. *Gegenhorizonte* können in der Beratung als Möglichkeiten vom Berater gesetzt werden. Wichtig ist allerdings, nicht nur einen Gegenhorizont, sondern möglichst mehrere in die Diskussion mit dem Klienten einzubringen, um die Relativität seiner Wahrnehmung und seines Standpunktes zu dokumentieren.

1.7 Verhandeln und ausgleichen

Die in der pädagogischen Beratung zu bearbeitenden Konflikte sind längst nicht ausschließlich den subjektiven Deutungen der Klienten zuzuschreiben und können häufig nicht allein in diesem Kontext gelöst werden. Vielmehr muss der Berater von Interessenkonflikten, die des Kompromisses bedürfen, ausgehen. Insofern ist das *Verhandeln* eine wichtige Beratungstechnik. Dazu ist jedoch zunächst nötig, die unterschiedlichen Standpunkte zu verstehen und nachzuvollziehen. *Allparteilichkeit und freischwebende Aufmerksamkeit* sind in der Beratungstheorie wichtige Kompetenzen und Haltungen des Beraters.

> Gute Beratung subjektiviert und individualisiert nicht ausschließlich, sondern sieht die sozialen Kämpfe und die sozialen Dimensionen von Konflikten. Die Sensibilität für soziale und gesellschaftliche Dimensionen von Konflikten und Beratungsanlässen wird in einer heterogenen Gesellschaft zunehmend zur Schlüsselkompetenz. Nicht umsonst ist neben die klassische psychologische und psychosoziale Beratung die sozialwissenschaftliche Beratung getreten und beschert der pädagogischen Beratung mit ihrem Anspruch nach gesellschaftlicher Aufklärung und Mündigkeit eine neue Bedeutung.

Berater müssen also nicht nur verstehen, sondern auch verhandeln können und Ausgleich schaffen. Dies ist besonders wichtig, weil angesichts der Vielfalt, die wir gesellschaftlich verzeichnen, Tendenzen zu beobachten sind, mit dieser Vielfalt restriktiv im Sinne von strengen Sanktionen umzugehen. Alte Konzepte von Normen und Sanktionen verstecken sich häufig in neuen Gewändern wie „Fördern und fordern" und bieten im pädagogischen Alltag nichts weiter als eine Rückbesinnung auf die Pädagogik der 1950er Jahre. Jedoch: In demokratischen Gesellschaften bewegen sich die Individuen als gleiche Rechtssubjekte, auch wenn sie hinsichtlich Herkunft, Bildung und Status unterschiedlich sind. Im Rechtsstaat wird über das Recht gestritten: Es entstehen komplizierte Verhandlungen um die Rechtlichkeit und Legitimität von Interessen, die situationsbezogen und kommunikativ ausgetragen werden und damit immer wieder in Beratungssituationen vorkommen.

Für die Dimension der *Rechtlichkeit*, die quasi der „Humus", die ethische Grundlage der Intervention von Verhandeln und Ausgleichen ist, haben u. a. Georg Wilhelm Friedrich Hegel (1770–1831) in seiner praktischen Rechtsphilosophie und George H. Mead (1863–1931) in seiner Sozialtheorie wichtige Grundsätze formuliert. Beraterinnen und Berater sollten sich, wenn sie zu einer beraterischen Haltung gelangen möchten, damit auseinandersetzen. Danach können wir nur zu einem Verständnis unser selbst als *Träger von Rechten* kommen, wenn wir auch ein Wissen darüber besitzen, welche normativen Verpflichtungen wir dem anderen gegenüber einzuhalten haben. Erst diese Haltung lässt ein rechtliches Bewusstsein entstehen und sorgt damit für die Sachlichkeit in der Kommunikation, in der sozialen Welt. Dies wiederum ist eine Voraussetzung dafür, in der Beratung zu verhandeln und auszugleichen. Im Staat, den Hegel als die Verwirklichung des Sittlichen ansieht, wird der Einzelne seiner Anerkennung dadurch würdig, dass er die Natürlichkeit seines Selbstbewusstseins überwindet (seinen Narzissmus also) und dem Allgemeinen, dem „an und für sich seienden Willen", dem Gesetz, gehorcht. Der Einzelne benimmt sich gegen andere so, dass er sie als das anerkennt, wofür er selbst gelten will – als frei und als Person (vgl. dazu Honneth 1992, S. 175).

Die rechtliche Achtung des anderen, der im demokratischen Rechtsstaat die gleichen Grundrechte besitzt, ist eine wichtige Voraussetzung für das Verhandeln und den Ausgleich von Interessenkonflikten – auch in der Beratung. Umgekehrt heißt dies, dass keine sachlichen Lösungen gefunden werden können, wenn nicht die universalethischen Normen eingelöst sind. Beim Verhandeln von Interessengegensätzen und Konflikten muss demnach die Kommunikation den Rechtsnormen entsprechen. Jede Regel, jede Norm muss mit rechtlichen und ethischen Mitteln überprüfbar sein.

Die pädagogische Dimension des Verhandelns von Interessen ist ferner nicht ohne klassische Beiträge wie jenen von John Dewey, die Moraltheorie von Lawrence Kohlberg oder die Theorie des sozialen Lernens von George Herbert Mead zu denken. Diese Theorien haben eine Reihe von wichtigen Schritten und Bedingungen des *Regellernens* aufgezeigt, nämlich wie Kompromisse gebildet und Interessen verhandelt werden, die sich von Vorstellungen eines reinen Anpassungslernens unterscheiden. Im Gegensatz zu reinen Norm-Sanktions-Konzepten ist hier der Gedanke leitend, dass die Menschen ihre Identität der Erfahrung von Intersubjektivität, Kommunikation und Anerkennung verdanken. „Taking the role of each other", heißt es z. B. bei Mead. Regeln werden dadurch gelernt, dass man „in den Schuhen des anderen läuft", sich mit anderen identifiziert und die Erfahrungen anderer auf sich anzuwenden versteht. Dies ist bei Verhandlung von Interessenkonflikten neben der rechtlichen Dimension die zweite wichtige, die *soziale Dimension*. Methodisch geht dies einher mit der direkten Aufforderung, sich in den jeweils anderen hineinzuversetzen. Wichtige Interventionen sind ferner das Feedback bei Verhandlungen. Feedbacks helfen, die Wirkung auf andere zu verstehen und kennenzulernen. Sie machen den Einzelnen kompromissfähiger und erweitern die Wahrnehmung vor allem jener Bereiche, die sich dem eigenen Selbst verschließen („blinder Fleck").

Neben der rechtlichen und sozialen Dimension ist schließlich die *innere Dimension* zu berücksichtigen: das Entstehen von *Scham* bei der Verhandlung von Interessen. Scham ist ein Gefühl des Bloßgestelltseins (Elias 1976, S. 394f.), der Entehrung (Neckel 1991), der Kränkung und der Erniedrigung. Sie ist ein gewaltiges Hemmnis, wenn in der Beratung durch Ausgleich und Kompromiss eine Lösung gesucht werden soll.

Einer der theoretisch und praktisch bedeutendsten Versuche, die Qualität der Schule und des Schullebens durch Verhandeln und Ausgleichen zu verbessern, ist der „Just Community"-Ansatz von Lawrence Kohlberg und seinen Kollegen. „Just Community" heißt wörtlich übersetzt „gerechte Gemeinschaft" oder auch „demokratische Gemeinschaft". In der Tat spielen demokratische Institutionen wie Vollversammlung, allgemeines und gleiches Stimmrecht, Mehrheitsentscheidungen, spezielle Komitees oder Ausschüsse und demokratische Diskussions- und Abstimmungsprozeduren in der „Just Community" eine wichtige Rolle. Allein dies reicht aber nicht aus, vielmehr sollen die Schüler in die Lage versetzt werden, faire und angemessene Urteile zu bilden und ihre Angelegenheiten moralisch-kommunikativ zu regeln. Die kognitive Theorie des moralischen Urteilens zielt auf die Entwicklung moralischer Kompetenz ab, die praktisch Fairness bedeutet.

Diese Fähigkeit umschließt zweierlei: zum einen die „monologische" Fähigkeit, über Verhalten auf der Basis von Prinzipien zu reflektieren, zum anderen die Fähigkeit, für Konflikte und Widersprüche in konkreten Interaktionen integrierende und differenzierte Lösungen zu finden. Oder, mit anderen Worten, eine Gemeinschaft zu bilden, in der Entscheidungen konsensuell getroffen werden. Zu den Mitteln der gerechten Gemeinschaften gehören die Konfrontation mit moralischen Konflikten, das Sich-Hineinversetzen (*role taking*) in die am Konflikt beteiligten Positionen und Personen, die Reflexion des Problems unter dem Gesichtspunkt der Gerechtigkeit (Fairness) und schließlich die Konfrontation des Schülers mit Argumentationen auf höheren Stufen des moralischen Urteils (vgl. Lind 2000).

1.8 Authentizität und Gesprächsführungskunst

Ganz ohne Zweifel sind Beraterinnen und Berater auf die Kunst der Gesprächsführung besonders angewiesen. Die im vorangegangenen Kapitel aufgezählten Elemente sind ein wichtiger Teil davon. Doch die erforderlichen Kompetenzen in der Gesprächsführung gehen über den Rahmen des Verstehens noch hinaus:

1. steuern,
2. verbalisieren,
3. andere Aspekte einführen,
4. mit Krisen und starken Affekten umgehen,
5. systemisch intervenieren.

Zu 1.: Jede Beratung hat einen *zeitlichen und institutionellen Rahmen*, der von beiden, Ratsuchenden und Beratern, zu berücksichtigen ist. Das Steuern des Gespräches setzt voraus, dass der Berater sich über die Ziele der Beratung sowie die Wege dahin selbst klar ist. Damit unterscheidet sich die pädagogische, insbesondere die sozialpädagogische Beratung von den Prinzipien der Gesprächsführung von Rogers, der immer einen Schritt hinter seinem Klienten bleiben wollte.

Beratungen in der Pädagogik oder Sozialpädagogik sind wie alle sozialen Dienstleistungen Koproduktionen (Olk 1994), sie müssen also als Interaktion und gemeinsame Bewegung beider Beteiligter verstanden und umgesetzt werden. Die Beratung zu steuern heißt, die eigenen institutionellen Ziele, Möglichkeiten und Grenzen offen anzusprechen und den Klienten darüber nicht zu täuschen. Wenn z. B. eine Maßnahme im Rahmen einer Jugendberufshilfe als einzige Möglichkeit feststeht, macht es keinen Sinn, erreichen zu wollen, dass der Klient quasi von selbst auf die Idee kommt, die Maßnahme zu wollen. Das Gespräch zu steuern liegt dann eher darin, Rollen, institutionelle Rahmenbedingungen, Möglichkeiten und Grenzen einzuführen, die Klienteninteressen dagegen zu halten und einen Konsens, Kompromiss oder weitere Möglichkeiten zu suchen.

Beraterinnen und Berater in der sozialpädagogischen Beratung neigen dazu, mit typischen personenzentrierten Gesprächsführungstechniken zu beginnen und das Gespräch damit in Richtung personenzentriertes Gespräch und bedürfnisorientierte Steuerung auszuweiten. Geht das Gespräch dann in diese Richtung, d. h. reagiert der Klient persönlich, werden sehr schnell institutionelle Zwänge eingeführt und der Rahmen von Möglichkeiten wird plötzlich verengt. Für die Rat suchenden Jugendlichen entsteht so immer wieder die Situation, dass sie verwirrt und verunsichert werden. Sie haben sich zunächst dem Berater geöffnet, weil sie mit der personenzentrierten Steuerung des Gespräches, also den Anwendungen der Gesprächsführungsregeln nach Rogers quasi dazu eingeladen wurden. Eine zu starke personenzentrierte Steuerung, vor allem zu Beginn der Beratung, führt in die Lebenswelt des Ratsuchenden.

Wünsche und Ideen werden produziert und treten offen zu Tage, die Kreativität wird angeregt. Steht jedoch das Ziel schon fest, kann der Wechsel von der personenzentrierten Steuerung in Richtung Maßnahme, also institutionelle Steuerung, als kränkend empfunden werden.

Die Kunst zu beraten besteht darin, zwischen dem Pol der Personenorientierung und dem Pol der institutionellen Ziele bewusst zu steuern. Eine zu weite Steuerung führt in die Psychologie der Person, während eine zu enge Steuerung entlang den institutionellen Gegebenheiten das Beratungsgespräch verengt und die Positionsrollen hervorkehrt. Die angemessene Gesprächssteuerung gehört damit zu den wichtigsten Techniken in der sozialpädagogischen Beratung.

Zu 2.: Das *Verbalisieren oder Doppeln* (Schulz von Thun 2006) bezieht sich auf die nicht gesagten, aber angedeuteten Inhalte des Gespräches. Es setzt eine hohe Fähigkeit des Beraters voraus, das latente Thema, den Text hinter dem Text, die Botschaft hinter dem Gesagten zu erkennen. Dies ist zumeist nur in erlebten Beratungssituationen möglich (Oevermann 1993), da hier im Rahmen der interpersonellen Wahrnehmung die latente Dimension einer Aussage gefühlt werden kann. Der Berater muss dazu die Aussagen des Klienten wie einen Spiegel auf sich wirken lassen, die latente Botschaft entschlüsseln und zurückgeben. Üblicherweise wird dies in Kontrollsupervisionen und Balintgruppen (vgl. Kapitel 4) eingeübt.

Zu 3.: Neben dem Verbalisieren ist die *Einführung anderer, neuer Aspekte* eine weitere Technik. Die Einführung neuer Aspekte in der pädagogischen Beratung betrifft vor allem das mögliche wissenschaftliche Wissen des Beraters. Er kann neue Aspekte in das Gespräch bringen, die dem Klienten die Entscheidung erleichtern und seine Wahrnehmung und seinen Horizont erweitern. Die Einführung neuer Aspekte gehört im Sinne Mollenhauers zur *Aufklärung des Klienten.* Allerdings wird von dieser Methode wenig Gebrauch gemacht. Dies liegt u. a. in dem Grundsatz von Rogers und vielen Therapeuten begründet, dass jeder Mensch den Schlüssel zur Lösung seiner Probleme in sich selbst trage. Diese Haltung, die auch aus der systemischen Familientherapie (vgl. Weiss 1978) stammt, ist jedoch für die pädagogische Beratung nur teilweise anzuwenden. *In der pädagogischen Beratung liegen Verstehen, Aufklärung und Bildung des Klienten enger zusammen.* Beratung und Bildung sind zwei Seiten eines Lernprozesses. Die Einführung neuer Aspekte in der pädagogischen Beratung ist deshalb eine zulässige Technik. Eingeführt werden können Wissen, Erfahrungen, Vergleiche und Beispiele.

Zu 4.: *Krisen* sind Zuspitzungen und Polarisierungen, die immer wieder mit einem Wendepunkt verbunden sind. In diesen Situationen müssen pädagogische Berater Entscheidungen treffen und Druck aushalten. Der Begriff „Krise" hat eine lange und wichtige Tradition vor allem im Kontext des Psychiatrischen und der Psychotherapie. Jedoch gibt es im pädagogischen Bereich dauernd schwere und leichtere Krisen, die bearbeitet und integriert werden müssen, ohne dass psychotherapeutische und psychiatrische Hilfe in Anspruch genommen werden kann. Um Krisen in der pädagogischen Arbeit und der Beratung richtig zu beurteilen und angemessen zu handeln, ist es wichtig, sich mit deren Dynamik vertraut zu machen, diese ernst zu nehmen und nicht von vornherein als „Spielchen" und Disziplinlosigkeit von Kindern und Jugendlichen anzusehen. Grundsätzlich gilt, dass die Krise eher verschärft wird, wenn Probleme, vielleicht auf Grund eines behavioristischen oder utilitaristischen Menschenbilds, nicht ernst genommen oder umgedeutet werden. Während der *Krisenintervention* gelten vor allem die spiegelnden und anerkennenden Prinzipien der Gesprächsführung. Krisenauslöser sollten identifiziert und Eltern aufgeklärt werden. Es ist zudem eine Problemanalyse, eine gemeinsame Problemdefinition und eine Problemhierarchie zu erstellen. Pierre Frevert (2008, S. 4) hebt hervor, dass eine Orientierung auf das Hier und Jetzt, eine Reizabschirmung, eine Alltagsstrukturierung und eine Hilfeplanung zur Krisenintervention dazugehören.

Zu 5.: Vor allem aus der systemischen Familientherapie ist ein Instrumentarium von Interventionen entstanden, das in Beratungen vielfach verwendet wird. In der psychosozialen Beratung spielt neben Paul Watzlawick zunehmend Niklas Luhmann eine wichtige theoriegebende Rolle (vgl. Großmaß 1998). In Luhmanns Theorie sozialer und psychischer Systeme gelten *Menschen als psychische Systeme* – als ein Prozess von Ideen, Gefühlen, Gedanken und Willensakten. Psychische Systeme sind, so Luhmann, im Original „Systeme, die Bewusstsein durch Bewusstsein reproduzieren und dabei auf sich selbst gestellt sind, also weder Bewusstsein von außen erhalten, noch Bewusstsein nach außen abgeben (Luhmann 1984, S. 355). Von den psychischen Systemen aus gesehen sind alle sozialen Systeme Umwelt. Umgekehrt sind soziale Systeme die Umwelt der psychischen Systeme, d. h., Menschen gehören nicht zu den sozialen Systemen und das Netzwerk von Kommunikation und Interaktion gehört nicht zum psychischen System Mensch. Das soziale System, im Fall von Beratung die Kommunikation einer Familie oder einer Gruppe oder einer Organisation, muss unabhängig von den Menschen betrachtet werden, als von ihnen entkoppelt. Dieser Blick mutet fremd an, er enthält aber die Chance, bei Problemen der Kommunikation und des Umgangs nicht in erster Linie die moralischen Dimensionen der menschlichen Beziehungen zu sehen, die Beteiligten nicht zu verurteilen und sich parteilich zu identifizieren oder die Klienten in Opfer und Täter aufzuteilen. Dies ist der große Vorteil der systemischen Sichtweise.

Systemische Gesprächsführung besteht aus verschiedenen Schritten. Im Mittelpunkt steht das Erstinterview. Es bezieht sich fokussiert auf die Symptomatik und das aktuelle Beziehungsgeschehen. Weiterhin wird viel Wert auf Lösungen und Lösungsmöglichkeiten gelegt. Zwei Gedanken stehen im Mittelpunkt:

1. Wie ist das Symptom in seiner Einbindung in die aktuellen Beziehungen des Klienten zu verstehen? Welchen Stellenwert hat es dort? Warum tritt es jetzt auf? Wie ist seine Funktion?
2. Wo liegen die Ressourcen des Patienten? Welche Fähigkeiten führen ihn aus der Problematik heraus?

Als Leitsatz gilt: *Der Klient hat den Schlüssel zu seinem Problem. Der Therapeut muss ihm nur beim Suchen helfen.* Er wird zuerst die Struktur der Beschwerden und ihre jeweilige Eingebundenheit in die Familie oder den Lebenszusammenhang untersuchen, dann wird er wieder die Fähigkeiten des Klienten betonen und herausarbeiten, wie der Klient Lösungen realisieren kann. Eine besondere Bedeutung in der systemischen Beratung hat *die positive Bewertung des Symptoms.* Damit ist der Klient im Erstgespräch aber meist überfordert. Es dauert eine Zeit, bis dem Klienten die Funktion seiner Symptome selbst klar wird. Zum Zweiten ist die systemische Haltung *lösungsorientiert.* Es geht nicht darum, den Klienten lange zu behandeln. Die Vorstellung, dass man das Übel „von der Wurzel her" beraten muss, ist systemischen Ansätzen fremd. Die Lösungsorientierung des systemischen Ansatzes liegt darin, nach den Ausnahmen, in der Regel also problemfreien Tagen und Situationen, zu fragen. Differenzierungsfragen sind hier von hoher Bedeutung. Aus einem „Ich habe immer Kopfschmerzen" wird dann „Am Wochenende" oder „Morgens" etc. Diese Differenzierungsfragen sollen den Klienten anregen, zu seinen Problemen eine andere Einstellung zu gewinnen.

Eine weitere systemische Haltung ist es, zirkulär zu denken. Deshalb wird in systemischen Beratungen oft eine weitere hypothetische Person eingefügt, z. B. „Wenn Ihre Frau jetzt hier wäre, was würde sie zu Ihren Problemen sagen?" Oder: „Was würde Ihr Vater dazu sagen?" Diese Technik nennt man *zirkuläres Fragen.* Durch zirkuläres Fragen erhält der Berater, die Beraterin mehrere Perspektiven – sowohl auf der Sachebene, wie auch auf der Beziehungsebene.

2. Beratungskunst

Die thematischen Felder dieses Kapitels stellen den Kern des Beratungsprozesses dar und sind zugleich sein wichtigstes methodisches Gerüst: Anfang, Kontrakt und Arbeitsbündnis, Beratungsbeziehung, Raterteilung, Abschied. Um zu verdeutlichen, dass es in der Beratung nicht nur um Selbstreflexion, sondern um Handlungsaufforderung und um die Lösung von Problemen geht, sind die aus der geisteswissenschaftlichen Pädagogik der 1960er Jahre stammenden Prinzipien der Raterteilung (vgl. Sprey 1968) in dieses Kapitel aufgenommen worden. Der vorliegende Aufbau zeigt, dass es sich bei der Beratung in der Pädagogik und in ihren Handlungsfeldern nicht um Therapie, aber auch nicht um eine Anwendung handelt, wie sie zum Beispiel in der pädagogischen Psychologie vorzufinden ist. Hier spielen Diagnosen und Maßnahmen eine zentrale Rolle (vgl. Gröning 2011). Der folgende Beratungsprozess unterscheidet sich z. B. von jenem, den Kurt Aurin (1980) mit „Erstgespräch – Diagnose – Prognose – Maßnahme" beschrieben hat. Er folgt vielmehr dem Prinzip von Mollenhauer (1965) bzw. den klassischen Vorstellungen des Humanismus zur menschlichen Ratbedürftigkeit und zum guten Rat, welche im Konzept der pädagogischen Beratung wieder lebendig sind.

2.1 Der Anfang – eine Beratungsbeziehung aufbauen

Probleme des Anfangs in der pädagogischen Beratung sind wie in jeder Situation eine Herausforderung – für beide Seiten. Mit den Schwierigkeiten des Neuanfangs in professionellen Beziehungen hat sich vor allem die Psychoanalyse auseinandergesetzt. Hier ist der institutionelle Rahmen durch die Praxis des Analytikers, die Art der Kontraktierung und spezifische Vereinbarungen gegeben, wie z. B. unbedingte Aufrichtigkeit des Klienten. Dieses Arrangement der Abstinenz und der Pflicht zur Offenheit des Klienten löst bei diesem Gefühle aus. Ähnliches vollzieht sich auch in sozialpädagogischen Institutionen oder in Behörden. Faktisch basiert jede Beratung auf *Vertrauen*, d. h. auf der Aufrichtigkeit der Klienten und Klientinnen und dem Schutz des Gespräches durch unbedingte Vertraulichkeit und Achtung der Würde des Klienten/der Klientin. Dies ist in vielen Beratungen gegeben, in vielen aber auch nicht und führt deshalb zu einer bestimmten Grundspannung, die sich im Erstgespräch zumeist schon zeigt. Die Psychoanalyse spricht von einer *institutionellen Übertragung* und meint, dass gleich am Anfang Gefühlsreaktionen entstehen, die zunächst einmal nichts mit der Beziehung zwischen Ratsuchendem und Beraterin/Berater zu tun haben, sondern ausschließlich mit der Institution. Noch vor der ersten Begegnung, z. B. in der Berufsberatung, werden durch die Institution, durch das Gebäude, die Art der Benachrichtigung, die Einbestellung etc. Übertragungen ausgelöst, welche den ersten Termin und das Arbeitsbündnis beeinflussen. „Bereits vor der ersten Begegnung sind Prozesse der Übertragung, Gegenübertragung und Widerstand in Gang gekommen"

(Thomä / Kächele 1985, S. 172). Eine negative Übertragung macht den Anfang schwer, wenn die Fantasien der Klienten zuerst abgearbeitet und geprüft werden müssen. Hierzu ist Metakommunikation und Exploration erforderlich.

Betritt der Ratsuchende den Beratungsraum, wirkt auch dieser auf ihn ein. Der Raum und die Art des Arrangements ist eine unbewusste Kostprobe der beraterischen Beziehung, die den Ratsuchenden nun erwartet.

> Ist der Beratungslehrer/die Beratungslehrerin bei einer Schulberatung mit dem Elternteil oder mit dem Schüler allein oder teilt er/sie sich den Raum mit seinem Kollegen? Hat der Raum eher die Atmosphäre eines Arbeitszimmers für die Vorbereitung von Unterricht? Hat der Berater überhaupt Zeit für die Beratung? Aber auch die Wohnzimmeratmosphäre der alternativen Frauenberatung mit Aromatherapie, Sitzsack, Biotee und Kerze kann negative Übertragungen auslösen, wenn sie z. B. in unangemessener Weise der Selbstdarstellung der Beraterin dient und vielleicht als zu privat erlebt wird.

Thomä und Kächele (1985) betonen, dass es für die Anfangssituation entscheidend ist, welche Einstellung der Berater, die Beraterin selbst zum Ratsuchenden hat. Vom ersten Gespräch werden alle weiteren Begegnungen getragen. Ist das erste Gespräch schlecht und kontaktlos, schlägt gar die institutionelle Übertragung durch, sind fast alle weiteren Gespräche belastet und die Beratung insgesamt steht in Frage. Es geht also darum zu reflektieren, welches Übertragungsangebot die Beratungsstelle den Ratsuchenden macht, welches Beziehungsangebot nötig ist, um die institutionellen Übertragungen abzuarbeiten und wie mit dem Übertragungsstress zu Beginn einer Beratung umzugehen ist.

2.2 Kontrakt und Arbeitsbündnis

Im idealen Dienstleistungsverhältnis erteilt der Klient dem Berater ein Mandat. Der Klient will die Dienstleistung haben und seinen Teil zum Gelingen des Ganzen beitragen (Koproduktion). Dieses Einverständnis wird in einem Arbeitskonsens konkretisiert, der dann den äußeren Rahmen – also Zeit, Ort, Dauer, Bezahlung der Dienstleistung – wie auch den inneren Rahmen umfasst. Dieser innere Rahmen setzt die Vernunft des Klienten und die Vertraulichkeit der Beratung sowie die Vertrauenswürdigkeit des Beraters voraus, der eben nur dem Klienten und seinem Wohl verpflichtet ist. Müller (1985, S. 119) bezeichnet das Arbeitsbündnis als „working consensus". Nach Müller muss es einen *freiwillig und vernünftig zustandegekommenen Konsens* geben, der die Zusammenarbeit regelt. Er bezieht sich hier auf Jürgen Habermas, der davon spricht, dass Vernunft auf einem täuschungsfrei festgestellten gemeinsamen Interesse beruht. (Habermas 1973, S. 148, nach Müller 1985, S. 118). „Systematisch verstellte Beziehungen", die auf

Täuschung und einer Art instrumenteller Beziehung beruhen, können nach Müller diesem Arbeitsbündnis nicht gerecht werden. In der Sozialwissenschaft haben sich, wie im vorigen Abschnitt bereits beschrieben, viele „Verstellungen" jedoch schon institutionalisiert – bürokratische Verstellungen, die davon ausgehen, dass der Klient die Leistungen des Staates ausnutzt und zu einem selbstverantwortlichen Leben genötigt werden muss, expertokratische Verstellungen, die dem Klienten Mündigkeit absprechen oder im Sinne der Pastoratsmacht Haltungen, die davon ausgehen, dass Menschen unmündig bleiben und zu ihrem Wohl geführt werden müssen.

Das Arbeitsbündnis ist im Kern eine *Kontraktethik*. Es ist geprägt von der Anerkennung des/der Ratsuchenden als Rechtsperson. Diese Anerkennung schlägt sich in einem ganz besonderen Umgang mit dem Klienten nieder, der von Takt und einer gewissen Distanz geprägt ist. Hinter den Begriffen *Anerkennung, Takt und Distanz* versteckt sich ein ganzes Gebäude von beratungstheoretischen Positionen, die Beratung in den Kontext einer kritischen Erziehungswissenschaft stellen und auf Mollenhauer (1965) zurückgehen. Ein Mensch ist nicht weniger wert bzw. muss nicht weniger geachtet werden, weil er Probleme hat. Diese Haltung, dass jemand, der Rat und Hilfe sucht bzw. braucht, trotz dieser Ratbedürftigkeit als Rechtsperson zu achten ist, ist historisch eine recht neue Position. Axel Honneth (1992) hat darauf aufmerksam gemacht, dass in vormodernen bzw. vordemokratischen Gesellschaften Wert und Würde eng zusammenhingen. Galt ein Mensch ist Bezug auf seine Leistungen wenig, war er also in den Augen der Gesellschaft wenig wert, so wurde er auch vor dem Gesetz ungleich behandelt. Seine Rechte wurden eingeschränkt. Diese Fusion von Wert und Würde ist in den sozialen Dienstleistungen ein Problem, insofern es immer noch entsprechende Traditionen gibt.

In den 1960er Jahren das Buch von Erving Goffman (vgl. Goffman 1973) für große Aufmerksamkeit gesorgt, da er nachweisen konnte, dass Übergriffe auf die rechtliche Anerkennung eines Menschen, der wenig Leistung brachte und „wenig wert" war, keineswegs nur auf die vormoderne Gesellschaft beschränkt war. In der modernen Gesellschaft, vor allem in den Anstalten, hatten sich Traditionen der rechtlichen Beschneidung und der Entrechtung lange konserviert. In einer umfassenden ethnografischen Beobachtung hat Goffman die Mechanismen totaler Institutionen, wie er sie nannte, aufgedeckt und ein Modell von Rechtlichkeit im Umgang mit Klienten entwickelt. Das Modell besagt, dass zwischen der Person, die eine Würde hat, und dem Problem, welches die Person hat, grundsätzlich zu unterscheiden ist. In der Beratung „überlässt" der Klient sein Problem dem Berater, nicht aber seine Person, auch wenn das Gespräch mit dem Berater sehr persönlich sein kann. Dieses *Distanzmodell* ist heute in der pädagogischen Beratung ein anerkanntes Modell des Arbeitsbündnisses und entspricht einer Haltung, die Beraterinnen und Berater vertreten sollten.

Zum Arbeitsbündnis gehören auch die *formalen Absprachen* über den äußeren Rahmen der Beratung. Dieser umfasst auch die Bereitschaft des Beraters, den

Micha Brumlik (1992) für die Professionellen reklamiert hat: Der Berater sichert dem Klienten zu, seine ganze professionelle Kunst in diesen Fall zu investieren und nach bestem Wissen und Gewissen zu beraten. Der Berater muss ferner Schaden, den der Klient nehmen kann, vermeiden. Das Gebot lautet: „Tu dem dir Anvertrauten nichts Schlechtes." Das Arbeitsbündnis beschreibt einen Prozess der symbolischen Verrechtlichung des Arbeitsverhältnisses und damit eine gemeinsame Bindung von Berater und Klient. Beide treffen auf einer Ebene zusammen, die durch Ethik und Rechtlichkeit, durch Bezugspunkte wie Mündigkeit und Vernunft konstituiert wird. Wichtige praktische Elemente des Arbeitsbündnisses sind:

- die Ratbedürftigkeit: Der Klient muss sich entschieden haben, Rat zu suchen und zu brauchen. Er muss sich selbst zum Ratsuchenden machen. Dieser Rollenwechsel quasi auf den Klientenstuhl ist entweder schon vor der ersten Beratung vollzogen oder er ist Teil des Arbeitsbündnisses.
- die Grundregel der Wahrhaftigkeit: Zwischen Berater und Klient muss Vertrauen herrschen. Diese wird durch die Rechtlichkeit und die Ethik des Beratungsverhältnisses ermöglicht.
- die Vereinbarung über die Kommunikation: Kommunikation der Gefühle, Umgang mit Störungen, Abbruch der Beratung, Termine vergessen, Zu-spät-Kommen, also die möglichen Probleme und Schäden, müssen zu Beginn der Beratung besprochen werden.
- die Vereinbarung über die Schweigepflicht, die Ziele der Beratung und die Verwendung des Wissens: Sie sind Teil des Arbeitsbündnisses.
- der Umgang mit Symmetrie und Asymmetrie: Das Problem der Macht und des Machtgefälles in der Beratung, das Verhältnis von Beraten und Entscheiden, die Positionsrolle des Beraters – Konsequenzen müssen vor allem vor dem Hintergrund möglicher Übertragungen besprochen werden.
- die Distanzwahrung und der Takt: Die Abstinenz, die Achtung vor den „heiligen Sphären des Ratsuchenden" gehört zum professionellen Verhalten des Beraters/der Beraterin.
- die Dauer der Beziehung: Die Beratung lässt sich nicht von Anfang an befristen.

Berater in Institutionen wie der Schule, der Agentur für Arbeit oder dem Jugendamt haben eine bedeutende Positionsrolle inne, welche die pädagogische Beratung anfällig für Konflikte macht, was wiederum das Risiko des Abbruchs oder der Eskalation mit sich bringt. Methodisch heißt dies, dass sich Probleme in der Beratung im Arbeitsbündnis niederschlagen und die *Arbeit am Arbeitsbündnis* für die sozialpädagogische und die allgemeine pädagogische Beratung, z. B. in der Schule, besonders wichtig ist. In der Beratung sind die Sach- wie die Emotionsebene zu berücksichtigen, weil diese sich im Beratungsgespräch immer wieder vermischen. Es macht also Sinn ausdrücklich zu vereinbaren, dass Ratsuchender und Berater sowohl über die Sache sprechen als auch über ihre Beziehung.

Gefühle von Nähe und Distanz, Schuld und Verpflichtung und nicht zuletzt Schamgefühle in der Beratung (vgl. Hilgers 2006) sind wichtige Hinweise, die Beziehungsebene anzusehen. Dazu können Berater sich der *Metakommunikation* (Schulz von Thun 2006) bedienen. So wird in Supervisionen z. B. regelmäßig empfohlen, am Schluss des Gesprächs eine Metakommunikationsphase einzuschalten, um Störungen im Beratungsprozess zu erkennen und ins Bewusstsein zu bringen. Hierzu wäre es notwendig, dass sich der Berater die Feedbacks der Klienten anhört und damit umgeht (vgl. den vorigen Abschnitt). Das sogenannte *Containing* beinhaltet, dass dem Klienten zugehört und auch Kritik oder negative Gefühle zunächst gehalten und aufgenommen werden. Zeit zum Nachdenken und Zeit, mit Affekten umzugehen, sollte gegeben werden.

In der Sozialen Arbeit wird nach Ansicht von Burghardt Müller (1985, S. 120) wenig über die Arbeitsbündnisse nachgedacht. Die für die 1980er Jahren noch zutreffende soziale und professionelle Zustimmung der Sozialarbeiter zu ihren Klienten ist heute einem kritischen Konzept gewichen.

> Die Rolle des Sozialarbeiters hat sich in Richtung stärkerer *sozialer Kontrolle* verändert und verändert auch seine Beratung. Gleiches gilt für die Berufsberatung. So kommen Schülerinnen und Schüler, die einen Ausbildungsplatz suchen, sehr häufig mit einer Zielvereinbarung aus der Berufsberatung, in der sie sich verpflichten, sich regelmäßig bei der Berufsberatung zu melden, sich auf ausgeschriebene Stellen zu bewerben und zu begründen, falls sie sich nicht bewerben wollen. Diese Haltung des aktivierenden Staates („Fördern und Fordern") mit Zielvereinbarungen und Sanktionen basiert zwar ebenfalls auf einem Vertragsverständnis zwischen Klienten und Sozialarbeiter, jedoch im Sinne einer Verpflichtung und einer Bringschuld des Klienten dafür, dass er überhaupt Leistungen in Anspruch nehmen kann. Der Sozialarbeiter oder der Berufsberater werden zum Agenten der sozialstaatlichen Systeme, wodurch andere wichtige Elemente des Kontraktes und des Arbeitsbündnisses (wie Vertraulichkeit, Wertschätzung, Takt und Schutz des Klienten) zumeist nicht eingehalten werden können. Da das Arbeitsbündnis zwischen Klient und Berater aber ein Aushandeln von Zielen und Mitteln voraussetzt, ist vor allem der Vertrauensschutz in der Beratung immer wieder ein gefährdetes Gut.

Zum einen kann das Arbeitsbündnis also durch Umdefinierung in eine Verpflichtung und Bringschuld des Klienten gestört werden. Zum anderen kann durch Störungen eine gewisse Scham entstehen.

Man sollte sich zum Vergleich *Freuds Konzept des Arbeitsbündnisses* in der Psychoanalyse vergegenwärtigen. Freud stellt sich das Bündnis zwischen dem Psychoanalytiker und seinem Patienten folgendermaßen vor: Der gesunde Ich-Anteil des Patienten und der Analytiker gehen einen Pakt ein, um die kranken Ich-Anteile des Patienten zu kurieren. Mit diesem Konstrukt der Unterscheidung zwischen den gesunden und den kranken Ich-Anteilen wird ein Widerspruch angenommen zwischen dem, was der Klient bzw. die Klientin explizit will und was ihrem Bewusstsein und ihren Ich-Funktionen zugänglich ist, und dem, was im Unbewussten oder durch das Unbewusste die Beratung und Beziehung beeinflussen wird. Der Riss geht demnach durch die Person des Klienten. Der Pakt, den der Analytiker im Rahmen des psychoanalytischen Arbeitsbündnisses eingeht, ist ein Pakt mit dem Klienten gegen seinen kranken Ich-Anteil und die dazugehörigen Abwehrmechanismen. Störungen des Arbeitsbündnisses sind deshalb vorprogrammiert und in der Psychoanalyse auch gewollt. Die Aufklärung der Übertragung hilft dem Klienten weiter, indem er erkennt, durch welche alten Bindungen sein Blick auf die Realität verstellt ist.

Das Ich ist durch den inneren Konflikt geschwächt. Wir müssen ihm zu Hilfe kommen. Es ist wie in einem Bürgerkrieg, der durch den Beistand eines Bundesgenossen von außen entschieden werden soll. Der analytische Arzt und das geschwächte Ich sollen, an die reale Außenwelt angelehnt, eine Partei bilden gegen die Feinde, die Triebansprüche des Es und die Gewissensansprüche des Über-Ichs. Wir schließen einen Vertrag miteinander. Das kranke Ich verspricht uns vollste Aufrichtigkeit, d. h. die Verfügung über all jenen Stoff, den ihm seine Selbstwahrnehmung liefert. Wir sichern ihm strengste Diskretion zu und stellen unsere Erfahrung der Deutung des vom Unbewußten beeinflußten Materials in seinen Dienst. Unser Wissen soll sein Unwissen gutmachen, soll seinem Ich die Herrschaft über verlorene Bezirke des Seelenlebens wiedergeben.

(Freud, GW XVII, S. 98 nach Müller 1985, S. 121)

Die Position, die der Analytiker bei Freud einnimmt, ist nicht nur eine mächtige, sondern durch den Vertrauensschutz und das Ziel, dem Ich die Herrschaft zurückzuerobern, auch eine parteiliche und anwaltliche Position. In der pädagogischen Arbeit ist dies objektiv nur teilweise gegeben, da wir es hier mit einem sogenannten *doppelten Mandat* zu tun haben: Der Pädagoge muss zwischen den Zielen der Institution und dem Ziel, dem Klienten subjektiv zu helfen, eine Balance finden. In der pädagogischen Beratung ist die Situation nun so, dass der Berater ggf. zu einem Agenten der jeweiligen Institution werden kann, für die er tätig ist. Aber auch wenn der Berater nicht zum Agenten wird, besteht das Problem im Arbeitsbündnis darin, dass der Klient ja nicht gesunde und kranke Ich-Anteile voneinander unterscheidet und unterscheiden kann. Das Ich fühlt als eine Einheit. Automatisch entstehen so durch die Arbeit in der Beratung Schamgefühle des Klienten (vgl. dazu auch das Kapitel 4).

2.3 Den Beziehungsraum aufbauen und gestalten

Die Gestaltung des Beziehungsraumes ist eine weitere wichtige Dimension in der Beratungskunst. Für die Soziale Arbeit spricht z. B. die Sozialpädagogik-Professorin Magdalena Stemmer-Lück (2004) davon, dass Sozialarbeiter und Klient sich in einem interpersonalen, interaktiven und organisationsbezogenen Raum bewegen. Die Art ihrer Beziehung wird durch die Interaktion dieser Dimensionen mitbestimmt. Gesellschaftliche Bedingungen wirken über institutionelle Regeln in die Beratungssituation mit einem Klienten hinein (Stemmer-Lück 2004, S. 56ff.). Die Wirkfaktoren reichen von gesellschaftlichen Entwicklungen und politischen Diskursen über konkrete institutionelle Regeln bis hin zu Ausbildungsstandards und Leitbildern in den Qualifizierungen der Sozialen Arbeit. Sie müssen bewusst gemacht, ggf. gefiltert und neutralisiert werden, damit ein Beziehungsraum nicht von vornherein Scham auslösend und aggressiv ist. Zunächst haben beide Interaktionspartner – Sozialarbeiter und Klient – Anliegen, Wünsche und Bedürfnisse, die sich zum Teil decken, zum Teil aber auch auseinandergehen. Darüber muss man in einem guten Beziehungsraum verhandeln können. In einem schlechten fehlt diese Möglichkeit. Der Klient hat meist ein konkretes Problem. Er sucht z. B. einen Ausbildungsplatz oder möchte in Bezug auf seine Berufswahl mehr Sicherheit haben. Oder er hat ein Problem mit Leistungen, mit Lehrern, mit Klassenkameraden. Doch es kann sein, dass diese konkreten Beratungsbedürfnisse von unbewussten Wünschen überlagert und konterkariert werden, die in der Beratung gespürt, aber nicht ohne Weiteres angesprochen oder konfrontiert werden können. Die hohe Bedeutung der unbewussten Ebene für den Beziehungsraum verdeutlicht Stemmer-Lück, wenn sie von der *Atmosphäre* spricht, die die Beratung prägt. Ist die Atmosphäre von Angst und Spannung geprägt, von Forderungen und Aggressivität, von Ruhe und einer zugewandten Haltung?

Die Pädagogik unterscheidet insgesamt vier Beziehungsräume, die jeweils unterschiedlich theoretisch begründet sind.

1. *Der sokratische Beziehungsraum:* Die Lehrer-Schüler-Beziehung ist jener Beziehungsraum, der auf das Werden einer Person ausgerichtet ist, sie formen und leiten will, damit die Person ihren Selbstzweck erreicht und in der Lage ist, mündige Entscheidungen zu treffen. Dieser Beziehungsraum findet sich in fast allen klassischen Theorien der Erziehung und ist seit *Sokrates* ein dialogischer Raum, in dessen Mittelpunkt eine bestimmte Art der Gesprächsführung steht. Sokrates' pädagogisches Leitbild war das einer Veredelung des Menschen durch Erziehung. Die Beziehung, die er zu seinen Schülern einging, richtete sich auf Tugenden wie Tapferkeit, Gerechtigkeit, Sittlichkeit, Tüchtigkeit, Besonnenheit, Einsicht, Ehrfurcht und Gewissenhaftigkeit. Die Sorge für die Seele des Educandus, die Aufklärung sowie der Dialog mit dem Gewissen des Educandus nimmt eine herausragende Stelle ein. Sokrates arbeitete mit der inneren Stimme, dem Daimonion. Dieser inneren Stimme zu folgen und sich nicht Autoritäten zu unterwerfen, gibt innere Freiheit und befreit aus Abhängigkeiten und seelischen Verbiegungen. Die Gesprächsführung bei Sokrates zielt auf die Eröffnung eines fragenden, nach Wahrheit suchenden Beziehungsraumes. (Platon 1986).

2. *Der behavioristische Beziehungsraum:* Der zweite Beziehungsraum wurde von B. F. Skinner entwickelt, ist heute unter dem Dach von systemischer und lösungsorientierter Beratung weit verbreitet und erfreut sich großer Zustimmung. In Anlehnung an Wolfgang Krone (1988) können die Prinzipien von Skinners Beziehungsraum so beschrieben werden: Gegenstand des behavioristischen Beziehungsraumes ist die *Verhaltensänderung, die Vorhersage und Modifikation von Verhalten.* Skinner wendet sich gegen Beziehungsräume, die die Seele berücksichtigen. Die Gewohnheit, im Inneren eines Organismus zu suchen, habe dazu geführt, jene Variablen, die der wissenschaftlichen Analyse von Verhalten unmittelbar zugänglich seien, leicht zu übersehen (Krone 1988, S. 26). Skinner entwickelte bestimmte Methoden, vor allem der *systematischen Verstärkung,* die die Voraussetzung für eine Formung des Verhaltens bieten. Im pädagogischen Raum sind Erziehungsfragen dann auch Fragen der effektiven Verhaltensmodifikation. Behavioristische Pädagogik macht den Zögling zum Adressaten der Formung, der Verhaltensmodifikation, wohingegen der Erzieher zum Technologen wird. Er ist als Person ebenso ein Phantom wie der Zögling (Krone 1988).

3. *Der psychoanalytische Beziehungsraum:* Die Psychoanalyse spielt für die pädagogische Beratung ebenfalls eine bedeutende Rolle. Sie untersucht seelische Vorgänge, welche dem Bewusstsein unzugänglich sind und ohne Analyse unbewusst bleiben. Heute versteht sich die Psychoanalyse nicht nur klinisch im Sinne einer Krankheitslehre und einer Behandlungsmethode zur Heilung seelischer Störungen, sondern auch als Forschungsmethode (Tiefenhermeneutik) und als Entwicklungs- und Metatheorie. Die Psychoanalyse hat eine eigene Lehre des Pädagogischen entwickelt, die zunächst auf ihrer *Entwicklungstheorie* beruht. Im Beziehungsraum fokussiert die Psychoanalyse die Übertragungen zwischen Erzieher und Zögling und die unbewusste Ebene der Beziehung. Der psychoanalytisch ausgebildete Erzieher und Berater ist insgesamt auf das Unbewusste des Klienten und Zöglings eingerichtet und verhält sich triebfreundlicher und gewährend. Sein innerer Raum ist durch einen positive Anthropologie und das Wissen um die Wichtigkeit der Integration der Instanzen des Selbst geprägt. Er setzt auf die leise Stimme der Vernunft in der Erziehung und die guten Beziehungen zwischen ihm und dem Zögling. Der psychoanalytisch geschulte Pädagoge interessiert sich vor allem für die Beziehungsblockaden und die Beziehungsstörungen, die er im Rahmen der Gegenübertragungslehre deutet. Er versucht die Art, wie der Klient zu ihm Beziehung aufnimmt, immer wieder dialogisch zu deuten und zu neuen Beziehungsmustern zu kommen. Für Freud war das Entwicklungsziel des gesunden Menschen dessen Arbeits- und Liebesfähigkeit, sich sowohl der Mühe der Leistung als auch der Nähe eines anderen Menschen zu stellen. Um diese Ziele zu erreichen, ist der Erzieher auf sich selbst, auf seine innere Stimme angewiesen. Dazu muss er sich selbst verstehen, seine eigenen unbewussten

Wünsche und Muster in der Beziehung nachvollziehen und seine Abwehrmechanismen erkennen.

4. *Der personenzentrierte Beziehungsraum:* Carl Rogers vermittelt in seiner Methode eine von Achtung, Wertschätzung und Respekt gegenüber der Person des Klienten geprägte Einstellung des Pädagogen. Er vertrat eine positive Anthropologie und glaubte an die Kraft des Guten. In der Erziehung plädiert er ähnlich wie in der psychoanalytischen Pädagogik dafür, dem Zögling einen (Frei-)Raum zu geben, sich zu einem reifen Menschen zu entwickeln. Die Erziehung soll eine Kongruenz zwischen Selbstkonzept und Erfahrung vermitteln (vgl. Krone 1988, S. 102). Wirksame Beratung besteht in einer eindeutig strukturierten, gewährenden Beziehung, die es dem Klienten ermöglicht, soweit zu einem Verständnis seiner selbst zu gelangen, dass er mit dieser neuen Orientierung positive Schritte zu unternehmen befähigt ist (Rogers 1981, S. 28). Bei Rogers bringt die Beziehung selbst die Veränderung – stärker als bei anderen Theoretikern –, weshalb es in der Beratung eben nicht um Techniken und Methoden, sondern besonders um eine Beziehung geht. Der Erzieher wirkt bei Rogers durch sein So-Sein, deshalb kann Erziehung auch nicht planvoll sein, sondern ist Ausdruck der Lebensform des Erziehers (Krone, 1988, S. 108).

Der Beziehungsraum in der pädagogischen Beratung kann also jeweils sehr unterschiedlich sein, zumeist folgt er in der Praxis wohl dem Konzept des Behaviorismus, d. h., es sollen Probleme gelöst, Verhalten verändert und Ressourcen aktiviert werden. Die kurze Aufstellung zeigt aber auch, dass es weitere theoretische Beziehungsräume für die pädagogische Beratung gibt, die gut begründet sind. Außerdem ist zu berücksichtigen, dass die behavioristische Beziehung für die Beratung zu einer strukturellen Spannung führt, was ihre große Schwäche darstellt, vor allem wenn der Klienten einen inneren Problemdruck hat und emotional schutzbedürftig und verletzbar ist.

Für die Gestaltung des Beziehungsraumes einer pädagogischen Beratung soll deshalb an dieser Stelle eine *Kombination aus allen vier Beziehungsräumen* vorschlagen werden. Beratung soll auf Mündigkeit und Entscheidung ausgerichtet sein sowie auf Verstehen der inneren Realität, wie Rogers' Theorie es durch Selbstexploration in einer respektvollen und anerkennenden Atmosphäre nahelegt. Auf die unbewussten Anteile in der Beziehung ist zu achten, besonders die Frage der Abwehrmechanismen ist für das Selbstverstehen des Pädagogen bedeutsam. Schließlich können auch in einem begrenzten Umfang Techniken der behavioristischen Pädagogik angewendet werden. Die Beratung in der Pädagogik sollte sich aber nicht im Anspruch auf Veränderung des Klienten erschöpfen.

2.4 Die Raterteilung

Eine besondere Bedeutung in der pädagogischen Beratung hat die Raterteilung, die dem Klienten die Entscheidung erleichtern soll und ihm hilft, eine andere Haltung zu seinem Problem zu gewinnen. Pädagogische Beratung endet nach Mollenhauer (1965), aber auch nach Thea Sprey (1968) mit einem Rat des Beraters. Dieser Rat sei, so Mollenhauer (1965), verbindlich für den Berater und unverbindlich für den Ratsuchenden, der seine Autonomie wahren dürfe. Die Idee der Raterteilung lehnt sich an die in der Einleitung dieses Buches vorgestellte Logik der Beratung und des guten Rates bei Aristoteles an und geht von der Selbstsorge des Klienten aus. Sie kommt also aus der Philosophie, nicht aus der Therapie.

Raterteilungen entstehen aus der gemeinsamen Reflexion zu einem Problem und zur Person des Ratsuchenden. Sie sind mit Wertschätzung und Anerkennung zu verbinden und verstehen sich als Empfehlung. Um einen guten Rat erteilen zu können, muss der Berater eine ganz bestimmte Haltung haben, die in den 1980er Jahren von Helmut Becker und Lothar Wolfstetter als „Freiheit und Selbstsorge" charakterisiert wurde (vgl. Foucault / Becker 1984). Michel Foucault (1982) hat in einer Vorlesung an der Sorbonne unter dem Titel „Hermeneutik des Subjekts" diese Haltung in Anlehnung an die antike Philosophie skizziert. Ein guter Rat soll im Dienst dieser Haltung stehen, Freiheit und Selbstsorge des Klienten zu fördern und zu unterstützen. Cornelia Hoffmann (2011) nennt Freiheit und Selbstsorge eine theoretische Grundbedingungen jeder pädagogischer Beratung und ein Gegenprojekt zu kontrollierenden, Zwang ausübenden, leistungsorientierten Prinzipien innerhalb und außerhalb von Institutionen. Der gute Rat in der pädagogischen Beratung ist denn auch keiner, der sich direkt und im Sinne einer Anweisung auf eine konkrete Handlung bezieht, ohne Bezug zum Klienten und seinem Leben zu haben. Die Raterteilung kann sich nur auf die Dimension berufen, die Foucault die „Kunst der Existenz" nennt (Hoffmann 2011). Diese Kunst besteht in bewussten und gezielten Praktiken, mit denen sich die Menschen befreien, sich weiterentwickeln, verändern und fortschreiten. Es geht darum, aus seinem Leben ein Werk zu machen und seine Existenz mit Sinn und Ästhetik zu füllen.

2.5 Der Abschied – eine Beratungsbeziehung abschließen

Jede Beratung, auch wenn sie in der Pädagogik formal und technisch angesetzt ist, sollte mit einer Abschlussreflexion und einem Abschlussritual beendet werden. Zur Abschlussreflexion gehört, dass der Ratsuchende die Beratung bewertet, allerdings kommunikativ und nicht im Sinne einer Evaluation oder Kundenbefragung. Der Ratsuchende bekommt Gelegenheit zu erklären, was in der Beratung gut und was weniger gut für ihn war, was er oder sie mitnimmt und welche Bedeutung die Beratungserfahrung für ihn oder sie als Ganzes hatte. Kommt der

Ratsuchende nicht und bricht er die Beratung ab, so ist es ein Weg, eine nachgehende telefonische Abschlusssitzung durchzuführen, in dem diese Fragen erörtert werden. Auch ein Brief und eine Nachricht der Beraterin/des Beraters sind vielfach wertvoll.

Das Abschiedsritual sollte aus Wertschätzung und Anerkennung für die Leistungen des Ratsuchenden während der Beratung bestehen. Es geht darum, etwas zu sagen, was die Persönlichkeit und das Problem des Ratsuchenden und seine Bedeutung angemessen beschreibt. Ein weiterer wichtiger Punkt ist die Frage danach, ob oder wie es eventuell weitergeht, ob es eine Rückkehr geben kann. Weitere Hilfen und Möglichkeiten sind zu erörtern. Der Berater macht ein explizites und glaubhaft vermitteltes Angebot wiederzukommen, wenn es denn nötig ist. Außerdem sollte es beim Abschied noch einmal um den Beratungsrahmen, den Kontrakt, gehen. Die Anerkennung sollte die Rechtlichkeit der Beratung und die persönliche Achtung des Klienten in den Mittelpunkt stellen. Damit wird dem Klienten auch die Möglichkeit gegeben, Schamgefühle zu thematisieren und sich seiner Würde zu vergewissern. Der Berater sollte in der Abschiedssituation verdeutlichen, dass das Arbeitsbündnis eine hohe Bedeutung hatte: Der Klient hat lediglich „die dritte Sache“ zur Bearbeitung übergeben, seine Person ist als Rechtsperson geachtet worden.

3. Der institutionelle Kontext von Beratung

Gegenstand dieses Kapitels sind die formalen Dimensionen der pädagogischen Beratung. Leserinnen und Leser lernen den institutionellen Kontext von Beratung und ihre jeweiligen „Charakterzüge“ und Probleme kennen. Sie erfahren etwas über die Zusammenhänge zwischen Profession, Beratungsverständnis und jeweiliger Institution. Hinzu treten Probleme von Beratungsrollen im Kontext anderer Professionsrollen und die damit zusammenhängenden Rollenkonflikte und Professionsprobleme hinsichtlich der Beratung. Unzweifelhaft ist es eines der größten Risiken in der Beratung, dass Berater ihr Mandat gegenüber den Klienten nicht einhalten können, weil andere Rollenanteile in ihren Berufsrollen ihnen dies erschweren. Die Klärung dieser Rollenwidersprüche ist Aufgabe von Supervision. Im vorliegenden Kapitel wird in diesem Sinn eine Strukturierung vorgenommen, um Beraterinnen und Beratern zu helfen, ihre eigenen Rollenkonflikte als solche zu erkennen.

3.1 Beratungsformen

Beratung unterscheidet sich stark nach ihrem jeweiligen institutionellen Kontext. Beraterinnen und Berater haben, je nach institutioneller Zugehörigkeit, zwangsläufig unterschiedliche professionelle Selbstverständnisse, meist aber auch eine entsprechende institutionelle Sozialisation. Auf dieser Basis bilden sich Formen und Typen von Beratung heraus, die weniger auf *wissenschaftliche Erkenntnisse* als vielmehr auf *historische Entwicklungslinien und institutionelle Interessen und Kompromisse zurückgehen.* Institutionen werden als kulturell geltende, einen Sinnzusammenhang bildende, durch Recht und Sitte garantierte Sozialgebilde beschrieben (Jäggi 1974, S. 308, nach Vogel 2005, S. 30). Der Blick auf das Verhältnis von Beratung zu ihren jeweiligen Institutionen ist deshalb ein beratungswissenschaftlicher. Eine Typisierung der Institutionen fällt notwendig schärfer aus, als die empirische Wirklichkeit von Beratung es zumeist wiedergibt. Sie dient aber der Orientierung und ist zur Entwicklung von beratungswissenschaftlicher fundierter Professionalität in der pädagogischen Beratung nötig.

An einer immer noch wichtigen Stelle für die Beratung steht das ärztliche Modell, obwohl historisch der gute Rat eher der Philosophie der Lebensführung, der „epimeleia cura sui“ (Foucault 1982), zuzuordnen ist. Neben den ärztlichen oder klinischen Beratungsformen sind heute vor allem die amtlichen Beratungsformen bedeutend. Daneben treten theologische, pädagogische und anwaltliche Beratungsformen.

Im ärztlichen/klinischen Beratungsmodell ist der Klient ein Patient und der Arzt will heilen und therapieren. Entsprechend steht in diesen Beratungsformen die Diagnose an einer wichtigen Stelle, die zumeist mit wissenschaftlichen Instrumenten (Tests) erhoben wird. Die ärztlichen Beratungen werden selten von

Ärzten ausgeübt, vielmehr haben Psychotherapeuten ihren Platz eingenommen, die zumeist Psychologie studiert haben. Gleichwohl ist das ärztliche Handeln für diese Form des Beratungsverhaltens, für die Gestaltung des Beratungsprozesses und die Beziehung zum Klienten entscheidend. Neben der hohen Bedeutung der Diagnose in dieser Beratungsform sind vor allem Beobachtung und Abstinenz, klinische Deutungsmuster, die Suche nach Störungen und Psychopathologien wirksam. Beratungsformen mit einem stark therapeutischen Selbstverständnis würden wir als letztlich ärztliche/klinische Formen bezeichnen, auch wenn Ärzte diese Beratungen nur in den seltensten Fällen durchführen.

Im *theologischen Beratungsmodell* haben wir es mit dem Prinzip der seelischen Sorge, des Schutzes und nicht zuletzt der Führung zu tun. Anvertrauen, Gefolgschaft, Wahrheit und kritische Selbsterkenntnis sind hier ebenso wie die Hoffnung auf Vergebung am deutlichsten ausgeprägt. Das theologische oder pastorale Konzept unterscheidet sich von den anderen Beratungsmodellen dahingehend, dass der Berater hier moralischen Einfluss auf die Klienten nimmt und die Rolle eines „Hirten" innehat.

Mit dem ärztlichen wie auch mit dem pastoralen Handlungsmodell hat sich Michel Foucault befasst. In seinen Klassikern *Die Geburt der Klinik* (dt. 1982) und *Was ist Kritik* (dt. 1984) hat er deren Prinzipien beschrieben. Bei Foucault geht es im ärztlichen Modell nicht um Verstehen, sondern um Wissen: „Der Blick des Arztes wird Analyse der Analyse, die die Krankheit vornimmt. Er kann dazu in den Körper eindringen und den Blick in die Tiefe hinein versenken. Die Krankheit ist nun der pathologische Raum des Körpers selbst" (Völker 2008, S. 36). Mit dieser Beschreibung eines professionellen Handlungstypus wird Beratung als institutionelle Form ihrer Unschuld und ihres häufig vorgetragenen Selbstverständnisses als ethisches Handeln zunächst beraubt. Zwischen dem Ratsuchenden und dem Berater entsteht automatisch eine *Machtbeziehung*. Foucault (1982) kann aufzeigen, dass der in wissenschaftlicher Ausbildung erworbene ärztliche Blick sich keineswegs freundlich, schützend und solidarisch auf den Ratsuchenden richtet, sondern „der Arzt die Krankheit durch den Patienten sieht". Dieses Hindurchsehen wird durch die hohe Bedeutung der Diagnose quasi standardisiert und festgeschrieben.

In der Praxis der pädagogischen Beratung sind die heilpädagogischen Beratungsformen und mit Abstrichen auch die Erziehungsberatung ärztliche Beratungsformen. Auch Formen schulpsychologischer Beratung, wie sie z. B. von Kurt Aurin (1980) beschrieben worden sind, gehören zu diesem Beratungstypus. Entscheidend ist, dass die Ratbedürftigkeit z. B. in Fragen der Erziehung, der Schule, der Bildung zum Anlass für Diagnosen und Maßnahmen genommen wird, die zwar als Hilfe gemeint sind, deren institutionelle Wirkungsmacht jedoch nicht genügend berücksichtigt wird.

Der Theologe Hermann Steinkamp (1995) hat in Anlehnung an Foucault den pastoralen Beratungstypus und seinen Machtcharakter beschrieben. Anders als in der Antike, wo die Ratbedürftigkeit als menschliche Grundtatsache verstanden wurde, wird dort die Schuld des Menschen zum Ausgangspunkt. Wer Rat sucht, will sich von einem Gewissensdruck entlasten. Die pastorale Beratungsform stellt die Gewissensentlastung in den Mittelpunkt. Der schuldige Mensch, der Rat sucht, will sich seelisch aussprechen. Schuld und Wiedergutmachung sind so Bestandteil der Beratung z. B. in der Seelsorge, auch Telefonseelsorge. Foucault wiederum hat beschrieben, wie sich aus dieser Tatsache der menschlichen Ratbedürftigkeit die Annahme der menschlichen Unvollkommenheit und der Anspruch auf Führung des Menschen durch einen entsprechend ausgebildeten Hirten im Christentum entwickelt hat (vgl. dazu auch Gröning 2011).

Das *amtliche Beratungsmodell* wiederum unterscheidet sich von allen Modellen dahingehend, dass der Berater eigentlich ein Agent ist und die Beratung immer auch der Herstellung von gesellschaftlicher Ordnung dient. Diese Ordnungsfunktion, eine Funktion, die in den anderen Beratungsformen nur im Hintergrund vorkommt, ist dem Wohl des Klienten vorangestellt. Die Institution Sozialberatung funktioniert als amtliche Beratung. Ihre besondere Bedeutung liegt darin, dass sie meist Zwangsberatung ist. Der Klient muss kommen. Sie ist gebunden an die Gewährung von sozialstaatlichen Leistungen und Zuwendungen oder umkehrt an Sanktionen und den Entzug eben dieser Zuwendungen. Die Ausbildung zum Sozialberater setzt hohe rechtliche, administrative und sachliche Kompetenz voraus. Entscheidend sind aber widersprüchliche Ziele in der Beratung (Kasakos 1981).

Schließlich ist der *anwaltliche Beratungstypus* zu nennen. Hier ist der Berater ein Interessenvertreter seiner Klienten und tritt als Experte auf. Anwaltliche Beratungsformen finden sich meist außerhalb des pädagogischen Sektors in der Steuerberatung, der Unternehmensberatung, der Wirtschaftsberatung. Es gibt jedoch auch Formen wie z. B. die Schuldnerberatung oder die Verbraucherberatung, die auf dem anwaltlichen Typus aufbauen.

Der pädagogische Berater will lehren und bilden, erziehen und aufklären. Die pädagogische Beratung als solche umfasst die Bereiche der Schulberatung, der Bildungsberatung, der Erziehungsberatung und der sozialpädagogischen Beratung (siehe Kap. 6).

3.2 Beratungsrollen

Um Beratungsrollen in der pädagogischen Beratung beschreiben zu können, muss zunächst einmal zwischen zwei Verständnissen der Beratung in pädagogischen Berufen unterschieden werden. Zum einen wird Beratung als eine eigenständige Methode verstanden und ist eine eigene Form der Berufsausübung. Doch nur in wenigen Professionsfeldern steht die Beratung selbst im Mittelpunkt, z. B. bei der Frauenberatung oder bei der Supervision. Viel öfter ist Beratung eine „Querschnittsmethode“ in der Pädagogik, die sich durch andere Hilfeformen (Betreuung, Pflege, Einzelfallhilfe, Gruppen- und Gemeinwesenarbeit, Bildungsmaßnahmen, Erziehung) hindurchzieht. Diese Querschnittsmethode wird vor allem im Kontext der Sozialpädagogik und unter dem Dach der Beratung nach verschiedenen Sozialgesetzbüchern ausgeübt.

Unter einer „Rolle" wird in der Soziologie ein Bündel von Verhaltenserwartungen verstanden, die sinnhaft aufeinander bezogen sind. Eine Rolle, z. B. die Berufsrolle, lässt sich in unterschiedliche Rollensegmente aufteilen. In den meisten pädagogischen Berufen ist das Rollensegment „Berater/Beraterin" innerhalb der Berufsrolle eher klein, d. h. Beratung wird zeitlich und ressourcenbezogen nachrangig ausgeübt. Dies hat Auswirkungen auf den Professionalisierungsgrad der Beratung. Ein zweiter Bezugspunkt für die Beratungsrolle ist das Verhältnis von Beratung und Positionsrolle. Jede Berufsrolle verfügt gleichzeitig über eine soziale Position und in diesem Zusammenhang über eine gewisse Entscheidungsmacht. Die entscheidende Frage für die Beratung ist, welche Positionsmacht sich aus der Beratungsrolle selbst ergibt. Ein Berater, der das Ergebnis seiner Beratungen in einem Gutachten niederschreibt, der eine Bescheinigung und Empfehlung ausstellt, verfügt über eine größere Positionsrolle und damit Macht als jemand, der unverbindlich, ohne Positionsrolle, berät. Umgekehrt ist die Tatsache, dass jemand gutachtet, bedeutend für die gesamte Art des Beratungsprozesses, die Entwicklung von Rollen, die Entwicklung der Beziehung und das Vertrauen, das sich aufbaut.

3.3 Formalisierungsgrade von Beratung

Die Beschreibung unterschiedlicher Formalisierungsgrade von Beratung wurde von Ursel Sickendieck u. a. (1999) vorgenommen. Sie unterscheidet zwischen *professioneller/institutionalisierter Beratung* und *informeller/nicht professionalisierter Beratung* in „Alltagsgesprächen". Beratung ist „natürliche" Hilfe und soziale Unterstützung. Vor allem Frank Nestmann vertritt diesen professionskritischen Ansatz und betont, dass der weitaus größte Teil von Problemen und Krisen im Alltag mit Hilfe eines sozialen Netzes bewältigt wird. Die formale Beratung, so wie sie von professioneller und institutioneller Seite angeboten wird, werde demgegenüber erst dann aufgesucht, wenn das soziale Netz nicht angemessen helfen könne, oder zweitens, wenn Ratsuchende das Netz nicht mit Problemstellungen konfrontieren „möchten", oder drittens, wenn Ratsuchende „isoliert" leben und keine Ansprechpartner, Verwandte und Freunde zur Verfügung stehen. Vor allem der letzte Faktor nehme in modernen Gesellschaften zu.

Auch Sickendieck u. a. differenzieren zwischen der formalen Beratung einerseits und Beratung durch Personen, die keine ausgewiesenen BeraterInnen seien, aber aufgrund ihrer Profession über Expertenwissen verfügten und zu deren Tätigkeit Beratung zähle (Lehrer, Ärzte, Pfarrer, Rechtsanwälte etc.). Diese Professionen unterscheiden sich von Beratungsstellen, in denen fast nur Beratung angeboten wird. Beratung sei hier vorrangiger Auftrag (durch professionelle Berater/

Beraterinnen oder „geschultes Laienpersonal"). Damit werden drei Formalisierungsgrade genannt: *informelle, halbformalisierte und stark formalisierte Beratung.*

Unter formalisierter Beratung werden vor allem psychosoziale Beratungsstellen zusammengefasst, wie Frauen- und Familienberatungsstellen, Studierendenberatung, die Beratung der „pro familia", bestimmte Formen der Gesundheitsberatung (Aids-Beratung, Pflegeberatung, gerontopsychiatrische Beratung). Sie alle verstehen sich als psychosoziale Beratungsstellen und verbinden einen personenzentrierten Beratungsansatz mit Information und Sachberatung.

Die Autoren begründen ihre beratungswissenschaftliche Position vor allem modernisierungstheoretisch. Beratung ist bei ihnen aufgrund der Breite möglicher Bedeutungsinhalte ein „problematischer" Begriff, der Missverständnisse erzeuge (Sickendieck u. a. 1999, S. 33), sowie ein „schwieriger" Begriff, weil er mit dem Alltäglichen assoziiert werde und der Eindruck entstehe, Beratung bedürfe keiner zusätzlichen Qualifizierung und Ausbildung. Gleichwohl sei Beratung als Kommunikationsform, die von modernen Gesellschaften institutionalisiert worden sei, um Veränderungen und daraus resultierende Anforderungen und Probleme abzufedern, eine zentrale Hilfe- und Unterstützungsform geworden, und zwar in psychosozialen, sozialen, gesundheitsberuflichen, psychologischen und pädagogischen Arbeitsfeldern. Beratung durchziehe als „Querschnittsmethode" nahezu sämtliche Berufsfelder und berufliche Interventionen. Beratung sei Reaktion auf die Pluralisierung von Lebensformen und Lebensentwürfen und biete eine „zeitgemäße Form der persönlichen Be- und Verarbeitung von Modernisierungsprozessen". Sie sei deshalb gekennzeichnet durch „Doppelverortung": Einerseits sei Beratungs- und Interaktionswissen unabdingbar (Kommunikationsmodelle, Handlungsmodelle etc.) andererseits sei handlungsspezifisches Wissen (Faktenwissen, gesetzlicher Rahmen, Interventionsformen) vonnöten.

Die unterschiedlichen Formalisierungsgrade vieler Beratungsformen haben die genannten Autoren um den Beratungswissenschaftler Frank Nestmann dazu animiert, Beratung genuin als eine *unbestimmte Form* und gleichzeitig *sehr moderne Form des professionellen Handelns* zu beschreiben. Unabhängig von diesem beratungstheoretischen Standpunkt weisen die Probleme der Rollen von Beraterinnen/Beratern und die Formalisierungsgrade, die übrigens auch schon von Mollenhauer (1965) problematisiert wurden, auf die Notwendigkeit hin, das professionelle und das methodische Handeln in der Beratung deutlicher zu bestimmen. Auf der Ebene des professionellen Handelns ist eine kontraktuelle Fundierung, auf der Ebene des methodischen Handelns die Standardisierung des jeweiligen Beratungsprozesses beratungswissenschaftlich sehr wünschenswert. Hierzu ist jedoch auch empirische Forschung notwendig.

4. Gefühle in der Beratung

Im folgenden Kapitel geht es um die Tiefendimension der Beratung: um Gefühle und Affekte, die sowohl beim Klienten wie auch beim Berater relevant werden können und den Beratungsprozess beeinflussen. Diskutiert werden die „großen" Affekte, die in Beratungsbeziehungen bedeutsam werden: Scham, Angst, Schuldgefühle und Aggression. Im Anschluss wird durch einen kurzen Bezug auf den Takt und die Bindungstheorie der Umgang mit diesen Gefühlen erläutert. Schließlich werden Verstrickungen und emotionale Reaktionen des Beraters theoretisch erklärt. Im Wesentlichen beziehen sich die folgenden Ansätze und Denkgebäude auf die psychoanalytische Theorie der Affekte, die vor allem von Leon Wurmser (1993a, b) entwickelt wurde. Weiterhin werden klassische Positionen zur Scham (Elias 1976, Simmel 1901) referiert und mit modernen Ansätzen der Emotionssoziologie verbunden (Neckel 1991, 2005).

4.1 Die Scham des Klienten

Das Wort „Scham" stammt von einer alten germanischen Wurzel und bedeutet so viel wie „zudecken", „verbergen". Konstitutiv dabei ist, wie der Psychoanalytiker Leon Wurmser (1993) betont, der Wunsch, sich zu verbergen. Norbert Elias (1976, S. 394) bezeichnet Scham als Gefühl der Bloßstellung, welches begleitet wird vom Bewusstsein darüber, dass andere diese Bloßstellung bemerken. Angst vor Verachtung stellt sich ein und breitet sich mit einem Gefühl von seelischer Pein aus. Diese Bloßstellung, die in der Fantasie (falsche Scham) oder in der Realität erfolgen kann, löst den Wunsch aus, vor der möglichen Verachtung anderer zu fliehen, sich zu verstecken oder am besten aus seinem Körper zu verschwinden.

Scham, sagt auch der Soziologe Sighard Neckel (1991), ist eine existenzielle Grunderfahrung. Sie ist ferner eine soziale Erfahrung, die das ganze Selbst erfasst und mit dem ganzen Selbst erfasst wird. Ich-theoretisch entsteht Scham in dem Teil des Ich, der das Gesellschaftliche, Soziale und Öffentliche des Individuums repräsentiert. Wir schämen uns, wenn unser aktuelles Selbst von unserem Selbstbild abweicht und das Über-Ich diese Diskrepanz signalisiert. Versucht man das Gefühl der Scham weiter zu differenzieren, so besteht es zunächst in der Angst vor Bloßstellung und vor einem Erniedrigtwerden, die in ein depressives Gefühl übergeht, welches das Bewusstsein über die Bloßstellung begleitet (vgl. Wurmser 1993). Scham steht somit in sehr enger Verbindung zu der menschlichen Urangst des Verlassenwerdens und der Angst vor dem sozialen Ausschluss aus der Gruppe. Sie steht aber auch in Verbindung mit der von Freud beschriebenen Psychodynamik der Todesangst. In *Das Ich und das Es* (1923) sagt Freud, dass Leben für das Ich gleichbedeutend ist mit Geliebtwerden. Das Ich will vom Über-Ich, dem Erben der elterlichen Instanzen, geliebt werden. Der Verlust der Zustimmung des Über-Ichs zu den Handlungen des Ich führt dazu, dass das Ich sich von den schützenden

Mächten verlassen fühlt. Die Verbindung des Sozialgefühls der Scham mit diesen Ängsten macht die Scham so bedrohlich und gleichzeitig verbindlich.

4.1.1 Körperscham

Verschiedene Entwicklungspsychologen haben den engen Zusammenhang von Scham und mangelnder Körperbeherrschung thematisiert. Ursprünglich fokussierte die Theorie der Scham vor allem das körperlich Intime, aber auch das seelisch Triebhafte im Menschen. So betont auch Georg Simmel in seinem Aufsatz *Zur Psychologie der Scham* (1901) den umfassenden und öffentlichen Charakter der Scham und den besonderen Körperbezug. Die *Körperscham* wurzelt nach Simmel (1901/1986, S. 142) in der Nacktheit, die besondere Verletzlichkeit bedeute und in der Kodierung des Körpers als Repräsentant des „niedrigen Teils des Ich". Die soziale Dynamik der Beschämung für das Ich beschreibt Simmel dahingehend, dass zunächst jede Persönlichkeit von einer Sphäre der Unnahbarkeit und der Distanz umgeben ist. Jedes Eindringen in diese Grenze wird als ein Riss zwischen der Norm der Persönlichkeit und ihrer momentanen Verfassung empfunden. Simmel betont, dass der unbekleidete Körper zu dieser unnahbaren Sphäre gehört, denn dieser dürfe nur unter ganz besonderen Umständen einem anderen zugänglich gemacht werden, wenn das Ich nicht von seiner Ganzheit und Unversehrtheit losgelöst werden solle. Das Schamgefühl wurzelt auch bei Simmel darin, dass ein Teil des Selbst herabgesetzt wird. Es stellt sich nach Simmels Argumentation dann ein, wenn der ganze Mensch, nicht nur ein Teil seines Selbst, sich von der Beschämung betroffen fühle, der herabgesetzte Ich-Anteil also als Repräsentant des ganzen Ich erscheine. Besonders Schamrituale und die Rituale der Verachtung, der sozialen Ächtung und der Ausstoßung sind darauf angelegt, genau dieses Gefühl ritualisiert herzustellen: Die Herabsetzung, die zunächst nur einen Teil des Ich betrifft, wird so ausgeweitet, dass das ganze Ich erfasst wird.

Die bekannteste Entwicklungspsychologie zur Scham ist die *Theorie der psychosexuellen Entwicklung*, nach der die Körperbeherrschung das bestimmende Thema in der analen Phase ist (vgl. Heimann 1976). Hier lernt das Kind die Ausscheidung zu kontrollieren, sich den kulturellen Anforderungen nach Sauberkeit zu unterwerfen und bestimmte tabuisierte Formen der Lust zu verdrängen. Zur analen Phase gehört auch die Verdrängung des Wissens um die Macht dieser Lust, denn die Erwachsenen reagieren mit Ekel und Befremden auf Körperausscheidungen und Körperinhalte. Bereits Freud („Der kleine Hans"), aber vor allem Paula Heimann hat betont, dass die Bedeutung der analen Phase darin liegt, die gesellschaftlichen Kodierungen von Körperinhalten und Körperausscheidungen, die Reinheitsregel und die Kodierung der Körpergrenzen zu übernehmen und sich für diesen Teil des Selbst zu schämen. Auf der Ebene der Ich-Entwicklung hat Erik Erikson die anale Phase unter das Thema „Autonomie versus Scham" (vgl. Conzen 1996) gestellt und neben der Sauberkeitserziehung und der Beachtung der Reinheitsregel die allgemeine, vor allem auch die motorische Beherrschung des Körpers in den Mittelpunkt gestellt. Der Erikson-Experte Peter Conzen (1996) sagt zu dieser Phase, dass das Kind nun die zunehmende Beherrschung seines Körpers lerne und der Körper gleichzeitig Quelle der Autonomieerfahrung werde. Die Freude über die wachsenden Kompetenzen des Körpers stärkt den Willen des Kindes und des unabhängigen Selbst. In der analen Phase lernt das Kind außerdem, seiner Mutter/der Bezugsperson den eigenen Körper zur Pflege zu überlassen und erlaubt auch eine Beherrschung bis ins Körperinnere.

4.1.2 Sozialscham

Neben der auf den Körper bezogenen Scham hat vor allem der Emotionssoziologe Sighard Neckel die *Sozialscham* als Thema für die Sozialwissenschaft thematisiert, die ebenfalls in Beratungsprozessen eine wichtige Rolle spielt. Soziale Scham findet sich nach Neckel (1991, 2006) in den unterschiedlichsten Kontexten und Konstellationen. Niederlagen oder Misserfolge in sozialer Konkurrenz, Versagen vor gesellschaftlichen Leistungs- oder Darstellungsnormen, persönliche Diskriminierung wegen der Gruppe, zu der man gehört, Entrechtung, der man ausgeliefert ist, sind Anlässe sozialer Scham und bedrohen den sozialen Status. Personen ohne jeglichen Status, so Neckel (2006), würden daher in vielen Kulturen auch die „Hemdlosen“ genannt, weil sie keine Rechte besäßen, durch die ihre „menschliche Blöße“ bedeckt werden könnte. Die besondere Last der Scham, so Neckel weiter, liege allerdings darin, „endlos“ sein zu können, von einer zur anderen Sphäre überzutreten und sich zu generalisieren. Das ganze Ich erscheine dann wertlos und fehlerhaft. Soziale Scham wird von Neckel als „Achtungsverlust“ bezeichnet. Achtung durch andere, so Neckel (2006, S. 44) sei eine Erwartung, mit der Personen selbstverständlich umgingen. Das Entziehen der Achtung und das Ausbleiben von Anerkennung erschüttert das Selbstverständliche der menschlichen Rechts- und Sozialverhältnisse, denn in der bürgerlichen Gesellschaft begegnen sich alle Menschen als gleiche Rechtssubjekte. Wird nun der Respekt nicht gezollt, in dem z. B. ein Gruß nicht erwidert, eine Frage nicht beantwortet wird, kann Scham ausgelöst werden und der Fluss der Interaktion wird unterbrochen. Dieses Machtmittel steht jedem zur Verfügung und es ist wohl *die* Erfahrung in der Pubertät, wenn Jugendliche entdecken, dass sie anderen ihren Respekt und ihre Achtung entziehen können. Die Wirkung dieses Achtungsentzugs spornt zu entsprechenden Interaktionen an, was in jugendlichen Gruppen zu deutlichen Rangordnungskämpfen führen kann.

Die Beschämung einer Person ist nach Neckel (2005) die subtilste Form, sich ihrer zu bemächtigen. „Das persönliche Selbstbewusstsein baut sich nicht nach der Logik des eigenen Ich auf. Das persönliche Selbstbewusstsein versichert sich seiner durch die Wertungen Dritter, und an diesen Wertungen geht es womöglich zugrunde“ (Neckel 2006, S. 40). Scham, so Neckel (2006, S. 40), beziehe sich auf das Selbstwertgefühl einer Person, das von ihrer Wertschätzung durch andere nicht zu trennen ist. Schamgefühle eines Individuums betreffen damit immer schon seine Stellung inmitten eines größeren sozialen Zusammenhanges, sie seien die *emotionale Spange zwischen Individuum und sozialer Struktur*, zwischen der gesellschaftlichen Rangordnung und der eigenen Statusposition. Die Soziologie kennt, so Neckel (2006, S. 45) vier Dimensionen, in denen Status in der modernen Gesellschaft erworben werden kann; sie stellen gleichzeitig die sozialen Quellen dar, denen Wertschätzung in der Gesellschaft entspringt: materieller Wohlstand, dessen Beleg „Geld", Wissen, dessen Nachweis das „Zeugnis" ist, die Stellung von Menschen in Organisationen und informellen Gruppen, die sich als „Rang" und „Zugehörigkeit" niederschlagen.

Beratung ist eine schamsensible und verletzungsoffene Situation. Ein Klient öffnet sich zwangsläufig gegenüber einem Berater, er wird dadurch verletzlich. Eine Schere von Macht öffnet sich, die nur durch Vertrauen, Anerkennung und Takt geschlossen werden kann. Der Schutz der schamempfindlichen Beratungssituation ist demnach die wichtigste Aufgabe des Beraters. Genau dieser Schutz ist in vielen Beratungsformen jedoch nicht sichergestellt. Allein, dass in der amtlichen Beratung über das Beratungsgespräch ein Aktenvermerk geführt wird, der anderen Professionellen zugänglich ist, zeigt die Offenheit der Situation. Auch unklare Kontrakte, die in unklare Rollen und gestörte Interaktionen münden können, können Scham erzeugen. Eine weitere Scham auslösende Problematik in Beratungssituationen liegt darin, dass hier „schmutzige" Themen zur Sprache kommen. Insofern ist die Schamdynamik in der Beratung mit dem oben beschriebenen analen Thema unbewusst verbunden. Schwierig ist außerdem die Dimension der Menschenwürde des Ratsuchenden. Was schulden sich Menschen untereinander um ihrer Menschlichkeit willen? Was bedeutet es, für etwas Geld zu nehmen, was man u. U. dem anderen auf Grund seiner Menschenwürde schuldet? Zu diesen basalen Schamquellen in der Beratung treten soziale Schamkriterien wie Geschlechterscham, ethnische Scham, Armutsscham, die Scham bei Behinderung, die in Beratungen, in denen Verletzungsoffenheit herrscht, zum Tragen kommen.

4.2 Die Angst des Klienten

Angst ist zunächst eine anthropologische Grundkonstante. Sie ist eine Antwort auf die Wahrnehmung äußerer physischer Gefahr und löst zuallererst Flucht- und gegebenenfalls Kampfverhalten aus. Für Freud war nun interessant zu verstehen, wie es dazu kommt, dass die Angst vor der äußeren Gefahr sich quasi in das Ich hinein verlagert, zur inneren Angst wird und sich damit von der Wahrnehmung einer physischen Bedrohung zur Wahrnehmung eines psychischen Zustandes entwickelt. Hier kommen die Erkenntnisse der psychosexuellen Entwicklung zum Tragen. Die Psychoanalyse nimmt an, dass das Baby Hunger, Kälte und Alleinsein als physische Bedrohung empfindet und dass sein Weinen die Angst vor physischer Vernichtung signalisiert. Die Aufgabe der Mutter besteht für dieses ängstliche Baby darin, ihm die Ängste zu nehmen, indem sie seine Bedürfnisse befriedigt. In der weiteren Entwicklung wird die Mutter selbst zur Angstquelle. Sie fordert vom Kind – das ist das anale Thema –, dass es ihr seinen Körper zur Pflege überlässt.

Angst gilt in der Psychoanalyse als eine sensible Wahrnehmung, dass der Mensch vertrautes Gebiet verlassen hat und sich im Fremden, im Unbekannten befindet. Angstsignale zeigen an, dass die Grenzen der bisherigen Erfahrung verlassen werden. Diese Reaktionen sind der *Realangst* zuzuordnen, wobei der Begriff vor allem solche Befürchtungen und Ängste beschreibt, die eine drohende Gefahr signalisieren. Steht die Gefahr in einem unangemessenen Zusammenhang mit der Angst, wird die Reaktion als *neurotische Reaktion* bezeichnet, d. h., nach den mit der Angst, aber auch der fehlenden Angst verbundenen Konflikten wird geforscht.

In diesem Zusammenhang hat die Psychoanalyse auch eine *Entwicklungslinie menschlicher Ängste* beschrieben. Am Anfang stehen beim Säugling die Trennungsangst und die Angst vor fremden Gesichtern. Diese frühe Angst beginnt mit den sehr frühen Wahrnehmungen der Individuation, d. h. mit der Erfahrung des kleinen Kindes, dass es nicht mehr automatisch mit der Mutter verbunden ist. Der Wechsel von Frustration und Befriedigung begrenzt die Angst und befördert die Gewissheit von Geborgenheit. Vertrauen und Optimismus stellen sich schrittweise ein. Mit der Entwicklung des Fremdelns, mit der Fähigkeit des Kindes zur Unterscheidung zwischen fremd und vertraut, zwischen Mutter und Nicht-Mutter, beginnt ein nächster wichtiger Entwicklungsschritt des kleinen Kindes. Neugier und der Wille zur Individuation stehen auf der einen Seite, Angst vor dem Verlust der Bezugspersonen, verbunden mit Reaktionen des Anklammerns und Festhaltens stehen auf der anderen Seite. Es folgt entwicklungspsychologisch die Angst vor dem Liebesentzug (und auch vor der Ablehnung und Verachtung in der analen Phase) durch die Eltern, die Angst vor Strafe und schließlich die Angst vor dem eigenen Gewissen. Die Theorie der neurotischen Angst ist also eine Konflikttheorie. Sie geht zunächst einmal davon aus, dass Angst zunächst ein Signal für die äußere Gefahr ist, dann aber zu einem Synonym für innere Gefahr wird.

4.3 Schuldgefühle

Die Psychodynamik von Schuldgefühlen wird in der Psychoanalyse mit dem Über-Ich und seinen Funktionen für das Ich erklärt. Im Abschnitt zur Scham ist bereits ein für die Instanzen der Person wichtiger Deutungsvorgang erklärt worden. Es, Ich und Über-Ich sind gesellschaftlich betrachtet keineswegs gleichbedeutend, sondern mit ihnen verbinden sich Wertungen über das, was erwünscht ist, was sein darf, was nicht sein darf und was undenkbar ist. Hierzu gehört besonders, dass Menschen, ihre Körper und ihre Personen in die Kategorie hoch/niedrig eingeteilt werden. So entsprechen bestimmte Teile des Körpers, etwa das Gesicht, dem „hohen" Anteil der Person, während andere Teile des Körpers, zum Beispiel die Geschlechtsteile, vor allem aber das Körperinnere, zu den „niedrigen" Teilen der Person gehören. Sie werden mit der Naturhaftigkeit des Menschen assoziiert und sollen deshalb verborgen bleiben. „Hoch" und „niedrig" sind in diesem Sinne, ähnlich wie „rein" und „unrein" Grundkategorien der Sozialisation. In diesem Zusammenhang spricht der Psychoanalytiker Leon Wurmser über die *Struktur des Gewissens:* Ein Ideal (die hoch stehende innere Instanz) beobachtet ständig das Ich (die niedriger stehende innere Instanz) und ist Mitwisser dessen, was die niedrig stehende Instanz tut (Wurmser 1993b). Dieses Ideal, welches dem Ich quasi über die Schulter schaut und alles weiß, ist die Gestalt des Gewissens. Nun kann diese Gestalt sprechen. Sie ist „innere Stimme", die bewertet, beurteilt, verurteilt und Vorwürfe formuliert.

Wurmser (1993b) nennt sechs Funktionen des Gewissens, welches neben der Beobachtung, der Bestrafung und der Verachtung, auch fürsorgliche, wiedergutmachende und das Ich (die niedrigstehende Person im idealen Selbst) schützende Funktionen haben kann und muss.

Das reife Gewissen bedeutet nach psychoanalytischer Auffassung eine Form der Selbstreflexion und Selbstkritik: ein Messen der eigenen Person an Idealen oder moralischen Geboten. Zum Gewissen gehören aber auch eher unreife Formen der Selbstverurteilung und Selbstverachtung sowie Selbstbestrafung; schließlich dann auch wieder die Versöhnung mit sich selbst. Das Über-Ich hat nach Wurmser (1993) sechs Funktionen:

- das Ich-Ideal und die damit zusammenhängenden Idealhandlungen,
- die Selbstkritik und hier auch Selbstbestrafung,
- die Stimmungs- und Affektstabilisierung durch einen inneren Dialog,
- die Selbstbeobachtung, die über die inneren und äußeren Grenzen wacht,
- die Billigung und
- das Beschützen der eigenen Person.

Das Über-Ich ist die hauptsächliche innere Regulationsinstanz. Diese Akte des Gewissens, die sogenannten Über-Ich-Funktionen bedingen eine Aufspaltung des Selbst in innere Figuren, in Subjekt und Objekt. Man hat also unter Umständen einen inneren Richter, einen inneren Henker oder aber auch einen Schutzengel in sich. All dies sind Figuren eines mehr oder weniger reifen Gewissens. Betrachtet man das Gewissen theoretisch und dies hat insbesondre Leon Wurmser in seiner Arbeit über die *Flucht vor dem Gewissen* getan (vgl. Wurmser 1993b) so ist der Aspekt einer inneren Figur, die alles weiß, noch einmal wichtig. Er sagt, dass das Mitwissen mit sich selbst bedinge, dass das Ich des Menschen gleichsam in zwei getrennte Personenhälften gespalten ist, in eine „höher gestellte und eine niedriger gestellte. Diese Personenspaltung wird zum Beispiel auch bei Georg

Simmel (1901/1986) erwähnt. Dabei beobachtet die „höher gestellte“, die niedere und weiß alle ihre Handlungen. Wenn sich das „böse“ Gewissen regt, leistet das Ich in der Regel Widerstand, es wehrt sich gegen das Wissen. Das Gewissen bringt so eine gewisse innere Spaltung in unterschiedliche Selbstanteile mit sich, es bekräftigt und verteidigt aber auch die Abgrenzung gegen die Umgebung (Tugend). Das reife und gute Gewissen steht sowohl im Dienst der Beziehungen als auch im Dienst der Selbstbehauptung.

Die Gewissenensentwicklung beginnt mit der frühen Kindheit in der Phase, die Erik Erikson (vgl. Conzen 1996, S. 127ff.) „Autonomie gegen Scham“ genannt hat. Diese nimmt ihren Ausgang in der zuerst trotzigen Behauptung, die im kindlichen Nein liegt. Der Grund für dieses Nein liegt darin, dass das Kind es selbst sein will. Wird dieses Nein unterdrückt, entsteht zunächst Wut und Scham. Findet das Kind keinen konstruktiven Weg, seine Autonomie zu wahren, muss es diese auch gegen die Eltern verteidigen und wird sich abgrenzen und absondern. Später, d. h. in der nächsten Entwicklungsphase entstehen hier dann möglicherweise Schuldgefühle, die in der Trennungsschuld begründet sind. Erikson nennt diese Phase „Initiative gegen Schuldgefühl“ (vgl. Conzen 1996, S. 133ff.). Im Kinderlied *Hänschen klein* wird dieses Dilemma besungen. Psychoanalytisch gesprochen bekommt Hänschen schwere Schuldgefühle durch seine Initiative, er fantasiert, das Objekt (die Mutter) durch die eigene Autonomie zu zerstören. Schuld und Scham bilden die einfachen Grundstrukturen des Gewissens.

Versteht man das Gewissen zudem im Sinne Kants als autonome innere Wertstruktur, als eine Struktur sekundärer Autonomie, kann man dessen Vorhandensein erst nach der Phase des Ödipuskomplexes ansetzen. Sieht man aber im Gewissen ein sich ständig in Konflikten befindendes, aus Konflikten entstammendes und oft unter den Konflikten zerbrechendes Gebilde, ist es sinnvoll, einen früheren Zeitpunkt anzunehmen, nämlich den Zeitpunkt der ersten Manifestationen der Scham, der Besorgtheit um den anderen, der Reue und des Schuldbewusstseins.

4.3.1 Gewissen und Gefühl

Die Gefühle geben dem Seelischen seinen inneren Reichtum. Unsere Identität hat einen affektiven Kern, der auf die ersten Lebenswochen und Lebensmonate zurückgeht. Es sind u. a. unsere Träume, die uns eine Unmittelbarkeit im affektiven Erleben gewähren, die sich nie völlig in Worten ausdrücken und beschreiben lässt. Träume geben uns einen Teil der tiefen Gefühlskontinuität, in der unsere Identität wurzelt. Ähnlich wie beim Traum reicht das Erleben von unmittelbaren Gefühlen in die Zeit vor der sprachlichen Entwicklung zurück. Es sind dann neben den Träumen Elemente des Schöpferischen wie Musik und Bewegung, die unsere Kontinuität im affektiven Erleben unterstützen.

Interesse, Überraschung, Freude, Depression, Staunen, Scham, Ekel lassen sich am Kind schon sehr früh beobachten (Wurmser 1993b). Das Rätsel bei seelischen Erkrankungen und Entwicklungsstörungen ist indessen, warum Affekte das Ich überschwemmen, die Balance stören und das Identitätsgefühl untergraben. Warum versuchen Menschen in sich wiederholenden vergeblichen Versuchen, ihre Gefühle zu verändern? Gefühle, vor allem intensive Emotionen, die das Ich nicht mehr zu steuern vermag, von denen es überschwemmt, überrumpelt und außer Funktion gesetzt wird, hängen mit der Spaltung zwischen Ich und Über-Ich und mit der Gestalt der Über-Ich selbst zusammen. Leon Wurmser (1993b) spricht von Affektstürmen und Affektregressionen, die auf eine besondere Schwere von Konflikten hindeuten, die in frühen Interaktionen entstanden sind. So lässt sich der Affektsturm des Trotzes, der Wut, die im Trotz liegt, mit der Unerträglichkeit des Schamgefühls über die eigene Blöße und Abhängigkeit erklären.

4.3.2 Schuld und Scham

In der psychoanalytischen Entwicklungspsychologie wird das Schuldgefühl als das reifere Gefühl betrachtet, welches vor allem im Ödipus-Komplex entsteht, wohingegen Schamgefühle in der analen Phase ihre zentralen Wurzeln haben. Einig ist man sich heute weitgehend, dass auch die unter dem Abschnitt „Angst“ beschriebenen Spaltungsvorgänge, die vor allem von Melanie Klein behandelt worden sind, Teile der Gestalt und Struktur des Über-Ichs werden. Sie bilden das frühe Über-Ich. Prinzipiell gilt das Schuldgefühl jedoch als das reifere Gefühl, weil es sich zum einen auf das Verhalten einer Person, nicht auf deren So-Sein bezieht, wohingegen Scham als ein narzisstischer Affekt die ganze Person betrifft. Schuldgefühle verweisen zum anderen auf die Möglichkeit von Wiedergutmachung, von Vergebung und Gerechtigkeit und sind deshalb in ihrer reifen Form Teil der moralischen Entwicklung.

Schuld und Scham sind psychologisch betrachtet keine Gegensätze, sie gehen häufig ineinander über. Jedoch hat die Gewissensangst grundsätzlich eine moralische Qualität, die den anderen berücksichtigt, während das Schamgefühl ein Gefühl ist, das ausschließlich auf das Ich und sein Ansehen bezogen ist. „Soziale Angst“, so Neckel (2006), sei die Grundlage des Schamgefühls und bezieht sich vor allem auf die Furcht vor der Entdeckung. Schuld sei dagegen das Gefühl, durch eigenes Handeln die Verletzung einer Norm verantwortet zu haben. Schuld entsteht in der Übertretung von Verboten, Scham im Verfehlen eigener Ideale und in der Diskrepanz zwischen dem realen und dem idealen Selbstbild. Scham ist also das Bewusstsein darüber, in seiner Integrität beschädigt zu sein. Schuld hingegen bezieht sich auf konkrete Handlungen. Während man annehmen kann, dass Schamgefühle den Beratungsprozess an sich begleiten, entstehen Schuldgefühle dann, wenn der Klient die Fantasie hat bzw. bekommt, den Berater zu schädigen, zu quälen, zu benutzen oder auszubeuten etc.

4.4 Aggression und Ärger

Das Thema „Aggression" hat in der Psychologie und Psychoanalyse eine lange und kontroverse Geschichte. Sie kann verstanden werden als Reaktion und Antwort auf die Bedrohung der Selbsterhaltung oder als Antwort auf die Versagung der Befriedigung libidinöser Triebe (vgl. Thomä / Kächele 1986, S. 127). Mit der Überwindung des Konzeptes vom Aggressionstrieb (Thomä / Kächele 1986) und der Rückführung der Schriften Freuds zum Aggressionstrieb (*Das Unbehagen in der Kultur / Jenseits des Lustprinzips*) auf die historische Situation der Zwischenkriegszeit wird der Blick frei auf Beiträge zur Aggressionsforschung, die der Bindungstheorie und der Affektpsychologie entstammen. So werden in der Theoriediskussion frühe Erfahrungen des Säuglings mit Versagungen und Angst für Aggression wichtiger. „Freud sah den Säugling zu Beginn des Lebens als im Zustand des primären Narzissmus befindlich, vollkommen sich selbst liebend, sich selbst genügend", schreibt Conzen (2005, S. 46). Erst durch die Enttäuschung und Versagung und die daraus entstehende (Verfolgungs-)Angst gehe die narzisstische Libido auf die Eltern über und führe zu einer Idealisierung der Eltern, um den Zustand des primären Narzissmus wieder herzustellen. Es kommt nach Conzen (2005) zu einer Spaltung von Gut und Böse in den Vorstellungen des Kindes, zu einer Spaltung von Liebe und Hass, da das Kind auf die Versagungen im Säuglingsalter nur mit Schreien, Protest und Wut reagieren kann. Auf die versagende Mutter richtet er seine aggressiven Gefühle, auf die gute Mutter seine Liebe. Erst mit wachsender Erfahrung kann die Mutter als ganzes Objekt im Kind abgebildet werden.

In den letzten Jahren haben die Theorien Donald Winnicotts zur frühen Kindheit einen enormen Aufmerksamkeitszuwachs erfahren. Auch Winnicott hat sich zur Entwicklung im frühen Kindesalter geäußert und Aggressionen und Wut mit Versagungen und Zurückweisungen elementarer Bedürfnisse des Kindes in Verbindung gebracht. Für die gesunde Entwicklung generell bedeutend ist bei Winnicott ein besonderes Beziehungsangebot zwischen Mutter und Kind, welches er den „potenziellen Raum" nennt. Hier macht das Kind die Erfahrung, von der Mutter gehalten zu werden. Eine zweite wichtige Voraussetzung ist ein interaktiver sozialer Vorgang zwischen Mutter/Bezugsperson und Kind, den er das „Spiegeln" oder die Spiegelreaktion genannt hat. Sowohl der potenzielle Raum wie auch das Spiegeln entstehen im ersten Lebensjahr in der Interaktion zwischen Mutter/Bezugsperson und Kind. Sie sind abhängig von der geistig-seelischen Haltung der Mutter/Bezugsperson zu ihrem Kind, d. h. ob diese „gut genug" (good enough) ist, um die Entwicklung des Kindes zu fördern.

Die Spiegelbeziehung zwischen Mutter und Kind beschreibt das erste Entwicklungsrisiko. Vom ersten Tage an kann ein bedeutender Anderer mich verfehlen, bin ich jemand, der verfehlt werden kann. Die Erfahrung des Gespiegelt-Werdens ist im klinischen Sinn bedeutend. Personen und Strukturen, die nicht fähig oder nicht bereit sind zu spiegeln, nennt Leon Wurmser „seelenblind". „Seelenblindheit", insbesondere in der Erziehung und im Umgang mit Kindern, ist zumindest eine kränkende Erfahrung, die Aggression auslöst. Nicht selten ist sie eine traumatische Erfahrung, die Hass begünstigt, den die Psychoanalyse als „erkaltete Wut" bezeichnet.

Anders also als die alte freudianische Theorie des Aggressionstriebes werden heute vor allem verinnerlichte Objektbeziehungen für Aggression und Wut, für Hass und Vorurteile verantwortlich gemacht. Aggression und Hass entstehen danach durch die *Zurückweisung wichtiger kindlicher Bedürfnisse*, meist begünstigt und hervorgerufen durch wenig feinfühlige und empathische Bezugspersonen, die nicht in der Lage sind, das Kind zu verstehen und zu spiegeln. Nicht selten fühlen sich diese Bezugspersonen von den Verhaltensweisen des kleinen Kindes provoziert, tyrannisiert und in ihrer Freiheit eingeschränkt. Sie verstehen nicht, dass das Kind nicht dominant ist, sondern zu klein, um ihren Anforderungen zu genügen. Für die Entwicklung der Aggression ist es wichtig, dass das Kind in der Bezugsperson einen Spiegel, einen „Container" und in der Beziehung Halt und Einfühlung findet. Dann kann Aggression sich entwickeln und zu einem reifen Gefühl werden, welches im Dienste der Selbsterhaltung des Kindes steht. Macht das Kind hingegen die Erfahrung der Seelenblindheit, fühlt es sich nicht nur verlassen und wird von Ängsten und Schuldgefühlen heimgesucht, sondern setzt seine Fähigkeit zur Aggression zunehmend ein, um sich selbst seelisch im Gleichgewicht zu halten, sich narzisstisch zu reparieren.

4.4.1 Hass

Die psychoanalytische Objektbeziehungstheorie verbindet dem Entwicklungsmodell von Melanie Klein entsprechend Hass mit Schuldgefühlen. Hass ist der stärkste aggressive Affekt des Menschen (Conzen 2005, S. 21). Hass richtet sich auf ein böses Objekt, vor dem das Selbst sich ängstigt und von dem es sich verfolgt sieht. Conzen betont, dass milder Hass und Aggression die Tendenz habe, das „böse Objekt" zu kontrollieren, größerer Hass das Objekt jedoch entwerten und sadistisch schädigen will (vgl. ebd.). Extremer Hass zielt auf die Zerstörung des Objektes ab. Hass ist ein tabuisiertes Gefühl, welches kaum eingestanden wird und mit großer Scham einhergeht. Deshalb maskiert sich Hass, rechtfertigt und rationalisiert sich. Leon Wurmser (1993a) wiederum hat den Hass in Verbindung mit Neid und Missgunst als Quelle des Ressentiments beschrieben, eine Haltung zur Welt, in der man sich selbst als betrogen und als Opfer sieht. Das Ressentiment, welches schon von Max Scheler zu Beginn des 20. Jahrhunderts beschrieben wurde, führt dazu, dass Aggressivität, Zorn und Hass vom eigenen Gewissen erlaubt werden. Das Über-Ich, welches normalerweise den Hass verurteilt und kontrolliert, wird selbst in den Dienst des Hasses gestellt. Weil man sich als betrogen und übervorteilt sieht, ist Aggression erlaubt, um Gerechtigkeit wiederherzustellen.

4.4.2 Der beraterische Umgang mit Wut, Aggression und Ärger

Da das Spiegeln nach Winnicott die Voraussetzung für Interaktion und die Voraussetzung für das Denken ist, liegt es nahe, Aggression, Ärger und Wut mit jenen Tugenden zu beantworten, die entwicklungstheoretisch aus der Spiegelungsphase entstammen. Aggressionen und Wut in der Beratung können realitätsangemessene Antworten auf Versagungen sein, aber auch verzerrte, überdimensionierte, dem Anlass nicht entsprechende Überreaktionen, die auf einer Vermischung von Altem und Neuem, auf einer Übertragung beruhen.

Wichtig ist, dass der Berater in Beziehung bleibt und zunächst die Affekte des Klienten aufnimmt, d. h. sie aushält, einen Rahmen setzt und sich bemüht, das innere Erleben der Aggression nachzuvollziehen. Dies hilft dem Klienten meist deutlich. Eine Versagung und ein Kontaktabbruch bei Aggressionen und Ärger würden dagegen begünstigen, dass der Klient seine Gefühle weder selbst verstehen noch relativieren kann. Im Mittelpunkt des beraterischen Umgangs mit diesen Affekten steht also:

- Containing (den Gefühlen einen Raum geben, in die subjektiven Erlebensweisen einfühlen),
- Holding (den Klienten halten, stützen und hinter ihm stehen)
- Subjektorientierung (die Emotionen als subjektive Emotionen zurückspiegeln)
- Entwickeln (Prinzipien äußerer Realität einführen, Feedback geben, relativieren)
- Fairness (moralische Prinzipien, Anerkennungsansprüche und Reziprozität einführen)

5. Die Psychohygiene von Beraterinnen und Beratern

Im folgenden Kapitel werden Interaktionen, Stile und Verwicklungen in der Beratung aufgeführt und theoretisch diskutiert. Ein besonderer Schwerpunkt liegt auf der Psychoanalyse. Im Abschnitt über Beratungsstile wird die aus der Identifizierung mit dem Klienten und mit dem eigenen Beruf entstehende Übertragungsbereitschaft und die Dimension der Formung vorgestellt, die dann, nach vielen Jahren Berufsarbeit als Berater/Beraterin, in eine Art Erstarrung in der Rolle und in einen ganz bestimmten Habitus mündet. Damit einher geht ein Phänomen, welches die Psychoanalyse als „Abwehrbündnis" beschreibt. Dass es in Beratungsprozessen, zumal in der Pädagogik, nicht einfach möglich ist, neutral und abstinent zu bleiben, ist schon der Tatsache geschuldet, dass es in der pädagogischen Beratung zumeist um Kinder und Jugendliche geht, also um Klienten, die sowohl sehr schutzbedürftig als auch sehr lebhaft und nah an ihren Bedürfnissen mit eingeschränkter Akzeptanz der Realität sind. In der sozialpädagogischen Beratung wiederum sind Beraterinnen/Berater mit Klienten konfrontiert, die durch ihre Lebenslagen und ihre Lebensweise starke Gefühle im Berater erzeugen. Es ist Teil des beruflichen Professionalisierungsprozesses, sich hierüber klar zu werden und diese Seiten der eigenen Berufsarbeit zu reflektieren.

5.1 Der persönliche Beratungsstil

Um einen persönlichen Beratungsstil zu entwickeln, dürfte wohl eine Einstellung wichtig sein, die vor allem Carl Rogers beschrieben hat und die sich mit der Erfahrung des Beraters/der Beraterin verbindet, von seinen Klienten und mit ihnen lernen zu können. Beraten ist eine Kunst, hat deshalb ein Technologiedefizit und muss zwangsläufig als *persönlicher Stil* und als *wissenschaftlich fundierte Praxis* durchgeführt werden. Da jeder Klient einmalig ist, es schwerlich möglich, theoretisches Wissen eins zu eins in die Praxis zu übersetzen. Beraterinnen/Berater sind darauf angewiesen, ihre Klienten zu verstehen und müssen sich deshalb mit ihnen identifizieren. Dies ist in der beruflichen Sozialisation ein häufig unterschwelliger Prozess und kann manchmal dazu führen, dass sich Normalisierungsgrenzen verschieben. So lernt z. B. ein Berater/eine Beraterin, die dauernd mit straffälligen oder drogensüchtigen Klienten zu tun hat, über Suchtmittel oder Straftaten anders zu denken, ggf. gewährender und milder zu sein.

Für den persönlichen Beratungsstil ist ferner die *eigene professionelle Herkunft* wichtig. Welche Wissensbestände und Theorien waren in Ausbildungen und Qualifikationen vertreten und sind angeeignet worden? Welche Vorbilder haben die Ausbildung beeinflusst? Ist eher wissenschaftliches Wissen oder sind charismatische „Meister und Meisterinnen" als Identifizierungsobjekte angeboten worden? Welches Konzept von Beratung wurde vermittelt? Die eigene berufliche Sozialisation des Beraters/der Beraterin, über Ausbildungs- und Studiengänge vermittelt, prägt oft die beraterische

Grundhaltung. So kann jemand z. B. die Auffassung entwickelt haben, bei der Beratung handele es sich vor allem um Information und Auskunft, um Hilfe zur Problemlösung, um neues Beziehungslernen und/oder um Selbstklärung. Meist spielen in den Beratungsprozessen alle Ebenen eine Rolle, sie werden aber unterschiedlich gewichtet und in einem persönlichen Beratungsstil verdichtet und integriert.

Ein weiterer Faktor für die Entwicklung des persönlichen Beratungsstils ist ein *institutioneller.* Vor allem angestellte Berater haben bei der Entwicklung des persönlichen Beratungsstils nicht immer Freiräume und sind aufgefordert, das Trägerleitbild, das Konzept des Trägers und die Beratungspraxis in einer Beratungsstelle oder einer Institution zu übernehmen. Gleichzeitig suchen sich Beraterinnen und Berater häufig schon zu Studienzeiten gezielt ihre Träger aus, um dort zu arbeiten, wo sie die größte Zustimmung zu ihrer Person und ihrem So-Sein vermuten. Schließlich prägen auch *individuelle Faktoren* den persönlichen Beratungsstil. Diese sind z. B. seine Geschlechtszugehörigkeit, seine Generationszugehörigkeit, seine ethnische Zugehörigkeit, aber auch Faktoren wie Kindheit, Herkunftsfamilie, schulische und religiöse Sozialisation können eine wichtige Rolle spielen.

Heute spricht man über alle diese Faktoren, die den persönlichen Beratungsstil ausmachen, als *Habitus.* In seinem Essay *Bourdieu für Pädagogen* hat der Erziehungswissenschaftler Eckardt Liebau (1987) sich mit Pierre Bourdieus Stillehre und ihrer Bedeutung für die Pädagogik befasst. Bourdieu wollte mit seiner Stillehre die Reproduktion sozialer Ungleichheit im Bildungssystem, aber auch im Alltag begründen. Er konnte aufzeigen, dass soziale Unterscheidung in modernen Gesellschaften vor allem durch Stile kommuniziert wird, er unterscheidet den Stil der Distinktion (der sozialen Unterscheidung) vom Stil der Notwendigkeit (für die unterprivilegierten Milieus typisch). Ob also in einer Beratungsstelle eine Kerze brennt und Tee gereicht wird oder ob es nur einen kargen Stuhl mit einem Tisch gibt etc., ist zum einen dem persönlichen Beratungsstil geschuldet. Zum anderen spiegelt sich darin jedoch auch das soziale Milieu, aus dem der Beratende stammt, in dem er verortet werden will, und vor allem zeigt sich, was nicht akzeptabel ist. Umgekehrt reagieren Klienten auf den Stil der Beraterin/des Beraters meist regressiv. Sie finden ihr Gegenüber sympathisch oder unsympathisch oder fühlen sich vom Habitus ganz offen provoziert.

> Vor allem, wenn in der Beratungsstelle zwischen dem Zentrum der Organisation und den Klienten große soziale Distanz besteht und der Berater/die Beraterin Barrieren der Ästhetik und Milieugrenzen überwinden muss, ist es wichtig, sich klarzumachen, dass Stile und die Wanderung zwischen den Stilen zur beruflichen Kompetenz gehören. Die Sozialarbeiterin im Jugendamt, die in Gegenwart der Klientin vom Reiten und von ihrem Pferd erzählt, oder der Supervisor, der seinem Supervisanden vom Golfspielen erzählt, zeigt damit sowohl persönlichen Stil als auch soziale Zugehörigkeit zu einem bestimmten, dem Klienten meist entfernten Milieu.

5.2 Beraterische Verwicklungen und Fallen. Interpersonelle Abwehr und Kollusionen

Der persönliche Beratungsstil spielt vor allem für den Umgang mit Regressionen, Schwierigkeiten und besonderen Beziehungsproblemen in der Beratung eine Rolle. Zugänge aus der Psychoanalyse und der psychoanalytischen Pädagogik, aber auch aus der Soziologie sind dabei hilfreich, die Interaktionsbeziehungen und die Probleme in der Beratung sichtbar zu machen. Besonders die ethnopsychoanalytische Theorie geht davon aus, dass Berater und Klient sich miteinander verstricken. In der Beratungssituation treffen zwei Fremde aufeinander, Übertragungen – auch negative – können sich einstellen und die Situation mitstrukturieren.

In einer älteren Arbeit hat sich der Psychoanalytiker und Beratungswissenschaftler Helmut Junker (1978) mit diesem *Problem des schwierigen Klienten* befasst. Eine wichtige Grundannahme in Junkers Modell ist, dass durch die jeweilige psychische Struktur des Beraters, in diesem Fall des Sozialarbeiters, sowie des Klienten bestimmte typische und beschreibbare Interaktionsphänomene auftauchen, die den beraterischen Prozess, sein Gelingen und sein Scheitern wesentlich beeinflussen. Um diese zu erkennen, stellt Junker ein klinisches Beratungsverständnis in den Mittelpunkt.

5.2.1 Depressive Klienten

Er beginnt im Sinne des psychosexuellen Entwicklungsmodells mit dem *depressiven Klienten* und unterscheidet die „sprechende" von der „schweigenden Depression". Bei der sprechenden Depression schildert der Klient ausführlich seine Hoffnungslosigkeit und Interesselosigkeit, seine Klagen haben appellativen Charakter, aber das Gesprächsverhalten setzt vor allem den Berater unter Druck. Bei der schweigenden Depression spricht der Klient wenig, das Gespräch verläuft zäh und er verstummt schnell, die Klage und die Entwertung werden durch das Schweigen deutlich. Junker zeigt auf, dass der depressive Klient und ein helfender Berater zu Anfang sehr gut interagieren. Es entsteht spontane Identifizierung und die Abwehrseite der Interaktion wird vom Helfer/Berater lange nicht erkannt. Er beginnt zu helfen, jedoch entsteht kein wirklicher Kontakt. Die anfänglich positive komplementäre Situation verändert sich zunehmend, es ist kein wirklicher Kontakt entstanden, der Berater agiert, glaubt sich dem Klienten nahe und bemüht sich meist vergeblich um eine Beziehung. Junker erklärt im Sinne einer Diagnose die Probleme des depressiven Klienten, seine Spannungen, seine Entwertung, seinen Selbsthass und seine Antriebshemmung mit dem Konflikt zwischen Ich und Über-Ich. Ein unreifes, frühes und sadistisches Über-Ich drangsaliert das Ich des Klienten und zeigt ihm, dass dieses Ich nicht gut genug ist.

Junkers sehr hilfreiche und praktische Schritte zur Kontaktgestaltung in der Beratung lauten:

- den Klienten sprechen lassen,
- Angebote zum Kontaktabbruch nicht annehmen,
- Entwertungen nicht akzeptieren,
- Konflikte akzeptieren und Konflikte ernst nehmen,
- Konflikte durcharbeiten und das Ich des Klienten vor den Über-Ich-Attacken schützen,
- erst sehr spät das Realitätsprinzip aufzeigen und dem Klienten Wege aufzeigen,
- auf Druck verzichten.

Depressive Klienten sind laut Junker Langzeit-Klienten und benötigen die hilfreiche Interaktion des Beraters über einen längeren Zeitraum. Sie brauchen vor allem ein gütiges und stabilisierendes Beziehungsangebot.

5.2.2 Zwangsneurotische Klienten

Der nächste Typus von Klient ist der zwangsneurotische Klient. Im Mittelpunkt der Beratung steht nach Junker der Umgang mit der für diese Klienten typischen Spaltung von Gefühlen. Diese Spaltung verursacht den Eindruck, als sei der Klient von seinen Gefühlen abgeschnitten. Zwangsneurotische Klienten treten eher abweisend auf und betonen ihre Autonomie und Freiheit. Junker verdeutlicht, dass zwanghafte Klienten durch ihre Störungen, d. h. die Wiederholung von Handlungen, Zwangsgedanken, Kontrollbedürfnis (Junker 1978, S. 43), erheblich in ihrer Lebensführung eingeschränkt sind. Vor allem die völlige Klarheit und Rationalität des Klienten außerhalb seiner Störung, also der verschüttete Zugang zu seinen Gefühlen, führt beim Berater zu emotionalen Reaktionen. Er ist versucht zu bohren, zu verhören und „der Sache auf den Grund zu gehen". Der Berater fühlt sich mit seinen Kontaktangeboten eventuell. alleingelassen, versucht, dann „wenigstens auf der intellektuellen Ebene mitzuhalten". Im schlimmsten Fall gibt er den Klienten auf und „lässt ihn machen".

Junker beschreibt, dass die verborgene Botschaft beim zwangsneurotischen Klienten wie folgt lauten könne: „Ich habe etwas, was ich loswerden will. Ich weiß nicht, wie es kommt. Aber wenn Du es zu wissen glaubst und sagst, das hängt ‚seelisch' zusammen, denkst Du falsch. Das weiß ich. Und was Du überhaupt dazu denkst, das habe ich auch schon gewusst." (Junker 1978, S. 45). Sodann erklärt Junker die psychopathologische Dynamik des zwanghaften Klienten: Sexuelle und aggressive Triebimpulse aus der analen Phase, denen sehr strenge Triebunterdrückungen und entsprechende Verbote gegenüberstehen, verurteilen die Triebhaftigkeit und belegen sie mit großer Scham und mit Minderwertigkeitsgefühlen. Das Ich des zwanghaften Klienten sei zumeist stolz auf seine Abwehr: die Ordnung, Kontrolle, Disziplin, Sauberkeit – und nicht zuletzt auf sein Durchsetzungsvermögen.

Chancen für eine neue Interaktion auf Seiten des Beraters sind dann ebenfalls wie beim depressiven Klienten: überhaupt erst einmal Kontakt gewinnen, Gefühle ausdrücken und sie nicht entwerten lassen, Kontakt zu den gesunden Ich-Anteilen des Klienten aufnehmen, neurotische Interaktion abbrechen, schmerzliche und traumatische Situationen mutig thematisieren, vor allem aber sich nicht beschämen lassen.

5.2.3 Angstneurotische Klienten

Die dritte Gruppe schließlich sind Klienten mit neurotischen Angstzuständen und Phobien. Hier übernimmt Junker das Modell der inneren Angst und der Chronifizierung der Ängste. Im beraterischen Kontakt fällt vor allem auf, dass der Klient redet und redet und redet. Klienten mit angstneurotischen Störungen müssen reden, weil sie ständig von der Angst vor Objektverlust bedroht sind. Der Klient redet nicht aus einem inhaltlichen Interesse, sondern um sich gebunden, wirklich existent und vorhanden zu fühlen. Für den Berater folgt daraus, dass die anfängliche Empathie für den meist sympathisch wirkenden Klienten sich schnell verbrauche. Der Berater fühlt sich übersättigt, will sich abgrenzen, Schlusspunkte setzen. Er kann auf die Not des Klienten „mütterlich" reagieren oder streng, er kann Schuldgefühle entwickeln oder auch Ängste, weil er die unstrukturierte Situation nicht erträgt.

Die Interventionen des Beraters sind auch hier ähnlich wie bei den depressiven und zwangsneurotischen Klienten. Zuerst bemüht sich der Berater in Kontakt zu bleiben und den Kontakt zu stabilisieren. Er soll versuchen, sich dem Klienten gegenüber zum guten Objekt zu machen. Er soll die Beziehung schützen. Bei depressiven und geängstigten Klienten ist nach Junker die Beratungsbeziehung am längsten.

5.2.4 Interpersonelle Abwehr und Kollusion

Weitere für die Beratung wichtige Modelle, um vor allem Probleme auf der Beziehungsebene zum Klienten zu verstehen, sind das *Modell der interpersonellen Abwehr* (Mentzos 1984) und das *Modell der Kollusion* (Willi 1975). Diese beiden Modelle, die vor allem in Zweierbeziehungen beobachtet werden können, besagen, dass individuelle Konflikte, Ängste und Schuldgefühle ein Arrangement innerhalb einer Beziehung eingehen können. Ein innerpsychischer Konflikt, der nicht produktiv gelöst werden kann, wird mit Hilfe der interpersonellen Abwehr ritualisiert und bearbeitet. „Intrapsychische Abwehrmechanismen sind abgewandelte Ich-Funktionen, interpersonale Abwehrkonstellationen sind abgewandelte zwischenmenschliche Beziehungsformen. Beide dienen der neurotischen Abwehr, d. h. nicht realitätsgerechten, sondern der regressiven, nach einem kurzsichtigen Angstvermeidungsprinzip arbeitenden Schutzvorrichtung." (Mentzos 1990, S. 66).

Das Konzept der Abwehrmechanismen ist bereits bei Freud und vor allem Anna Freud ausführlich diskutiert und hat in der psychoanalytischen Persönlichkeitstheorie einen festen Platz. Mentzos versucht auch mittels der Beobachtungen von Jürg Willi (1975) eine *Typologie interpersonaler Abwehrkonstellationen* zu erstellen und bezieht die Abwehrarrangements sowohl auf zwei Personen als auch auf kleinere oder größere Gruppen. Bei der interpersonellen Abwehr spielt das Modell der psychosexuellen Entwicklung wie schon bei Junker (1978) eine wichtige Rolle. So spricht Willi (1975) von einer „oralen Kollusion", wenn er das unbewusste Zusammenspiel in einer Beziehung beschreiben will, in der ein Partner progressiv die Sorge übernimmt, während der andere regressiv sich versorgen lässt. Bei einer „analen Kollusion" führt der progressive Partner und der regressive Partner lässt sich scheinbar willenlos führen. In einer „narzisstischen Kollusion" geht es um Bewunderung und Bewundert-Werden.

Vor allem unter dem Dach der sozialpädagogischen Beratung, wenn es darum geht zu helfen, zu sorgen und sich zu kümmern, können sich diese Kollusionen und Beziehungsmuster zwischen sozialpädagogischen Beratern und Klienten verfestigen und institutionalisieren. Sie sind aber auch im Kontext der pädagogischen Arbeit mit Gewaltopfern z. B. im Frauenhaus, in Frauenberatungsstellen und in Beratungsstellen bei sexueller Gewalt möglich.

5.3 Hilfe für Berater

Balintgruppen und Kontrollsupervisionen gelten als klassische Formen der Hilfe für Menschen in sozialen Dienstleistungsberufen, also auch Beraterinnen/Berater.

Derzeit fehlt eine eigenständige Supervisionstheorie noch und Supervision wird vor allem nach Maßgaben verschiedener therapeutischer Schulen angeboten. So lassen sich psychoanalytische Formen der Supervision von personenzentrierten, systemischen und psychodramatischen Formen unterscheiden, um nur einige zu nennen. Insgesamt hat *Supervision* sich aber als Hilfe für Helfer seit den 1960er Jahren in der Bundesrepublik bewährt und wird vor allem im Bereich der Beratung für Beraterinnen und Berater als berufsbegleitende Hilfe angeboten. Supervision ist *selbstreflexiv* und will helfen, die Klienten und die Beziehungen zu ihnen besser zu verstehen. Supervision hilft zudem den Beraterinnen und Beratern bei der erfolgreichen Bewältigung ihrer Berufsrolle, hier unterscheidet sich das Konzept der Supervision von dem der Balintarbeit, die sich vor allem auf die Fallarbeit und die unbewussten Beziehungen zwischen Beratern und Ratsuchenden bezieht. Michael Balint hat diese Methode in der praktischen Arbeit mit Ärzten entdeckt. Wenn er sich mit jungen Assistenzärzten traf und sie über Fälle diskutierten, dann spiegelte sich die Psychodynamik des Falles als Beziehungsdynamik in der Gruppe. Balint fand heraus, dass sich das Unbewusste des Klienten, welcher besprochen wurde, in der Gruppe der Ärzte quasi fortsetzte. So entwickelte er eine Methode der Introspektion und der freien Assoziation zum vertieften Fallverstehen für schwierige Beratungssituationen und Therapien. Supervision will dagegen die verschiedenen Ebenen von Person – Gruppe – Rolle – Institution in ihrem Zusammenwirken verstehen und die Bearbeitung und Klärung von Konflikten auf diesen Ebenen ermöglichen (Zimmer-Leinfelder 2011). Eine besondere Bedeutung hat bei Zimmer-Leinfelder (2011) die *supervisorische Haltung*, die ähnlich wie die beraterische Haltung zu verstehen ist. Hierzu zählen

- die Fähigkeit zu introspektiver Wahrnehmung,
- die Fähigkeit zu Identifikation und Distanz,
- die Fähigkeit zur neugierigen und vorbehaltsfreien Suche nach Problemdefinitionen,
- Spannungs- und Unsicherheitstoleranz im Verstehensprozess.

Mit diesen Mittel versuchen Supervisorinnen/Supervisoren, verborgenen Beziehungsanteilen ihrer Supervisanden/Supervisandinnen auf die Spur zu kommen.

Supervision heißt Durcharbeiten von Konflikten am Arbeitsplatz. Über die Arbeit mit den Klienten hinaus kann es in der Supervision um die Klärung von Arbeitsbedingungen, von Konflikten mit dem Arbeitgeber und von Arbeitsqualität gehen. Die Selbstreflexion in der Supervision wird zumeist durch theoretische Konzepte unterstützt. Sowohl in Balintgruppen als auch in Supervisionen wird gemeinsam daran gearbeitet, die unbewussten Dimensionen von Konflikten zwischen Ratsuchenden und Beratern zu verstehen. Hierzu steht an einer ganz zentralen Stelle die *Konzeption des szenischen Verstehens.* Bereits Freud spricht davon, dass innerpsychische Konflikte verinnerlichte Modelle von Szenen eines früheren, unbewusst gewordenen äußeren Konflikts seien. Vor allem Alfred Lorenzer, der das Modell des szenischen Verstehens entwickelt hat, sagt über die Sozialisation, dass es sich bei diesem Prozess um komplexe verinnerlichte Schlüsselszenen handelt, die das Kind introjeziert. Ängste, Konflikte, aber auch emotionale Erlebensmuster werden quasi gestalthaft verinnerlicht, indem sie unbewusst an bestimmte Beziehungskonstellationen gebunden bleiben. In aktuellen Konflikten reproduzieren sich diese Szenen bevorzugt in der helfenden Situation, da diese quasi zur Regression einladen und sehr viel von der früheren Eltern-Kind-Beziehung reproduziert werden kann. Schwere Verstrickungen können so aufgeklärt und Berater wieder beziehungsfähig werden.

6. Pädagogische Beratung

Die besondere Bedeutung der pädagogischen Beratung lässt sich gut anhand ihrer Entwicklungslinien erläutern, da diese Beratungsform aus sehr widersprüchlichen Traditionen hervorgegangen ist. Im Prinzip kann von einer polarisierten Entwicklung und von zwei verschiedenen Flügeln gesprochen werden: Zum einen wurzelt die pädagogische Beratung in den demokratischen Aufbrüchen und zivilgesellschaftlichen Bewegungen, die es bereits in der Zeit der Wende zum 20. Jahrhundert gab; zum anderen aber auch in wenig demokratischen, obrigkeitlichen und wissenschaftlichen Traditionen, in denen wissenschaftliche Erkenntnis sich mit einem autoritären politischen Programm verbunden hat, wie dies z. B. in der Eugenik und in der sozialhygienischen Bewegung der Fall ist (Gröning 2010, Reyer 2003).

6.1 Die Sonderstellung der pädagogischen Beratung: historische Entwicklungslinien, Diskurse und Konflikte

Die Geschichte der pädagogischen Beratung beginnt in Deutschland an verschiedenen Stellen. Sie ist zum einen in den Anfängen des 20. Jahrhunderts gebunden an die ersten Emanzipationsbewegungen und Modernisierungsschübe, die das neue Jahrhundert im Deutschen Reich mit sich brachte. Die alte politische Ordnung entsprach nicht mehr dem Alltag und Bewusstsein einer sich selbst reflektierenden Zivilgesellschaft. Der Ausschluss der Frauen, der Arbeiterklasse und der Menschen mit Differenz aus der Gesellschaft, ihre politische Entmündigung und Unterwerfung unter eine streng utilitaristische und autoritäre Gesellschaft war kaum noch zu legitimieren und ließ Widersprüche aufbrechen. Vor allem an der Frage der Sexualität und am Umgang mit der sexuellen Selbstbestimmung entzündeten sich Konflikte, die zur *Gründung der ersten Beratungsstellen für Mutterschutz und Sexualreform* führten. 1905 gründete Helene Stöcker den Bund für Mutterschutz und Sexualreform, der in seiner Blütezeit bis zu 40 Sexualberatungsstellen unterhielt. Nach dem Ende des Ersten Weltkrieges entstanden zunehmend Beratungsstellen der Gesellschaft für Sexualreform, deren bekannte Vertreter Magnus Hirschberger, Max Hodan und Wilhelm Reich waren.

Im Deutschen Reich haben insgesamt 400 Sexualberatungsstellen gearbeitet, deren Aufgabe vor allem in der Sexualaufklärung und Verhinderung von ungewollten Schwangerschaften lag. Verhütungsmittel, vor allem Präservative und Intrauterin-Pessare, ihre Handhabung und Verteilung war neben der Sexualberatung eine zweite wichtige Aufgabe, schließlich die Enttabuisierung von vorehelicher Sexualität und Homosexualität.

Umgekehrt etablierte sich jedoch auch auf der Basis sozialhygienischer Bewegungen nach dem Ersten Weltkrieg eine *allgemeine Eheberatung* an den neu eingerichteten Gesundheitsämtern der Weimarer Republik. Deren Funktion war, so Kristine von Soden (1988), vor allem die sexuelle Reglementierung im Sinne von Erb- und Sozialhygiene. Gerade die gesellschaftlichen Eliten sähen die Ursache sozialer Probleme darin, dass „schwache" und „erbminderwertige" Menschen sich fortpflanzten. Sie zu überzeugen, auf eigene Kinder zu verzichten, sei die Aufgabe der Eheberatung in ihren Anfängen gewesen (vgl. von Soden 1988). Die Einrichtung von Eheberatungsstellen, die eher einem klinisch-medizinischen Kontext entstammten, bildete quasi den Kontrast zur Sexualberatung. Von Soden führt an, dass in der Weimarer Republik vor allem national denkende Kreise in der Ärzteschaft Befürchtungen hinsichtlich der „Erbgesundheit" des deutschen Volkes hatten. Die Kontrolle über die Erbgesundheit sollte in den Händen von medizinisch kontrollierten Eheberatungsstellen liegen. Im Mittelpunkt dieser Beratung stand die Ausstellung eines Ehefähigkeitszeugnisses. Die Berater sollten mit Hilfe von sogenannten Sippschaftstafeln (heute Genogramme) die Erbgesundheit von Heiratskandidaten prüfen. Nach Prüfung von Stammbaum und Herkunft sowie medizinischer Untersuchung konnte ein Ehefähigkeitszeugnis ausgestellt werden, welches bei den Standesämtern vorgelegt werden sollte.

Im Nationalsozialismus wurde dieses Zeugnis dann verbindlich und an positive Sanktionen wie Ehestandsdarlehen geknüpft. Die Beratung zentralisierte sich in einer Erbgesundheitsdatei mit Sitz in Berlin (Czarnowski 1991). Im Mittelpunkt dieser Politik stand die Institution des Gesundheitsamtes. „Erb- und Rassenpflege", so Czarnowski (1991, S. 153), wurde einschließlich Eheberatung zu einem eigenen „Fürsorgezweig mit Beratungsstelle", die regelmäßige Sprechstunden abhielt. Die Arbeit der Beratungsstelle zielte auf die Ermittlung des „Erbwertes" einer Person (Czarnowski 1991, S. 154). Erbgesunde Personen sollten gefördert, erbkranke und gefährdete Personen zur Sterilisation überredet werden. Die Beratungsstelle arbeitete mit Anreiz- und Sanktionssystemen, die Czarnowski wie folgt aufzählt: Ehestandsdarlehen, Siedlerstellen, Kinderbeihilfen, Ausbildungsbeihilfen, Adoptionsvermittlung und/oder Einbürgerung. Umgekehrt konnten die in der Beratungsstelle tätigen Ärzte Ehehindernisse aufstellen und das Verfahren zur Unfruchtbarmachung erbkranker Personen einleiten. Das Aufgabenspektrum lag vor allem in einer Selektion, die von Kastrationen homosexueller Männern bis zur Erfassung der Früh- und Fehlgeburten ging, besonders aber die Schwangerschaftsabbrüche bei „Erbreinheit" verfolgte. So war Gesundheits- und Sexualberatung im Nationalsozialismus Bestandteil einer extremen Bevölkerungspolitik. Man versprach den Ratsuchenden in Schwangerschaftskonflikten Rat und Hilfe, arbeitete aber gleichzeitig mit der Kriminalpolizei zusammen, um illegale Abtreibungen zu bekämpfen. Czarnowski weist darauf hin, dass 1942 zehn Millionen Karteikarten zur Erfassung der gesunden Bevölkerung vorhanden waren.

Andere Beratungsformen, die ebenfalls zu Beginn des 20. Jahrhunderts entstanden, wie die *Erziehungsberatungsstellen,* die zunächst *Jugendsichtungsstellen* hießen, sind obrigkeitlicher und in einer stärker ordnungspolitischen Absicht verfasst worden. Zunächst konstatiert die Erziehungsberaterin Sophie Freudenberger 1928, dass die Institutionalisierung der Erziehungsberatung eine Antwort auf gesellschaftliche Zustände sei, die einer Kulturkrise gleichkämen (1928, S. 5). Freudenberger sah diese Kulturkrise in erster Linie durch die Folgen des Ersten Weltkrieges bedingt. Extreme Armut und Elend vor allem der Kinder und Jugendlichen hätten Eltern (so vorhanden) und Erzieher hilflos gemacht.

Das Elend der Kinder wird durch die Mehrheit die verantwortlichen Professionen in Deutschland jedoch nicht gesellschaftswissenschaftlich, sondern vorwiegend medizinisch, im Sinne von sozial- und erbhygienischer Ausrichtung, beschrieben. Die Institutionalisierung der Erziehungsberatung erscheint seit 1903 als Abfolge der Einrichtung von Jugendsichtungs- und heilpädagogischen Beratungsstellen im Umfeld der Psychiatrie und der sich konstituierenden und professionalisierenden Kinder- und Jugendpsychiatrie, die sich entweder als amtliche Erziehungsberatung (Nürnberg, Frankfurt/M.) oder als halbamtliche Erziehungsberatung (Heidelberg und Tübingen) etablieren (vgl. Freudenberger 1928, S. 24–27).

Beratungstheoretisch von Interesse dürfte dabei sein, dass z. B. in Heidelberg zu sichtende Kinder ggf. zwangsvorgeführt wurden (Freudenberger 1928, S. 27). Ein deutscher Sonderweg zeichnete sich hier schon früh ab (Buhlert 1989). In einer von Heinrich Meng 1959 in erster Aufl. herausgegebenen Aufsatzsammlung zur Erziehungsberatung und Psychoanalyse, welche August Aichhorn schon in den 1930er Jahren verfasst hat, setzt dieser sich in einem Vortrag mit dem Titel *Die Verwahrlosung und die Wissenschaft* sehr kritisch mit der deutschen Psychiatrie und Heilpädagogik auseinander und kritisiert ihre Verwurzelung in der kriminologischen Disziplin. Die theoretische Konsequenz ist nach Aichhorn, dass die deutsche Heilpädagogik die Phänomene der Verwahrlosung und Erziehungsschwierigkeiten nicht wirklich erforschte, sondern ableitete, die praktische Konsequenz sei die Verteilung der Kinder in Fürsorgestellen und Maßnahmen und die *Transformation der Erziehungsberatung in Sichtung* (Aichhorn 1972, S. 159f.).

Die Entwicklungslinien vor allem der Erziehungsberatung als eigentlicher Form der pädagogischen Beratung zeigen auf, dass diese quasi bis heute nicht oder kaum von ihrer wissenschaftlichen Mutterdisziplin beeinflusst wurde, sondern deutlich von einer klassischen und traditionellen Psychiatrie und früher eben auch Kriminologie. Diese Traditionslinie verfolgte ganz andere Ziele, als den Kindern und Jugendlichen in ihrer Ratbedürftigkeit zu helfen. Vielmehr ging es schon früh und auch unabhängig von der NS-Zeit um die Entwicklung von Sondermaßnahmen, die dem mehr oder weniger heimlichen Ziel geschuldet waren, die Gesellschaft von der Last der Behinderten, Unangepassten und anderer Problemfälle zu befreien. Dies schien den Professionen besonders gut in kontrollierenden und bewahrenden Strukturen und Institutionen möglich zu sein. Ganz nebenbei wurde auf diese Weise auch das Bildungsschicksal der so gesichteten und diagnostizierten Kinder und Jugendlichen besiegelt.

Nach 1945 ist zu konstatieren, dass die Beratung im Bereich der Pädagogik – Erziehungsberatung, Berufsberatung und sexualpädagogische Beratung – zunächst an die Traditionen der Weimarer Zeit, teilweise auch an autoritäre und lenkende Formen anknüpfte. In den 1960er Jahren brachen diese Entwicklungslinien jedoch auf. Vor allem die institutionalisierte Pädagogik, auf der Ebene der sozialen Arbeit die Bewahrpädagogik, auf der Ebene der Schule das selektive Schulsystem, gerieten in den Fokus einer zunehmend kritischer forschenden Erziehungswissenschaft, die deutlich gesellschaftliche Reformen forderte. Die Bildungsreform, die Psychiatriereform in den 1960er und 1970er Jahren, die Reform des Jugendhilferechts und die Strafrechtsreform führten zu einem Bruch mit den alten Beratungsvorstellungen und brachten neue Beratungsformen hervor. Diese konnten sich jedoch bis heute nur am Rand der Professionen etablieren. Zu erwähnen sind die von Mollenhauer und anderen seit den 1960er Jahren vorgetragenen Konzepte der pädagogischen Beratung, die diese eng mit *Mündigkeit, Aufklärung* und mit *Bildung* verbinden. Aus pädagogischer Sicht ist keine Beratung gut, die nicht in Prozesse der Bildung, Selbstbildung und in Lernen mündet. Die systematische und theoretische Verbindung von Beratung und Bildung steht für die pädagogische Beratung als beratungswissenschaftliche Fragestellung jedoch noch aus.

In diesem Kontext erwähnenswert ist das schwierige Verhältnis der erziehungswissenschaftlich begründeten pädagogischen Beratung zur Nachbardisziplin der pädagogischen Psychologie. Sowohl hinsichtlich der Forschung und des Forschungsverständnisses als auch hinsichtlich der Methoden der Beratung und der Vorstellung über einen Beratungsprozess gehen die Positionen zwischen pädagogischer Psychologie und pädagogischer Beratung deutlich auseinander.

6.2 Pädagogische Beratung – eine pädagogische Psychologie?

Bezogen auf Beratung in der Pädagogik sind, legt man diese Theorien zugrunde, die Probleme in der Beratung weniger Probleme des methodischen Könnens, sondern vielmehr Probleme des ethischen und theoretischen Standpunktes. Wenn man mit Foucault argumentiert, dass jede Wissensbeziehung automatisch und implizit immer auch eine Machtbeziehung ist, dann wird über das Plädoyer zum unpädagogischen Phänomen Beratung der Berater verpflichtet, sich zu diesem, seinem professionellem Wissen kritisch und abstinent, zum Klienten hin jedoch zugewandt und mit einer gewissen Identifizierung zu verhalten. Gleichzeitig wird in Bezug auf das Hintergrundwissen die Bedeutung des Gesellschaftswissens, also die Bedeutung der sozialwissenschaftlichen Fundierung der Beratung hervorgehoben. Zum Dritten impliziert das von Mollenhauer vertretene Konzept von pädagogischer Beratung eine eigenständige Forschung und die Kontextualisierung der Praxis in der Forschung und zum Vierten kommen eigentlich nur Methoden der Beratung in Frage, die sich quasi kantianisch im Sinne einer Aufklärung begründen lassen. Um mit Hartmut von Hentig zu sprechen, müsste Beratung die Sachen klären und die Menschen stärken (vgl. von Hentig 1985). Damit steht die pädagogische Beratung in einem deutlichen Spannungsverhältnis zur Geschichte, zum wissenschaftlichen Selbstverständnis und zum Konzept der Beratung in der pädagogischen Psychologie, was im Folgenden dargelegt werden soll.

Das Beratungsverständnis der pädagogischen Psychologie, so wie sie zum Beispiel aktuell von Elke Wild und Judith Gerber (2006) vertreten wird, ist der pädagogischen Beratung in dreifacher Weise entgegengesetzt:

1. in Bezug auf das Verhältnis von Beratung bzw. pädagogischer Psychologie und ihrer disziplinären Geschichte,
2. in Bezug auf die Wissenschaftstheorie bzw. wissenschaftliche Fundierung,
3. in Bezug auf das Verständnis der Profession, d. h. die Anwendung der Methoden innerhalb einer Berufsrolle und in diesem Zusammenhang auf das Verhältnis von Forschung und Praxis.

Die pädagogische Psychologie verhält sich aktuell, so wie z. B. von Wild / Gerber (2006, S. 14–16) dargelegt, zur Geschichte ihrer Disziplin deutlich unkritisch und propagiert die Kontinuität einer Entwicklungslinie von der Begründung der akademischen und experimentellen Psychologie zu Beginn des 20. Jahrhunderts bis zur Gegenwart mit Ausnahme der Zeit des Nationalsozialismus. Während dieser Zeit, so die Autoren, die sie die dunkelste Zeit in der Geschichte der Disziplin pädagogische Psychologie nennen, hätten sich die Institute quasi aufgelöst oder seien zu Beginn des Zweiten Weltkrieges verwaist (Wild / Gerber 2008, S. 15).

Diese Auffassung steht in einem deutlich Gegensatz zu jenen Forschungsergebnissen, die z. B. von Ulfried Geuter, Regine Lockot, Renate Cogoy u. a. vertreten werden, die der Psychologie bescheinigt haben, dass sie die NS-Zeit äußerst geschickt für ihr Professionalisierungsprojekt zu nutzen wusste (vor allem Geuter 1984). Dies war aber, wie Hänsel 2008 nachweist, in der Pädagogik nicht viel anders. Der starke Einfluss der experimentellen Psychologie, der Psychotechnik, der psychologischen Diagnostik ist ohne die sozial- und erbhygienischen, die utilitaristischen und später rassenhygienischen Forschungsansätze und Theoriebildungen in der Psychologie gar nicht zu denken. Auch in der Psychologie fiel die NS-Zeit in Form einer neuen deutschen Seelenheilkunde mit entsprechenden Forschungsprogrammen nicht theoretisch vom Himmel oder entsprang den Parteiprogrammen der NSDAP. Sie hatte ihre Protagonisten, ihre Vorreiter, Fürsprecher und ihre Funktionäre in der Fachgesellschaft, wie auch Regine Lockot schon 1985 nachgewiesen hat. Die Zurückdrängung der Psychoanalyse und die Herausdrängung der verstehenden Wissenschaftsauffassungen und -theorien aus der Psychologie und ihrer Beratung ist kein Problem der besseren Erkenntnis, sondern eine Frage von Erkenntnis und (disziplinärem) Interesse. Die historische

Entwicklung der pädagogischen Psychologie hat ihre Verortung als angewandte empirisch-analytische Wissenschaft auch hinsichtlich ihres Beratungsverständnisses deutlich mitgeprägt. Auch die Bemerkung von Wild und Gerber, die psychologischen Institute seien zu Beginn des Zweiten Weltkrieges verwaist, hat weniger mit der Bekämpfung der Psychologie durch die Nationalsozialisten zu tun, als mit ihrer Verwendung für die Wehrmacht und für militärische Aufgaben, wie Geuter (1984) nachweist. Schwerpunkt der Psychologie wird die Wehrmachtspsychologie und die psychologisch unterstützte Kampffähigkeit der deutschen Soldaten.

Diese dritte Etappe in der Geschichte des Fachs, die die Zeit des sogenannten Dritten Reichs umfasst, ist die dunkelste. Vor allem Wissenschaftler jüdischer Abstammung mussten das Land verlassen oder wurden inhaftiert und ermordet, die Zusammenarbeit und der Austausch mit Kollegen aus anderen Ländern kam zum Erliegen. Institute verwaisten mit Beginn des Zweiten Weltkriegs.

(Wild / Gerber 2008, S. 15)

Was an diesem Zitat und der ganzen Argumentation stört, ist die Pauschalierung und die Behauptung, die NS-Zeit habe der Psychologie als Disziplin geschadet. Richtig ist, jüdische Wissenschaftler wurden verfolgt, inhaftiert und ermordet. Dieses Schicksal ereilte z. B. den Begründer der Jugendsichtungsstellen und Konstitutionsforscher Walter Fürstenheim, der jüdischer Abstammung war. Er musste 1937 Deutschland verlassen und starb im Exil. Gleichzeitig hat sich Fürstenheim für eine deutlich erbhygienische, auf Sichtung und Selektion zugespitzte Erziehungsberatung ausgesprochen und dieses mit der Jugendsichtung auch institutionalisiert.

Die Ausrichtung der Psychologie und ihrer Beratung auf „Erbreinheit" hängt nicht mit der Abstammung der jeweiligen Wissenschaftler zusammen. Umgekehrt sind Charlotte und Karl Bühler zu nennen. Charlotte Bühler, jüdischer Abstammung, hat sich nicht nur um die Entwicklungspsychologie des Jugendalters verdient gemacht. In seinen Lebenserinnerungen nennt Viktor Frankl sie ausdrücklich als jemanden, der sich aktiv um die freie Jugendberatung bemühte und in ihrer Privatwohnung Jugendliche unabhängig beraten habe. Charlotte Bühler war 1938 zufällig in London, als Österreich an das NS-Regime angeschlossen wurde. Ihr Mann wurde verhaftet, sie selbst emigrierte nach Norwegen, später gründete sie zusammen mit Carl Rogers die Humanistische Psychologie als eigenständige Strömung in der Psychologie, die sich deutlich vom Behaviorismus und der experimentellen Psychologie unterscheidet.

Mehrheitlich gilt aber, dass die Psychologie von den Nationalsozialisten als politisch bedeutsam und kriegswichtig eingeschätzt wurde und sie teilweise mit großem Erfolg Einfluss auf ihre Entwicklung, ihre Forschungsfragen und ihre Forschungsinstrumente genommen haben. Das Deutsche Institut für psychologische Forschung und Psychotherapie war mit der Entwicklung der deutschen Seelenheilkunde betraut, richtete sowohl psychotechnische, kriegsbedeutende und allgemeine psychotherapeutische und beratungspsychologische Schwerpunkte ein. Die Analyse des jüdischen Geistes war dabei immer auch ein Forschungsschwerpunkt (vgl. Lockot 1985, S. 196ff.).

Die pädagogische Psychologie orientiert sich am *Paradigma des Kritischen Rationalismus* (Wild / Gerber 2006, S. 17). Hier steht die empirisch-analytische Forschungslogik im Mittelpunkt: Hypothesenbildung, empirische Überprüfung, Falsifizierbarkeit, empirische Wahrheit. Die empirisch analytische Wissenschaftsauffassung will erklären. Methoden des Verstehens gehören nach Karl Popper der subjektiven Welt an und sind nicht mit den Mitteln der empirischen Instrumente überprüfbar. Da umgekehrt keine Beratung ohne das verstehende Gespräch auskommt, bedeutet die Entscheidung für den Kritischen Rationalismus als einziges Paradigma der pädagogischen Psychologie eine deutliche Engführung. Beratungswissenschaftlich haben wir es sogar mit einem gewissen Paradoxon zu tun. Alles, was der Psychologe oder die Psychologin im Gespräch mit dem Ratsuchenden versteht, erschließt oder exploriert, wäre sozusagen vorwissenschaftlich, weil es sich ausschließlich auf subjektive Dimensionen bezieht. Der Rat, die Erkenntnisse, die der Klient über das Spiegeln, das Verstehen und die Verbalisierung der emotionalen Erlebnisinhalte der Klienten erhält und gewinnt, wären wissenschaftlich nicht von Wert. Einzig die Ergebnisse der Diagnosen und Tests hätten eine Bedeutung. Die Paradoxie, die in dieser ausschließlichen Entscheidung für den Kritischen Rationalismus als Paradigma liegt, deuten Wild / Gerber (2006, S. 186) selbst an, wenn sie sich zur Wirkung der pädagogisch-psychologischen Beratung und der Erziehungsberatung nach den Maßgaben der pädagogischen Psychologie äußern. Hier räumen beide Verfasserinnen ein, dass Klienten die Erziehungsberatung auch dann positiv bewerten, Ratsuchende auch dann sehr zufrieden mit der Beratung seien, wenn sich keine Verbesserung der Probleme ergeben habe. Offensichtlich ist es für die Ratsuchenden auch ein Gewinn, sich über ihre Probleme einmal verstehend und ohne Schuld- und Schamgefühle aussprechen zu können. Die Hermeneutik ist jedoch für die Autorinnen Mittel zum Zweck (vgl. Wild / Gerber 2006, S. 150), um das in der Beratung notwendige Vertrauen aufzubauen. Ein Beratungsansatz ergibt sich im Rahmen der pädagogischen Psychologie dadurch jedoch nicht, auch nicht teilweise. Objektiv lässt sich die positive Wirkung der pädagogisch-psychologischen Beratung nicht leicht belegen. Insgesamt fehlt der pädagogischen Psychologie durch ihre Ausrichtung auf den Kritischen Rationalismus ein Zugang zur kindlichen und elterlichen Ratbedürftigkeit. Es hat den Anschein, als werde das naturwissenschaftliche Erklären der Probleme eines Kindes von den Eltern nicht ohne weiteres als Hilfe in ihrer Ratbedürftigkeit angesehen.

Und noch ein Argument sollte angeführt werden, um die Ausschließlichkeit, mit der sich die pädagogische Psychologie auf den Kritischen Rationalismus bezieht, in Frage zu stellen. In der Sozialwissenschaft geht der methodologische Trend längst hin zur *Methodentriangulation.* Dieser Ansatz ist die Konsequenz aus dem jahrzehntelangen Streit um die Berechtigung der verstehenden Methoden in den Sozialwissenschaften und um das *Verhältnis von Verstehen und Erklären*. Triangulation ist nach Heinz Günter Micheel (2010) eine Validierungsstrategie im Forschungsprozess, da jede Methode und jedes Paradigma besondere Schwerpunkte, Möglichkeiten und Grenzen der Erkenntnis hat. Bei der Triangulation werden verschiedene Methoden gegeneinander gesetzt, um eine vertiefte Erkenntnis zu gewinnen. Jede Methode (re-)konstruiert den Gegenstand ihrer Untersuchung auf ihre eigene Weise. Triangulation will dies überwinden und ist deshalb eine anerkannte Strategie für ein tieferes Verständnis und mehr Erkenntnis. Jeder Forschungsgegenstand wird deshalb von mindestens zwei Punkten aus betrachtet. Eine ausschließliche Entscheidung für ein Paradigma wie den Kritischen Rationalismus ist eigentlich nicht mehr zeitgemäß, hat weniger Gründe, zu einer möglichst validen Erkenntnis zu kommen, als vielmehr disziplinäre Gründe, die in der Abschottung einer Profession gegenüber einer anderen liegen dürften.

Neben diesen offenen Fragen an die pädagogische Psychologie ist deren Beratungskonzept für die Pädagogik auch ein Problem der Definition von professioneller Beratung. Aus der wissenschaftstheoretischen Entscheidung für die Diagnose/Diagnostik ergibt sich – ungeachtet der historischen Kritik an der Psychotechnik (z. B. Schrage 2004), der methodischen Bedenken vor allem hinsichtlich des Umgangs mit dem unverstandenen Material jedes Beratungsprozesses (Rosenthal 1995) sowie den pädagogischen Bedenken (z. B. Mader 1975) gegen psychotechnische Verfahren – eine ganz besondere Rolle des Beraters, die vor allem in den 1980er Jahren im Rahmen des Funkkollegs *Beratung in der Erziehung* ansatzweise in der Erziehungswissenschaft problematisiert worden ist (Hornstein 1977).

Beratung bedeutet, so wie es Wild / Gerber in ihrem Lehrbuch zur pädagogischen Psychologie darlegen, vor allem die *Anwendung der Diagnoseinstrumente auf das Kind*. Dieses Professionsmodell hat sich seit den 1970er Jahren demnach kaum verändert. Die Beratung besteht aus einem Vorgespräch, der Diagnose und den Maßnahmen. So wird es von Wild / Gerber (2006, S. 144ff) in ihrem Lehrbuch zur pädagogischen Psychologie jedenfalls vertreten.

Im Rahmen des Funkkollegs *Beratung in der Erziehung*, Bd. 1“ (vgl. Bastine / Junker / Hornstein 1977) wurden schon früher psychologische Beratungsmodelle unter dem Dach der Pädagogik besonders reflektiert. Vor allem in der schulbezogenen Beratung hat Walter Hornstein den Entwurf verfolgt, diese Beratungsform, wie sie auch von Kurt Aurin (1980) vertreten wurde, in Zusammenhang mit der Schullaufbahnberatung zu bringen. Es war die Hoffnung des Funkkollegs, dass in einem reformierten Schulsystem, welches durchlässig und gerecht ist, Psychologen und Pädagogen im Rahmen der pädagogischen Beratung zusammenarbeiten könnten. In einem reformierten Schulsystem wohlgemerkt, mit einer begleitenden pädagogischen Beratung, so wie es der Bildungsrat 1970 angestrebt hat. Dass sich ein Beratungsverständnis, in dessen Mittelpunkt psychologische Diagnose steht, vor allem im Kontext eines hoch selektiven Schulsystems meist als Allokationsinstrument erweist und die Schullaufbahn vor allem im unteren sozialen Milieu zu Gunsten einfacher Bildungsgänge und damit der Reproduktion sozialer Ungleichheit beeinflusst, ist nicht nur in PISA wieder festgestellt worden. Die Bedenken gegen diese Art der Beratung als Anwendung von Diagnose und Umsetzung in den Maßnahmen sind nun folgende:

- Erstens sind die Diagnosen querschnittsorientiert im Gegensatz zu längsschnittorientierten und erlauben nur in geringem Maße Prognosen zur weiteren Entwicklung von Kindern.
- Zweitens führt der ausschließliche Bezug auf die Diagnoseinstrumente zum Wegstrukturieren des unverstandenen Materials, welches in jeder Beratung anfällt.
- Wegstrukturiert werden ebenfalls die subjektiven Dimensionen, also das, was Eltern berichten und was ggf. nicht zum Testergebnis passt und deshalb als subjektive und parteiliche Elternmeinung aus dem Diagnoseprozess heraus fällt.
- Schließlich ist die psychologische Beratung, gekoppelt mit einer manchmal quasi amtlichen Positionsrolle z. B. in der Schule bzw. der Schulverwaltung, in der Arbeitsverwaltung und in der Jugendhilfe, eine deutliche Zuspitzung von amtlicher Macht. Den psychologischen Beratern bzw. beratenden Psychologen kommt es zu, über Lebenswege zu entscheiden.

Die Professionsrolle in der pädagogischen Beratung, so sie dem Modell der pädagogischen Psychologie folgt, ist deshalb professionssoziologisch zu betrachten. Um noch einmal an Foucault zu erinnern, der jede Wissensbeziehung immer auch als Machtbeziehung angesehen hat, bedarf es deshalb, gerade wegen der paradigmatischen Entscheidungen der pädagogischen Psychologie, einer ethischen Fundierung, denn es handelt sich hier eben nicht um ein Beratungsmodell mit einem guten Rat in der Erziehung, sondern um eine Beratung, die sich vor allem auf objektivierende Instrumente stützt, phänomenologische und narrative Dimensionen des Beratungsprozesses wegstrukturiert und deshalb *das Vertrauen der Klienten* zumindest durch einen eigenen Kontrakt *sicherstellen muss.* Eine zweite Dimension ist die ethische Fundierung, so wie sie von Carl Rogers in Anlehnung an Martin Buber formuliert wurde. Nach Buber kann Beratung als Gespräch sich nur im Rahmen von Ich und Du, niemals im Rahmen von Ich und Es entfalten. Die Frage von Ich und Du vs. Ich und Es ist besonders von Bedeutung, da auch Wild / Gerber die Gesprächsführung nach Rogers im Beratungsprozess für unabdingbar halten (vgl. S. 143). Gleichwohl kann man verstehende und hermeneutische Gesprächsführungen nicht ohne Weiteres in ein Setting von Beratung integrieren, welches andererseits so viel professionelle und häufig auch – wie z. B. in der amtlichen Beratung – formale Macht vereinigt (vgl. dazu auch Gröning 2011). Bisher hat sich die Psychologie zu diesen Kontexten vollständig blind verhalten.

Als weitere Säulen in der pädagogischen Psychologie und ihrer Beratung werden von Wild / Gerber (2008) verhaltensmodifizierende Trainings wie z. B. Konzentrationstraining, Intelligenztraining, Motivationstraining, Präventionstraining, Elterntraining etc. genannt. Der Beratungsprozess setzt sich also zusammen aus einem explorativen Erstgespräch, dessen Bedeutung unklar bleibt, den Anwendungen der Diagnosen und der Überleitung in Maßnahmen von Förderdiagnostik und Verhaltensmodifikation. Dieser Beratungsprozess ist schon 1980 von Kurt Aurin beschrieben worden und in allen beratungswissenschaftlich ernstzunehmenden Kritiken (vgl. Bude 1988, Schmitz / Bude / Koch 1989) zurückgewiesen worden. Nur ist diese beratungswissenschaftliche Kritik in der pädagogischen Psychologie bis heute nicht angekommen.

6.3 Zwischen öffentlicher Funktion und personenbezogener Beratung

Muss die Frage nach dem Eigentlichen, dem Proprium der pädagogischen Beratung, so wie sie sich innerhalb der Erziehungswissenschaft entwickelt hat, beantwortet werden, so ist auf die Schwäche hinzuweisen, dass ihre Entwürfe seit den 1960er Jahren sich zunächst mehr in Gesellschaftskritik, gekoppelt mit einigen phänomenologischen und psychoanalytischen Methoden, erschöpft haben. Zwar verfügt die pädagogische Beratung damit über eine ethische Fundierung und eine Gesellschaftstheorie. Vieles bleibt jedoch offen. In der Beratungspraxis hat sich vor allem seit den 1970er Jahren eine sogenannte *alternative Beratung* etabliert, weit weg von der amtlichen und halbamtlichen Beratung, wie sie z. B. von der pädagogischen Psychologie in Erziehungsberatungsstellen, bei der Arbeitsagentur, in der Schulverwaltung etc. vertreten wird: Frauenberatung, feministische Beratung mit den Schwerpunkten Gewalt und sexueller Missbrauch, einige Formen der offenen Jugendberatung auch im Zusammenhang mit sexualpädagogischer Beratung und Aidsprävention, das Feld der interkulturellen Beratung, verschiedene Felder der Seniorenberatung.

Dies sind nur einige Felder pädagogischer Beratung, in denen wissenschaftlich ausgebildete Pädagogen Fuß gefasst haben. Gleichwohl bleibt methodisch und bezogen auf den Beratungsprozess, bezogen auf Beratungsforschung und theoretische Fundierung noch einiges zu tun, um die pädagogische Beratung als professionellen Handlungstypus zu begründen. Folgende Problemdimensionen können dabei für eine erziehungswissenschaftliche Beratungswissenschaft aus einer historischen Perspektive benannt werden:

Für die pädagogische Beratung bedeutsam sind zwei politische Reformbewegungen, die ihren Ausgangspunkt in den 1960er Jahren haben: die *Bildungsreform*, die in Empfehlungen des deutschen Bildungsrates auch zur Beratung im Bildungswesen mündete und die *Psychiatriereform* bzw. *Psychiatrieenquete*, die bedeutsam für die konzeptionelle Entwicklung einer alltagsorientierten und lebensweltorientierten Beratung ist. Es blieb aber bei beiden großen politischen Reformen im Hinblick auf die pädagogische bzw. sozialpädagogische Beratung bei Entwürfen. So mündeten die Empfehlungen des Deutschen Bildungsrates oder der Psychiatrieenquete nicht in größere Umsetzungsprogramme speziell zur Beratung. Im Gegenteil, die Reformen des Bildungswesens scheiterten finanziell und politisch und die Reform der Psychiatrie zog sich in die Länge. Auch an der Basis der Pädagogik, also in den Schulen und Institutionen und in der Öffentlichkeit, schienen sich andere Schwerpunkte herauszubilden. Hervorzuheben ist hier die breite Rezeption der humanistischen Psychologie und der Gruppendynamik in der Pädagogik bzw. in den pädagogischen Berufen.

Mit ihrer Fokussierung auf Phänomenologie, die humanistische Psychologie und die soziologisch fundierte Gesellschaftskritik hat sich die pädagogische Beratung methodisch unabsichtlich in die Nähe von (hermeneutisch fundierter) Therapie gebracht. Historisch weist die humanistische Psychologie eine gewisse Nähe zur Gesellschaftskritik der Nachkriegszeit auf. So hat zum Beispiel Carl Rogers, der auf Einladung von Annemarie und Reinhard Tausch Deutschland besuchte, seine Theorie des Verstehens deutlich unter eine demokratische Gesellschaftsverfassung gestellt. Auch Reinhard Tausch hat immer wieder darauf hingewiesen, dass es in der Nachkriegszeit um die Überwindung der antidemokratischen, autoritären Kommunikation vor allem in der Erziehung ging (vgl. Tausch / Tausch 1978, Gröning 2010, 2011). Ganz deutlich hat Reinhard Tausch sein Lebenswerk, die Verbreitung der Idee der humanistischen Psychologie als Kultur der Demokratisierung der Kommunikation verstanden. Gerade an seinem Beispiel zeigt sich, wie sehr Angehörige dieser Generation von Wissenschaftlern, geprägt durch Kriegstraumatisierung und Kriegsverletzung, auch in der Wissenschaft nach einer Überwindung der NS-Alltagskultur suchten.

Innerhalb der pädagogischen Beratung hat es in den 1960er Jahren durchaus Versuche gegeben, um die Problematik der jugendlichen und kindlichen Ratbedürftigkeit herum Konzepte zu erarbeiten. Hervorzuheben ist vor allem der Ansatz von Thea Sprey (vgl. dazu auch Gröning 2011), die auf der Basis von Mollenhauers Ansatz ein sehr fundiertes Konzept pädagogischer Beratung für Kinder und Jugendliche entworfen hat. Jedoch geriet dieser Ansatz innerhalb der Erziehungswissenschaft an den Rand und wurde überrollt von der großen Welle der Bewegung der humanistischen Psychologie, die Gaertner (1995) etwas abfällig den „Psychoboom" genannt hat.

Aus heutiger Sicht kann man mit der geistigen Situation der 1970er Jahre, die als Epoche der Psychologisierung verstanden werden kann, auch anders umgehen, als sie als Psychoboom und Entpolitisierung zu bezeichnen und zu entwerten. Die Selbsterfahrungsbewegung in den 1970er Jahren, die Bedeutung der Gruppendynamik, die Konjunktur der humanistischen Psychologie erleichterte auch in der Pädagogik die Wende hin zum *demokratischen Erziehungsstil* und zur Wiederentdeckung der *antiautoritären Erziehung und der Reformpädagogik.* Dies lässt sich nicht voneinander trennen. Der kollektive Wunsch nach Therapie, nach Psychohygiene in der jungen Generation dürfte deutlich mit den Spätfolgen des Zweiten Weltkrieges zu tun haben, so wie sie heute in der Debatte um die transgenerationale Weitergabe der Kriegstraumatisierung aufscheinen. Insofern wäre die Wende in der Erziehungswissenschaft hin zur Nachbardisziplin Psychologie und hin zu einer therapeutischen Auffassung von Erziehung zu erklären mit der Tatsache, dass einerseits in den 1960er Jahren schon die Kriegsfolgen vor allem bei Kindern und Jugendlichen als verarbeitet galten (vgl. Radebold 2009) und das Kapitel Krieg und

Kriegsfolgen als abgeschlossen galt und verdrängt wurde. Andererseits wird heute bewusst, dass die Generation der Kriegskinder, also die Jahrgänge zwischen 1935 und 1945, sich ihr ganzes Leben mit den psychischen Folgen ihrer Kriegserlebnisse herumschlagen. Die im Krieg geborenen Kinder waren 1969 etwa 30 Jahre alt, also im jungen Erwachsenenalter und haben entsprechend in den Folgejahren die Alltagskultur in Deutschland mitbestimmt. Die große Bedeutung, die auch in der Erziehungswissenschaft die Debatte um eine Erziehung nach Auschwitz hatte, hat die Erkenntnisbildung in der Erziehungswissenschaft deutlich beeinflusst. In der Erziehungswissenschaft bildete sich eine Wissenschaftstheorie heraus, die stark in der Kritischen Theorie wurzelte und hier anknüpfte. Entsprechend entwickelte sich die Erziehungswissenschaft noch einmal anders als z. B. die Psychologie.

In den 1980er Jahren ist der Mangel an Forschung und Methodologie in der Erziehungswissenschaft als Problem der Disziplin zunehmend bewusst geworden. Ähnlich wie in der Soziologie gab es ein wachsendes Bewusstsein darüber, dass die Forschung nicht nur aus dekonstruktiven Methoden bestehen konnte. Im Bereich der Beratung entstanden Konzepte wie das von Thiersch zur Lebenswelt und lebensweltlichen Beratung, zur Alltagstheorie und zum sozialen Milieu, die jedoch allgemein gehalten waren. Diese Ansätze, die für die pädagogische Beratung trotz ihrer Allgemeinheit, bedeutend sind, integrieren Gesellschaftskritik, vor allem Institutionskritik z. B. an der Psychiatrie, an den amtlichen Strukturen, an der Schule etc. und weisen gleichzeitig darüber hinaus. Sie stellen aber noch keine Methoden pädagogischer Beratung dar. Die in den 1980er Jahren noch vielversprechende Forschung zu alltagstheoretischen Fundierung, z. B. von Nestmann / Tappe (1979) hat heute ihre gesellschaftskritische Fundierung verloren. Gerade Frank Nestmann und die ihm verbundenen Beratungswissenschaftler haben sich vollständig der systemtheoretischen Wende unterzogen und propagieren heute ressourcen- und lösungsorientierte Beratung (vgl. Nestmann 1999 etc.).

Das Verständnis von *Beratung als trivialisierte Therapie* ist weiter vorangeschritten, jedoch werden heute statt humanistischer Methoden vor allem systemische Methoden bevorzugt, die sich wiederum sehr gut in administrative Programme und Konzepte des aktivierenden Staates einfügen lassen. Die neuen Zweige der Bildungsberatung, der sozialpädagogischen Beratung und der berufsbezogenen Beratung wie Supervision und Coaching sind von diesen *lösungsorientierten Ansätzen* durchzogen.

Die Mischung aus alten Methoden der humanistischen Psychologie und neueren systemischen Methoden bzw. Techniken wie das NLP etc. werden heute meist außerhalb der Wissenschaft von privaten Institutionen vertreten, in deren Mittelpunkt große postgraduierte Ausbildungen stehen. Hier sind die universitär ausgebildeten Pädagogen und Pädagoginnen bevorzugte Kandidaten, die jedoch auch nach langen Zusatzausbildungen kaum Aufnahmen in die entsprechenden Fachgesellschaften finden können, weil ihnen das entsprechende Studium fehlt.

7. Felder der pädagogischen Beratung

7.1 Sozialpädagogische Beratung

Annemarie Bauer

Verfolgt man die Entwicklungslinien sozialpädagogischer Beratung in Deutschland, so lässt sich ihr Beginn in die 1960er Jahre zurückverfolgen und zwar mit einem Schwerpunkt auf den Methoden Sozialer Arbeit, der für die Überwindung der Bewahrpädagogik der 1950er Jahre wesentlich wurde. Eine besondere Bedeutung dürfte dabei dem Entwurf von Klaus Mollenhauer 1964 in seinem Klassiker *Einführung in die Sozialpädagogik* zukommen. Dieser enthält „Grundaussagen über die sozialpädagogische Theorie der Beratung und Hilfe, die später im Buch ‚Führung und Beratung in pädagogischer Sicht' (Mollenhauer / Müller 1965) in Mollenhauers Abhandlung mit dem Titel ‚Das pädagogische Phänomen Beratung' größtenteils wieder aufgenommen werden" (Spahn 2009, S. 11).

Beratung hat sich seitdem neben den Methoden *Case-Work, Group-Work* und *Gemeinwesenarbeit* faktisch als vierte Methode der Sozialen Arbeit platziert und in der Praxis diese Methoden teilweise auf die hinteren Plätze verdrängt. Vor allem die theoretische Fundierung der Sozialen Arbeit wie „Soziale Arbeit als Dienstleistung" oder die Diskussion um eine marktförmige Soziale Arbeit oder eine systemische Soziale Arbeit haben Einfluss auf die Methoden und lassen klassische Methoden wie Gemeinwesenarbeit oder Gruppenarbeit als antiquiert erscheinen, wohin gegen die Beratung als Methode sich sehr gut in die Modernisierungsentwicklungen Sozialer Arbeit einzufügen scheint.

7.1.1 Historische Entwicklungslinien

Betrachtet man die Geschichte der Sozialen Arbeit, kann man zwei Entwicklungslinien herausarbeiten:

- Jugendfürsorge, Jugendwohlfahrtspflege und Jugendhilfe
- Armenpflege, Wohlfahrtspflege und soziale Fürsorge

Das Erstere war bislang verdeutlicht in dem Konstrukt *Sozialpädagogik*, das Zweite in dem Konstrukt *Sozialarbeit.* Wie die Studiengangsbezeichnungen zeigen, wurde diese Unterscheidung aufgegeben zugunsten eines gemeinsamen Themas: *Soziale Arbeit.*

Historisch liegt der Ausgangspunkt von Sozialer Arbeit darin, dass eine Reduzierung und Schwächung sozialer Lebensformen, die für Kinder, Jugendliche, Alte und Schwache Schutz versprachen, wahrgenommen wurde. Ob es diesen Schutz tatsächlich gab, lässt sich zwar nicht sagen, dennoch wurde den pädagogischen Institutionen wie Familie und Schule eine Schutzfunktion zugeschrieben bzw.

zugebilligt. Dies war vermutlich eher eine normative Zuschreibung, historisch ohne jede Kontrolle des gesellschaftlichen Systems. Die Fürsorge für die heranwachsenden Generationen und die Hilfestellung bei Armut sind Produkte der vergangenen hundertfünfzig Jahre – wobei wir die Diskussion, ob die Familien geschwächt wurden oder ob der Auftrag niemals Bestandteil westlicher Gesellschaften war, hier nicht führen wollen.

Aus geschichtlicher Sicht kann man also festhalten: Die Sensibilität für Lebensformen und „gutes Leben" verschiedener Gruppen einer Gesellschaft entstand erst in 19. Jahrhundert und wurde aus unterschiedlichen Beweggründen in den unterschiedlichsten Bereichen sowohl von der Philosophie als auch von der Praxis her in Angriff genommen – nicht ohne ausgesprochen massive und heute nicht mehr akzeptable Interventionsformen zu entwickeln. Sie ist entstanden als Antwort auf die damals aktuellen sozialen Fragen bzw. auf die Wahrnehmung sozialer Fragen überhaupt. Die unübersehbar gewordenen und mit mehr Sensibilität wahrgenommenen Probleme der Marginalisierung, der Ungleichheit, der Unterschichtung, der Industrialisierung und ihrer sozialen Folgen etc. führten von der Barmherzigkeit und der persönlichen Hilfe bei Armut zu einer *Teilnahme an sozialen Bewegungen.* Daraus haben sich Pädagogiken für Kinder und Jugendliche, Hilfesysteme für (von Armut betroffene) Familien, Hilfe für behinderte Menschen und weitere Gruppen entwickelt.

Wichtig für die Entstehungsgeschichte der Sozialen Arbeit sind *Normalitätsvorstellungen,* die mit einbezogen werden müssen in die Überlegungen, was sozialpädagogische Beratung eigentlich zu leisten hat, wo ihre Probleme liegen und mit welchen Widersprüchen sie umzugehen hat. Das hat dazu beigetragen, dass aus der Forderung eines „guten" Lebens für alle und von allen eine Forderung nach einem „richtigen" Leben wurde – was ja eine *Akzentverschiebung in Richtung Kontrolle und Druck* bedeutet. Gerade die historischen Forschungen zeigen die unterschiedlichsten Normalitätskonzepte und -ansprüche. Was „gutes" und „richtiges" Leben sei, ist immer in den Kontext gesellschaftlicher Lebensformen, Normen und Gültigkeiten zu stellen und damit grundsätzlich relativ.

1987 haben Hans Thiersch und Thomas Rauschenbach u. a. zentrale Bereiche der Sozialen Arbeit definiert. Berücksichtig werden müssen:

- Gesellschaftstheoretische Überlegungen, die die Funktion und die Aufgabe von Sozialarbeit bestimmen;
- Lebenslagen und Lebensperspektiven der Adressaten Sozialer Arbeit, die sich ändern, entwickeln oder rückentwickeln und neue Probleme schaffen oder alte reduzieren können;
- Formen der Institutionalisierung, da sie den Aufgabenzuschnitt, den Theorieansatz und die Methodenauswahl bestimmen, deren Vielfalt entwickelt und problembezogen differenziert werden muss;
- Reflexion der Sozialpädagogik und Sozialen Arbeit als Wissenschaft, weil sie sonst im Ausleihverfahren anderen Wissenschaften (Soziologie, Psychologie

und Ökonomie u. a.) verhaftet bleibt und den eigenen Fokus und die eigenen Methoden in Abhängigkeit von Theorien vernachlässigt.

7.1.2 Gegenstand Sozialer Arbeit

Gegenstand Sozialer Arbeit sind soziale Probleme, die bei Individuen beobachtbar sind, aber nicht nur durch Individuen produziert werden, sondern im Zusammenhang von Sozialstruktur und Kultur entstehen. Die Probleme beziehen sich also auf soziale und kulturelle Barrieren, auf problematische oder strukturell begrenzte Chancen und Teilhaben. Sie müssen in Abhängigkeit von der gesellschaftlichen Position oder Randlage der Individuen oder Familien verstanden werden. Oft genug erschweren oder verunmöglichen diese Strukturen und Zugangsmöglichkeiten es den Einzelnen, die individuellen (oder familiären) Bedürfnisse dank eigener kognitiver wie praktischer Anstrengungen zu befriedigen.

Die individuellen Nöte können sich auf Folgendes beziehen:

- Geringe oder fehlende sozioökonomische Ausstattung (Bildungs-, Beschäftigungs-, Einkommensniveau, Statusungleichgewichte), fehlende sozialraumbezogene Infrastruktur;
- reduzierte und wenig ausdifferenzierte Erkenntnis- und Handlungskompetenzen;
- reduzierte Anpassung und breite Sozialisation, wie es z. B. im sozial abweichenden Verhalten seinen Ausdruck findet;
- problematische Selbst-, Fremd- und Gesellschaftsbilder: Vorurteile, Schichtunterschiede, Geschlechterbilder, Rassismus;
- fehlende soziale Mitgliedschaften, soziale Isolation oder erzwungener Ausschluss.

Im Zusammenhang mit sozialen Interaktionsfeldern und Systemen sind es u. a. Probleme

- der fehlenden Reziprozität bei Austauschbeziehungen,
- der gestörten oder verhinderten Kooperation,
- der Ressourcenverteilungsregeln; diese können diskriminierend-privilegierend, ausschließend, ausbeutend und/oder gewaltfördernd sein,
- der kulturellen und subkulturellen Ausgrenzung und/oder Kolonialisierung,
- der Radikalisierung als möglicher Antwort auf Ausgrenzungen und Verweis auf geschlossene Subgruppen,
- der Ungerechtigkeit und der sozialen Regelungen der Machtverteilung,
- der willkürlichen Kontrollen und Sanktionen sowie der zwischenmenschlichen oder sozial organisierten Gewaltausübung.

Heute sind viele der sozial(pädagogisch) relevanten Probleme nicht mehr hausgemacht, d. h. in der eigenen Gesellschaft und durch die eigene Gesellschaft entstanden, sondern durch die *Transnationalisierung bzw. Globalisierung* entstanden und/oder erschwert. Das bezieht sich auf nahezu alle Arbeitsfelder der Sozialen Arbeit, seien es Armut und Erwerb durch Arbeit, Krankheiten und Diskriminierung, Migration und Vertreibung. Von daher hat sich auch die Disziplin der Sozialen Arbeit vermehrt weiteren Wissenschaften zuwenden müssen: neben der Psychologie und Soziologie braucht sie Wissen aus Politologie, Ökonomie, Ethnologie, Jura, aber auch aus Philosophie, vor allem aus der Ethik.

Als *Handlungswissenschaft* muss sie wissenschaftsbasierte Arbeitsweisen und Methoden zur Milderung und Lösung sozialer Probleme entwickeln. Die klassischen Arbeitsweisen sind die Ressourcenerschließung (Sozialarbeit) und die Förderung von Lernprozessen (Sozialpädagogik). Neu hinzugekommen sind, je nach Problemsituation und auch in Kombination: Case-Management, Bewusstseinsbildung, interkulturelle Verständigung, Partizipationsförderung, Netzwerkarbeit, Mediation, Gewaltprävention, Arbeit mit Traumatisierten, Empowerment, Demokratisierungs- und Menschenrechtsarbeit und anderes mehr. Beratung ist in diesem Kontext eine Methode, die in vielen Bereichen eine Rolle spielt.

> Soziale Arbeit hat eine gesellschaftliche und eine individuelle Funktion: Einerseits hat sie den Auftrag, sozial entstandene, sich individuell, familiär oder gruppenbezogen (z. B. auf Jugendliche) auswirkende Probleme zu lindern und zu lösen – und dies nicht nur individuell, sondern auch im gesellschaftlichen Kontext. Andererseits soll sie Klienten bzw. Klientinnen befähigen, individuelle Kompetenzen zu erwerben, um selbst gesellschaftliche Ressourcen zu erschließen. Ziel ist, die eigenen Aufgaben zu bewältigen und Bedürfnisse zu befriedigen. Hier stehen Lernaufgaben im Vordergrund, die auch durch Beratung erworben werden sollen. Das besondere Merkmal oder gar das Alleinstellungsmerkmal Sozialer Arbeit im Vergleich zu anderen Beratungsverfahren ist, dass es rechtliche Rahmenbedingungen gibt, die sowohl Rechte als auch Verpflichtungen vorgeben. Das Sozialrecht gibt den Rahmen für Ressourcen vor, die eingefordert werden können, und das Kinder- und Jugendhilfegesetz (KJHG) gibt den Rahmen für Verpflichtungen, aber auch für Sanktionen vor, wenn bestimmte Aufgaben, z. B. der pädagogische Umgang mit Kindern und Jugendlichen, nicht gewährleistet sind. Soziale Arbeit fördert die Einlösung legitimer Rechte und besteht auf der Einlösung zumutbarer, legitimer Pflichten.

Soziale Arbeit ist gekennzeichnet durch *Allzuständigkeit.* Weil es insgesamt um die Lebenspraxis und Lebenswelt der Klientin oder des Klienten geht, sind keine einzelnen Arbeitsfelder definiert. Soziale Arbeit bringt ihre spezifischen Fragestellungen vielmehr in die verschiedensten Lebensbereiche ein. Der Nachteil dieses Ansatzes ist das fehlende Monopol, das andere Berufsgruppen durchaus haben. Die Allzuständigkeit (und Alltagszuständigkeit) der Sozialpädagogen bezieht sich auf die vielfältigen Themen des Alltags: von finanziellen Problemen, Suchtproblemen, Erziehungsfragen bis hin zu problematischen Paar- und Familienbeziehungen. Die Komplexität möglicher Themen hat Auswirkungen auf die praktizierten Handlungsansätze: Typisch ist vielmehr ein eklektizistischer Umgang mit unterschiedlichsten theoretischen und methodischen Ansätzen.

Nando Belardi (1996) und Wolfgang Rauschenbach (1992) sprechen davon, dass Soziale Arbeit und Sozialpädagogik an Bedeutung zunehmen, das sich die Entscheidungs-, Konflikt- und Problemsituationen vergrößern, der Beratungsbedarf von Klientinnen und Klienten selbst sensibler wahrgenommen wird, weil die Netzwerke nicht immer genügend Unterstützung bieten können. Soziale Arbeit kann ohne Normen und einen Normalitätsanspruch nicht auskommen.

Die Bedeutung der Sozialen Arbeit hat aber auch mit der Berufsgruppe selbst zu tun: Weil es diese Berufsgruppe gibt, die ihr Handlungsfeld genau aus dieser Problematik generiert und darüber ihre *Professionsbedeutung* ableitet, gibt es auch Handlungsfelder! Diesen Widerspruch in sich teilt die Soziale Arbeit mit anderen therapeutischen Professionen – der Therapiemarkt z. B. ist auch vom Vorhandensein vielfältiger Therapieformen abhängig. Da Lebensschwierigkeiten von Klienten im Rahmen Sozialer Arbeit häufig nicht „lösbar“ oder „behebbar“ sind oder wenn bereits sogenannte „deviante Bewältigungsformen“ vorliegen, muss sich Beratung oft darauf beschränken, Schwierigkeiten zu reduzieren und zu mildern oder einen Beitrag zu leisten, dass mit den Folgen von Problemen besser umgegangen und gelebt werden kann.

7.1.3 Alltag und Beratung

Sozialpädagogische Beratung ist wesentlich durch ihren Bezug auf den Alltag der Klienten gekennzeichnet, sie ist im Kern *alltagsorientierte Beratung* (Thiersch 1977). Ihr Kompetenzbereich ist nicht klar definiert, sondern unklarer konturiert als psychologische Beratungen, wie z. B. die Erziehungsberatung (3 28 KJHG) oder Psychotherapien. Letztere sortieren sich interessanterweise nicht nach Problemlöseaufgaben, sondern weitgehend nach theoretischen und methodischen (oder ideellen bis ideologischen) Schulen. Häufig erhoffen sich Ratsuchende von professionellen Helfern einfache Ratschläge oder Anleitungen, um schwierige Situationen besser meistern zu können. Sozialpädagogische Beratung zielt jedoch auf die Förderung und (Wieder-)Herstellung der *Bewältigungskompetenzen der Klienten selbst* und ihrer sozialen Umwelt, ohne ihnen die eigentliche Problemlösung abnehmen zu wollen. Der Bezug auf die Lebenswelt der Klienten bedeutet, sich in der Beratung mit einem sehr komplexen Gebilde auseinanderzusetzen. Die Interdependenz der Lebensbereiche ist nicht selten multiproblembehaftet.

Der Bezug zur „Lebenswelt" hat sich in der Sozialen Arbeit zu einem Paradigma mit großer Bedeutung entwickelt. Wegweisend ist hier Hans Thiersch (1977), der folgendes Verständnis von Alltag und Lebensalter anbietet:

Alltag ist nach Thiersch (1977) der Schnittpunkt gesellschaftlicher Strukturen und individueller Biografien, quasi als konkrete Verdichtung gesellschaftlich fundierter Erfahrungen im Fokus des vorfindbaren Lebensarrangements: Die in Widersprüchen der modernen Gesellschaft angelegten Konflikte, Sinnverlust, Apathie, Insuffizienzen usw. zeigen sich unmittelbar im Alltag der Betroffenen, in der Komplexität der politischen, psychologischen, rechtlichen, sozialen Schwierigkeiten. Diese Konflikte waren immer Gegenstand sozialpädagogischer Beratung.

Thiersch (1977) definiert drei Merkmale von Beratung allgemein:

1. Ein Teilnehmer aus der Beratungsinteraktion soll aus dem jeweiligen Geschehen Nutzen ziehen, während der andere Teilnehmer als „Mittel der Veränderung" akzeptiert wird. In der Alltags-Beratung werden diese Rollen häufig gewechselt, während sie in der professionell beschriebenen Beratung meist fixiert sind.
2. Die jeweiligen Problemlagen werden verbal repräsentiert und die Problemlösung als verbale Botschaften in den Interaktionsprozess eingebracht; einem Wechselspiel von gegenseitigem Sprechen, Hören und Verstehen.
3. Probleme, so definiert Thiersch, dürfen ein mittleres Maß nicht überschreiten, d. h. das zu beratende Individuum muss wenigstens noch so weit funktionsfähig sein, dass es die aus der Beratung resultierenden Lösungsansätze übernehmen und umsetzen kann.

7.1.4 Zwischen Hilfe und Kontrolle: das Konzept der advokatorischen Ethik

Der Fokus der Sozialen Arbeit liegt auf Menschen, die mit gesellschaftlichen Anforderungen, die an sie und ihr Leben gestellt werden, in einem oder mehreren Bereichen nicht klarkommen: Sie verstoßen sozusagen gegen die Norm der Lebensbewältigung, halten übliche Formen des Zusammenlebens nicht ein, erfüllen Standards nicht, wie z. B. die Standards des Sorgens und Versorgens (in der Familie), und des Handelns in gesellschaftlich geforderten Handlungsbereichen (wie z. B. Gelderwerb durch Arbeit und/oder Berufstätigkeit), die wir als verbindlich und als „normal" anerkennen. Sie bedürfen der Hilfe für ihr soziales Leben, damit sie z. B. ihren Kindern bessere Bedingungen schaffen, gut in die Welt hineinzuwachsen.

Es geht, wie beschrieben, um das „richtige", sogar um das „gute" Leben. Wenn man dies nicht allein philosophisch betrachten will, so geht es um *das normative Leben*, um Lebensformen, die derzeit in dieser Gesellschaft erfüllt werden sollen oder die umgekehrt als defizitär anerkannt werden. Damit stellt sich die Frage: *Wer darf auf Grund welcher Überlegungen, Richtlinien oder gar Gesetze regulierend oder gar sanktionierend in das Leben anderer eingreifen? Und wie darf man eingrei-*

fen? Sozialgesetze z B. definieren Ansprüche von Menschen, aber auch Pflichten. Aber wie mit diesen Ansprüchen und Pflichten umzugehen ist – das muss gut reflektiert sein und in Methoden, z. B. Beratungskonzepte, einfließen. Mit dem Konzept der „advokatorischen Ethik" schafft Micha Brumlik (2004) einen Rahmen, der für die Beratungsdiskussion in der Sozialen Arbeit und Sozialpädagogik eine große Relevanz haben dürfte. Brumlik beschreibt einen Dreischritt: Moral – Ethik – advokatorische Ethik.

Um den Begriff der *Moral* zu klären, beziehen wir uns mit Brumlik – in aller Kürze – auf Immanuel Kant. Nach dessen Theorie des moralischen Handelns sind Menschen autonome vernünftige Wesen, die andere ebenfalls als mit Würde ausgestattete Personen behandeln. Diese entsprechende Behandlung der Anderen sei eine unbedingte Pflicht aller Menschen, eine Pflicht, die uns alle bindet.

Davon wird in der philosophischen Diskussion der Begriff der *Ethik* unterschieden. Der Ethik geht es nicht so sehr um das, was moralisch auf jeden Fall geboten, verpflichtend und gerecht ist. Die Ethik stellt vielmehr die Frage nach dem „guten Leben". Und genau da fängt das Problem der Sozialen Arbeit und damit auch der Beratung an: Wer definiert das „richtige", das „gute" Leben? Gibt es zur Beurteilung dessen, wie Menschen leben sollen und leben wollen, in der Moderne und der Postmoderne wirklich (noch) klare Kriterien, anhand derer man beurteilen kann, wie gut oder wie schlecht, wie kompetent oder inkompetent, wie individuell oder wie antisozial usw. ein Leben ist?

Die *advokatorische Ethik* bei Micha Brumlik ist eine Ethik, die realistischer ist und sein soll als die kantianische. Vielleicht ist sie realistischer, weil Menschen in der Wirklichkeit des Lebens nicht aus einer Gruppe vernünftiger, gleichberechtigter Subjekte bestehen, die einander wie Rechtsgenossen in einer politischen Gemeinde Rechte zubilligen, ethisch gut und reziprok miteinander umgehen und sich lieben und achten. Der Ausgangspunkt der advokatorischen Ethik ist die Nicht-Reziprozität von Beziehungen, die *Asymmetrie von Beziehungen*, wie sie in Alltagssituationen z. B. der Familie zu finden sind – bezogen auf Eltern und Kinder, Erwachsene und sehr alte Menschen – aber auch in professionellen Beziehungen, z. B. bei geistig oder psychisch behinderten Menschen, aber auch in Beratungsbeziehungen. Dann muss nämlich geklärt werden, nicht nur in welchem gesetzlichen Rahmen, sondern auch unter welchen ethischen Bedingungen Menschen bevormundet werden können oder gar müssen, ob und wie stellvertretend in ihrem Namen oder gar gegen ihren Willen für sie (oder gegen sie) gehandelt werden darf. Die Unfähigkeit anderer erlaubt es, ja kann Professionelle dazu verpflichten, sich nicht von der Einsicht der Klienten, sondern von einer übergeordneten Einsicht und Entscheidung leiten zu lassen und zu „intervenieren".

Wir müssen nicht nur von unterschiedlichen Kategorien der *Mündigkeit* ausgehen (Kinder sind noch unmündig, hochbetagte gerontopsychiatrische Patienten sind nicht mehr mündig), sondern berücksichtigen, dass wir es auch mit Menschen zu tun haben, die aus anderen Gründen ihren menschlichen Pflichten im Umgang mit anderen nicht nachkommen (können). Im Extremfall wird ihnen nach Maßgaben des Bürgerlichen Gesetzbuches auch die *Geschäftsfähigkeit* abgesprochen. Im leichteren Fall werden sie Klientinnen und Klienten der Sozialen Arbeit im Rahmen der entsprechenden Sozialgesetzgebung.

Eine advokatorische Ethik benötigt also Argumente, mit denen man über die Lebenswege anderer Menschen bestimmen kann, die selbst de facto oder de jure nicht mündig sind, sei es im juristischen oder im psychologischen Sinne. Das sind sehr sensible Debatten, weil sie Tür und Tor öffnen und es oft klare und eindeutige Kriterien nicht gibt, sondern Entscheidungsspielräume da sind, die bewertet werden müssen. Die advokatorische Ethik beschäftigt sich spezifisch mit der Frage, mit welchem Recht und nach welchen Kriterien über die Lebenswege von Menschen verfügt werden darf, die einen anderen artikulierten Willen haben, als den, den der Berater sieht.

Brumlik unterscheidet in diesem Kontext Moral und advokatorische Ethik: In der Moral geht es um das, was jedem Menschen gegenüber verpflichtend ist. Die Moral ist in der Moderne vor allem eine negative Moral, die uns sagt, was wir nicht tun sollen („Man soll nicht ..."). Advokatorische Ethik ist insofern mehr als Moral. Sie konfrontiert nämlich mit der Frage, was wir in entsprechenden Entscheidungssituationen tun sollen (Brumlik 2007, S. 122). Die advokatorische Ethik steht der Frage nach dem guten Leben insofern nah, als sie sich ggf. über die Köpfe der Subjekte hinweg damit auseinandersetzt, was für ein Leben sie führen sollen. Dass das „gute Leben" aber nicht eindeutig zu beschreiben ist, sondern eigene Vorstellungen enthält, die an Wünsche und Ängste gebunden sind, ist nachvollziehbar und macht die Diskussion um Beratung deutlich komplexer und komplizierter.

7.1.5 Der Bezug zwischen advokatorischer Ethik und Sozialer Arbeit

Soziale Arbeit hat die Aufgabe, Menschen in Notsituationen unterschiedlicher Herkunft und Verursachung zu helfen, (wieder) handlungsfähig zu werden, Kompetenzen zu erwerben, selbstständig Entscheidungen zu treffen, Teilhabe zu gewinnen und damit ein Stück sozialer Gerechtigkeit herzustellen.

> Sozialarbeiter und Sozialpädagogen haben ein dreifaches Mandat: das der Klienten, das des Staates und das im Kodex der Sozialen Arbeit ausformulierte Mandat. Sie sind den Bedürfnissen des Individuums ebenso verpflichtet wie den Rahmenbedingungen des staatlichen Rechtssystems und dem Kodex Sozialer Arbeit, der vergleichbare Inhalte hat wie etwa die Menschenrechtsabkommen. Die Gesetze, die für die Soziale Arbeit bindend sind und den Rahmen für mögliche Interventionen vorgeben, sollen die Würde des Menschen schützen, sie sollen das Bewusstsein des Einzelnen sowie das öffentliche Bewusstsein darauf verpflichten, das Menschsein des Menschen nicht anzutasten oder zu verletzen. Der Mensch darf also nicht zum Objekt anderer Menschen oder des Staates oder einer Ideologie gemacht werden.

Die Gleichsetzung der Sozialen Arbeit mit einer Menschenrechtsprofession hat zwei Seiten: Als philosophischen Rahmen halten wir sie für akzeptabel, im Alltag ist das aber zu hoch gegriffen (und deshalb in der Selbstzuschreibung oft anmaßend). Die Unterscheidung der Ebenen jedoch, die Mikroebene, also die des Individuums, die Mesoebene, also die der direkt umgebenden Sozialstrukturen wie z. B. Familie und soziale Gruppen, und die Makroebene, also der Rahmen des gesellschaftlichen Systems, ist Interventionen Sozialer Arbeit, der Sozialpädagogik und damit auch der sozialpädagogischen Beratung durchaus angemessen.

Das gesellschaftliche System setzt der Sozialen Arbeit in Form von Gesetzen einen juristischen Rahmen, der weit über die soziologischen Variablen hinausgeht. Es geht um die Begründungen möglicher Eingriffe, die dann besonders bedeutsam und sensibel werden, wenn sie sich im Rahmen der Sozialgesetze außerhalb von Beratung abspielen bzw. wenn Beratung nicht mehr greift oder Erfolge zeigt, sondern andere, drastische und entscheidendere Interventionen notwendig sind. Damit ist aber auch eine mögliche Konfliktstruktur vorgegeben, nämlich wenn der eigene Wunsch nach einer Form der Lebensgestaltung mit den Vorstellungen anderer, was dem Wohl des Klienten oder seiner Kinder z. B. dienen könne, kollidiert. Schauen wir uns diesen Konflikt näher an.

Solange wir über die Arbeit mit Personen sprechen, die entwicklungsmäßig von Erwachsenen abhängig sind oder die aufgrund ihrer kognitiven Einschränkung von Erwachsenen abhängig bleiben, so scheinen Interventionen, die gegen den Willen des Menschen zu seinem Wohle eingesetzt werden, unstrittig zu sein. Aber so einfach ist es nicht. In vielen Entscheidungsfällen Sozialer Arbeit geht es nicht um die absolute Abhängigkeit des einen Menschen vom anderen, sondern um *graduelle Abhängigkeiten.* Es gibt partielle Freiräume, die das Individuum sehr wohl allein ausfüllen kann – in Unterscheidung zu anderen Lebensbereichen, in denen es nicht allein entschieden kann. In vielen Fällen geht es aber auch um rein normative Entscheidungen, für die es keine klaren Parameter gibt, wie zu entscheiden ist und was „richtig“ und „falsch“ ist.

Das Beispiel des sexuellen Missbrauchs zeigt diese Gratwanderung in den meisten Fällen überdeutlich: Wann liegt z. B. Kindeswohlgefährdung vor? Der § 8a des KJHG verlangt nicht umsonst eigene Schulungen, weil im Gesetz nicht eindeutig festlegbar ist, was in der Einschätzung unterschiedlicher Vertreter der Sozialen Arbeit und der Familiengerichte unterschiedliche Ergebnisse zu Tage fördern würde. Und auch hier ergibt sich ein mögliches Dilemma zwischen dem Mandat für das Kind und dem Mandat für die Erwachsenen: Der Gesetzgeber fordert die Priorität des Mandates für das Kind als dem schwächeren Teil.

Die Zweck-Mittel-Diskussion muss geführt werden. Beobachtungen müssen feinsinnig geschehen, die subkulturellen Lebenswelten und damit Denkmuster und Einstellungen müssen berücksichtigt werden. Doch ist das im Alltag eines Jugendamtes, um bei einem Beispiel zu bleiben, leistbar? Können Sozialarbeiter (und Jugendrichter, Familienrichter etc.) so weit von ihren eigenen Prägungen und Ansichten eines „richtigen“ und „guten“ Lebens Abstand nehmen, um aus der inneren Logik z. B. einer Familie eines anderen Kulturkreises oder subkulturellen Milieus heraus zu argumentieren und faire, ethische und gerechte Entscheidungen zu treffen?

7.1.6 Das berühmte Dilemma: Beratung und Kontrolle

Damit kommen wir zu dem berühmten Dilemma Sozialer Arbeit, die sich in vielen Beratungsprozessen in vielfältigen Formen andeutet oder offen zeigt: zur Balance von Hilfe und Kontrolle bzw. von Beratung und Entscheidung.

Die Kombination von pädagogischer Intervention und sozialrechtlicher Beratung ist ein Proprium Sozialer Arbeit. Das *doppelte Mandat*, also die Gleichzeitigkeit von Hilfe (z. B. durch Förderung der Autonomie) und Kontrolle hängt auch damit zusammen, dass es ein Sozialrecht gibt und Menschen Anrecht auf Unterstützung haben.

> Die Soziale Arbeit ist eingebunden in staatliche Gewährleistungs- und Kontrollkontexte und verfügt daher nicht über eine den klassischen Professionen vergleichbare fachliche Autonomie.
> Für sozialpädagogische Interventionen bedeutet letzteres, dass sie immer im Spannungsfeld von Hilfe und Kontrolle (‚doppeltes Mandat') angesiedelt ist. Versteht man Soziale Arbeit als ein Element von staatlicher Sozialpolitik, dessen systematisch induzierte Aufgabe mit Thomas Olk als ‚Bewahrung und Reproduktion von Normalzuständen bzw. Normalverläufen', der ‚vorsorglichen Vermeidung und kurativen Gewährleistung durchschnittlich erwartbarer Identitätsstrukturen' (Olk 1986, S. 12) beschrieben werden kann, so erfüllt Soziale Arbeit Kontrollaufgaben, indem sie im Rahmen ihrer Interventionen normale Entwicklungsverläufe, Lebensumstände im Blick hat und damit zur Stabilität gesellschaftlicher Ordnung beiträgt.
>
> *(Galuske / Müller 2005, S. 490)*

Dieses doppelte Mandat gerät schnell aus dem Blick, wenn man die Not eines Kindes in der Familie spürt oder vermutet, wenn man sich in die Verstrickungen enger Beziehungen hineindenkt und einfühlt, wenn man „weiß", was richtig ist und was einem Menschen nicht unbedingt gut, aber auf jeden Fall unbedingt schlecht tun kann. Der Gesetzgeber hat einen Blick auf das „gute Leben" von Kindern, Jugendlichen, Frauen und Alten, Familienmitgliedern, Abhängigen in der Arbeitswelt etc., also auf Beziehungen unterschiedlicher Art, die von Ausbeutung, Vernachlässigung und Gewalt bedroht sein können. Sozialpädagogische Beratung hat von ihrem Auftrag her oft und immer (wieder) mit solchen Situationen zu tun. Das Dilemma zwischen Beratung und Kontrolle ist darin also strukturell angelegt: Beratung, z. B. in der Erziehungsberatung, in der Vorklasse, im Heim etc. muss immer mitdenken, dass es auch um justiziable Vorgänge gehen kann, die den Spiel- und Interventionsraum der Beratung spurt, einengt und manchmal keine Alternative zulässt. Dies in ein Beratungskonzept einzubauen, mag als Eingriff in die Autonomie eines Faches verstanden werden – es ist aber der Rahmen, in dem sich das Fach bewegt.

Andere nahe liegende Bereiche wie die Psychotherapie kennen das ebenfalls, wenn auch nicht so eindeutig und so deutlich: Auch hier gibt es einen Ethikkontext, auch hier gibt es eine Grenze für nicht tolerierbare Lebensformen und Lebenswelten, aber sie sind nicht so eng vorgegeben wie bei der sozialen Arbeit.

Weitere Widersprüche ergeben sich aus dem breit angelegten Denkraum, der Sozialer Arbeit beigemessen wird: die Balance zwischen Hilfe für das Individuum und Beachtung, Kritik oder Einfordern gesellschaftlicher Dynamiken, Aufgaben und Verpflichtungen ist ein weiteres Feld, das die Mehrgleisigkeit der Arbeit, auch der beratenden Arbeit verdeutlicht.

7.1.7 Die Methodenfrage der sozialpädagogischen Beratung

Da sozialpädagogische Beratung beabsichtigt, der Komplexität von Alltag gerecht zu werden, verlangt dies notwendig *Offenheit als strukturbildendes Prinzip*. Die Gefahr, die daraus entstehen kann, liegt in einem wahllosen Pragmatismus und planlosen Eklektizismus.

Thiersch (1977) zieht fünf Konsequenzen für die Gestaltung sozialpädagogischer Beratung:

- Diagnose in der sozialpädagogischen Beratung ist immer „teilnehmende Diagnose“, verstanden als gemeinsames Handeln, da sich die Einschätzung von Person, Problem und Bearbeitungsressourcen nur in konkreten Situationen gemeinsamen Handelns angemessen eruieren lassen.
- Hilfe konkretisiert sich (auch) durch „Umstrukturierung der Situation“, also durch Erschließung materieller Ressourcen, Neudefinitionen sozialer Beziehungen, Schaffen neuer sozialer Räumlichkeiten (Freundschaften, Schulwechsel, Arbeitsplatzwechsel usw.).
- Wenn der Alltag auch durch Selbsttäuschung, Borniertheit usw. gekennzeichnet ist, so muss es Aufgabe sozialpädagogischer Beratung sein, durch Konfrontation hinter die Fassade „öffentlicher“ Problemartikulation zu schauen.
- Da nicht davon ausgegangen werden kann, dass allein sprachlich vermittelte Erkenntnis zur (gewünschten) Veränderung führt, gehört auch Training zum Handlungsspektrum sozialpädagogischer Beratung.
- Wenn Beratung sich auf Alltag bezieht, so muss sie auch alltägliche Kontexte (Gruppen, Gemeinschaften etc.) berücksichtigen und sich in ihnen realisieren.

Lange war die Methodenfrage nicht im Fokus der Sozialen Arbeit – im Gegensatz zu der methodischen Vielfalt, die sich im Rahmen der Forschungsschwerpunkte in den Sozialwissenschaften entwickelt hat. Methoden waren, in der Formulierung von Galuske (1998, S. 24), das „schmutzige Geschäft" der Praxis. C. Wolfgang Müller (1968, s. Galuske) beschreibt eine wahllose Methodenauswahl, die dazu beigetragen habe, Soziale Arbeit nicht zu etablieren, sondern zu deprofessionalisieren.

Die Methodenfrage – und zu der zählt Beratung – muss gemeinsam mit den Zielen diskutiert werden und darf sich nicht an Techniken aufhalten. Eine Methodendebatte außerhalb der Zieldiskussion muss sich den Vorwurf der Sozialtechnologie gefallen lassen: beliebige methodische Techniken für beliebige Zielsetzungen (Galuske 1998, S. 28). Ein differenzierter Methodenbegriff hingegen steht immer im Zusammenhang von Problemlagen und Zielsetzungen – das ist das sog. *Integrative Modell.* Das Handlungsmodell oder auch Konzept der Sozialen Arbeit fügt Ziele und Inhalte, Methoden und Verfahren, Interventionen und Überprüfungen (Evaluation) zusammen.

Ein solches Konzept ist der *Lebensweltansatz* von Hans Thiersch (1986, 1992, 1995), das den Ausgangspunkt, die Lebenswelten der Adressaten, bestimmt, um von dort schrittweise Ziele und Methoden zur Erreichen der passenden Lösung für die anstehenden Probleme zu entwickeln. Im engeren Sinn zielt die gewählte Methode auf die *Handlung* ab, nicht auf die Erklärung eines Problems; aus ihr müssen dann noch Techniken ausgewählt werden – dennoch sind die Bausteine nur zusammen zu denken.

Auch wenn die Methodendiskussion vorwiegend nach dem „Wie" fragt, wird die Antwort nicht möglich sein, ohne auch Antworten auf das „Woher" und „Wohin", also auf die Erklärung und das Ziel, zu finden. Es geht um einen Prozess!

7.1.8 Sozialpädagogische Beratung – sozialer Beratungsbedarf

Aus dem oben knapp entfalteten Gedanken lässt sich ableiten, dass sozialpädagogische Beratung wesentlich anders arbeiten muss als Psychotherapie – das sei deshalb gesagt, weil die beiden Beratungsverfahren oft gleichgesetzt oder zumindest in enge Nachbarschaft verlegt werden.

Sozialpädagogische Beratung fokussiert soziale Lebensschwierigkeiten, zu denen gesellschaftlich produzierte Verengungen, aber auch familial, psychisch oder kognitiv produzierte Einengungen des eigenen Handelns geführt haben.

Historisch ist es interessant, dass in der alten Sozialarbeit, z. B. bei Alice Salomon und Mary Richmond, der Fokus deutlich auf der sozialen Frage lag. Die Therapeutisierungswelle der 1970er und 1980er Jahre hat diesen breit angelegten Ansatz verschüttet, doch derzeit wird er wieder freigelegt und die große Breite sozialer Arbeit wird deutlich sichtbar und „salonfähig". Nun kann man das Wissen, dass z. B. die Therapieformen entwickelt haben, nicht außen vor lassen: Wichtig ist es dennoch, den spezifischen Ansatz der Sozialen Arbeit auch in der Beratung eines einzelnen Menschen oder einer einzelnen Familie zu beachten: Es kann nicht allein um die Biografie und die individuellen Lebensereignisse gehen, sondern die sozialen Lebensumstände und Formen des Umgangs damit dürfen nicht aus den Augen gelassen werden. Die Erweiterung der Person darf nicht bei der Familie enden, wie das in der angewandten Familientherapie oft der Fall ist. Der (diagnostische) Blick muss zwischen Individuum, Biografie, Familie, Lebenslagen hin und her gehen und auf den verschiedenen Ebenen nach Veränderungs- und Bewältigungsmöglichkeiten suchen. Von daher ist Beratung in der Sozialen Arbeit und in der Sozialpädagogik wesentlich breiter angelegt.

Der Beratungsschwerpunkt ergibt sich aus der Situation des Klienten/der Klientin: So ist die Beratung eines Menschen mit z. B. einer traumatischen Lebenserfahrung möglicherweise eher psychologisch orientiert als die Beratung einer Familie in einem sozialen Brennpunkt, die mit Armut und Chancenlosigkeit konfrontiert ist, die aber auch Traumatisierungen produziert oder nicht verhindern kann.

Auch das ist ein Merkmal sozialpädagogische Beratung: Sie wird von Menschen in Anspruch genommen – oder muss von Menschen in Anspruch genommen werden, die sich z. B. in kein therapeutisches Setting wagen würden oder den Zugang dazu nicht hätten. Soziale Arbeit ist oft Arbeit „vor Ort" – nicht der Klient kommt zu Beratung (obwohl er das natürlich auch tun kann oder später tun wird), sondern oft geht Soziale Arbeit zum Klienten und sucht ihn in der Lebenswelt auf.

Beratung ist – meistens – Kommunikation, in der Sozialen Arbeit ist sie oder kann sie außerdem sein: zusätzliche Hilfe im Alltag, Anweisung, Unterstützung, finanzielle Unterstützung, Kontrolle (z. B. auch der Ordentlichkeit eines Haushalts), Restriktion (z. B. bei der Herausnahme eines Kindes aus der Familie) und vieles mehr. Das bringt Probleme mit sich. Um nur einige zu nennen: das ethische Problem des Abwägens, wessen Schutz letztendlich zu gewährleisten ist; das Entscheidungsproblem, wer im Konfliktfall im Fokus der Beratung ist, und das Problem, die Idee der Allparteilichkeit nicht länger verantworten zu können und ein Mandat zu übernehmen.

Die Erfahrung der Lebenswelt verändert auch die Wahrnehmung der Beraterin/des Beraters. Es geht in diesen Beratungen nicht nur um die Wahrnehmung der Deutungsmuster der Klienten, sondern um die Überprüfung, ob – wie im Beispiel der Kindesvernachlässigung in einer Familie – nicht ein Handlungsbedarf besteht, der jede Beratung zumindest vorläufig oder vorübergehend außer Kraft setzt. Die Verstrickungsmöglichkeiten und die Macht, die der Sozialen Arbeit dabei gegeben sind, die Ethik des Intervenierens und der, falls möglich, immer noch wertschätzende Umgang mit den zur Zeit der Intervention nicht mehr zu schützenden Menschen, müssen dabei gut reflektiert werden.

7.1.9 Der Aufbau sozialer Beratung

Wie jede Beratung muss auch soziale und sozialpädagogische Beratung zielorientiert, prozesshaft und methodisch aufgebaut sein. C. Wolfgang Müller (1990) schlägt drei Teilschritte vor:
- die analytische Einschätzung der gesellschaftlichen Genese sozialer Probleme und ihrer individuellen, oft konflikthaften Verarbeitung;
- die Suche nach neuen, alternativen Lösungsstrategien mit dem Ziel einer anderen, einer besseren Bewältigung;
- die Entwicklung eines längerfristigen Handlungs- und Lebensplanes.

Burkhard Müller (1993) hat ein Modell vorgelegt, dessen Schritte so einleuchtend wie strukturierend sind. Sein *Lehrbuch zur multiperspektivischen Fallarbeit* listet verschiedene Schritte auf:
- sozialpädagogische Anamnese,
- sozialpädagogische Diagnose,
- sozialpädagogische Intervention,
- sozialpädagogische Evaluation.

Brigitta Michel-Schwartze greift diesen Vierschritt auf und fügt ein paar wichtige Denkschritte hinzu (2002, S. 123-154):

Informationssammlung – analog zur Anamnese bei B. Müller:
- Man solle sich der eigenen Deutungsmuster bewusst sein.
- Bei der Datensammlung solle man unterscheiden zwischen Informationen, Annahmen, Unterstellungen und Bewertungen.
- Von der Annahme, dass die Informationen unvollständig seien, kann man immer ausgehen.
- Situationen und Personen müssen in den Kontext z. B. des sozialen Ortes gestellt werden.

Problemdefinition – analog zur Diagnose bei B. Müller:
- Haupt- und Nebenaspekte müssen definiert werden, ebenso der Normalitätsstandard.
- Es sollte eine Übereinstimmung mit den Klienten über die Definition hergestellt werden.
- Es ist gut, sich darüber klar zu sein, dass aus unterschiedlichen Aufträgen Konflikte erwachsen können.
- Kompetenzen müssen hinsichtlich der Fähigkeiten und der Zuständigkeiten überprüft werden.

Intervention – bei B. Müller ebenso benannt:
- Verschiedene Ebene müssen differenziert werden, z. B. die rechtliche und die ethische; die Qualität der psychosozialen Bewertung muss im Blick sein.
- Die Ebene der Bedarfe und der Ressourcen ist zu berücksichtigen.
- Der Umgang mit Macht bei der Intervention muss bewusst bleiben, Notlagen sind zu überbrücken und Probleme zu lösen statt Hilflosigkeit zu verstärken.

Evaluation – bei B. Müller ebenso benannt:
- Unterschiedliche Erwartungen sind aufzudecken und der Konsens ist zu überprüfen.
- Der Fall ist auf allen Ebenen zu rekonstruieren und alle Ebenen sind zuevaluieren.
- Ziele und Hilfen sind auf die Angemessenheit zu überprüfen.
- Veränderungen im Hilfesystem sind zu überprüfen und zu bewerten, ob sie noch der Situation adäquat sind.

7.1.10 Abschließende Gedanken

„…die Not des Nächsten", die „im Herzen brennt" – (Alice Salomon 1925, zit. n. B. Müller 1993, S. 145) ist Voraussetzung für Soziale Arbeit, sie ist aber nicht ausreichend für professionelles Tun. In der Sozialen Arbeit verlässt man in der Konfrontation mit der Lebenswelt von Klientin oder Klient häufig die eigene Lebenswelt. Die Konfrontation kann heftig sein, auch in der eigenen Gesellschaft: subkulturelle Milieus mit Lebensvorstellungen und Lebenschancen äußerst unterschiedlicher Art, mit Alters- und Genderbildern mit manchmal fatalen Folgen, mit Lösungsvorstellungen und Kompetenzen, die man aus dem eigenen Milieu nicht kennt und vielleicht nicht kennenlernen will – das ist Professionsrealität in der Sozialen Arbeit.

Beratung als Methode, die davon ausgeht, dass man Krisen bearbeiten und beseitigen hilft, dass man verschüttete Kompetenzen wieder aktiviert und Wachstum fördert, ist oft der letzte Schritt, vor dem noch viele andere zu gehen sind. Das kann massiv irritieren, Sozialpädagogen gehen deshalb davon aus, dass Beratungsprozesse im Kontext Sozialer Arbeit deutlich komplexer und erschwerter sind als in der pädagogischen Beratung – wenn man das so abwägen und gewichten darf.

Thiersch benennt grundsätzliche Probleme: Der Auftrag des Ratsuchenden an den Berater und das in der Regel bestehende Kompetenzgefälle produzieren oft Ungeduld, die ausgehalten werden muss. Inhaltliche Vorgaben und theoretisches Wissen verhelfen dabei fatalerweise dazu, dass Lebenserfahrungen anderer schnell in die eigenen Muster eingeschrieben und dann als defizitär angesehen werden. Vorschnelle oder grundsätzliche Festlegung auf bestimmte Methoden verhindert eine passgenauere Anpassung an die Problematik: „eklektizistische Offenheit"

(Thiersch 1992, S. 135) kann hilfreich sein und verlangt darüber hinaus dringend „reflexive, selbstkritische Kompetenzen“ (1992, S. 136).

Burkhard Müller plädiert deshalb sehr für einen „offenen Typus sozialpädagogischer Professionalität“ (1993, S. 148f.), der durch vier Merkmale geprägt ist:

- Er ist nicht durch eine Leitwissenschaft definiert, sondern verlangt die Fähigkeit zum Perspektivenwechsel
- und zur Beschaffung des je nach der Situation benötigten Handlungswissens;
- er ist nicht auf ein Handlungsfeld begrenzt, sondern kann spezifische Bedingungen eines Handlungsfeldes herausarbeiten
- und handelt mit den Betroffenen Ziele aus, was als Lebensschwierigkeiten verstanden und welche Form der Hilfe als unterstützend erlebt wird, statt sie vorzugeben.

Da sozialpädagogisches Handeln häufig im Verbund mit anderen Professionen geschieht – Schule, Polizei, Ärzte, ARGE etc. – ist die *Multiperspektivität* angelegt und dennoch nicht immer gern gesehen, manchmal nur schwer aushaltbar, aber unabdingbar.

7.1.11 Literatur

Belardi, Nando u. a.: Beratung. Eine sozialpädagogische Einführung, Weinheim 1996

Brumlik, Micha: Kinder als Anwälte ihrer alten Eltern? Prinzipien der advokatorischen Ethik. In: Bauer, Annemarie / Gröning, Katharina (Hg.): Die späte Familie.

–: Advokatorische Ethik. Zur Legitimation pädagogischer Eingriffe, Berlin 2004

Galuske, Michael: Methoden der Sozialen Arbeit. Eine Einführung, Weinheim 1998

– / Müller, C. Wolfgang: Handlungsformen in der Sozialen Arbeit. Geschichte und Entwicklung. In: Thole, Werner (Hg.): Grundriss Soziale Arbeit, 3. Aufl., Wiesbaden 2010, S. 485–508

Michel-Schwartze, Brigitta: Handlungswissen der Sozialen Arbeit. Deutungsmuster und Fallarbeit, Opladen 2002

Mollenhauer, Klaus: Einführung in die Sozialpädagogik. Probleme und Begriffe. Sozialpädagogische Reihe Band 1, Weinheim 1964, S. 110–116

– / Müller, C. Wolfgang: Führung und Beratung in pädagogischer Sicht, Heidelberg 1965

Müller, Burkhard: Sozialpädagogisches Können. Ein Lehrbuch zur multiperspektivischen Fallarbeit, Freiburg 1993

Müller, C. Wolfgang: Wie Helfen zum Beruf wurde. Eine Methodengeschichte der Sozialarbeit, 3., ver. Aufl., Weinheim 1997

Olk, Thomas: Abschied vom Experten, Weinheim 1986

Rauschenbach, Thomas / Thiersch, Hans (Hg.): Die herausgeforderte Moral. Lebensbewältigung in Erziehung und sozialer Arbeit, Bielefeld 1987

Sickendieck, Ursel / Engel, Frank / Nestmann, Frank: Beratung, Weinheim 1999

Spahn, Eileen: Das Proprium der pädagogischen Beratung aus professionell-pädagogischer Sicht. Magisterarbeit Jena Fakultät für Sozial- und Verhaltenswissenschaften Institut für Erziehungswissenschaft 2009

Thiersch, Hans: Kritik und Handeln, Neuwied 1977
–: Die Erfahrung der Wirklichkeit, Weinheim 1986
–: Lebensweltorientierte Soziale Arbeit, 7. Aufl., Weinheim 1992
–: Lebenswelt und Moral, Weinheim 1995

7.2 Schulberatung und Bildungsberatung im Jugendalter

Cornelia Hoffmann

Beratung in der Schule stellt kein neues pädagogisches Thema dar, aber eines, welches an pädagogischer Bedeutung gewinnt – spätestens seit der dynamischen Entwicklung der Institution Schule, verbunden mit strukturellen und organisatorischen Wandlungsprozessen im Zuge der Diskussionen um Integration und Inklusion. Verfolgt man die Entwicklungslinie von Beratung in der Schule, stößt man auf ein diagnostisches, bewertendes und selektierendes Verständnis von Beratung, welche auf drei Säulen basiert: „Lehrer, Beratungslehrer und Schulpsychologen stellen die drei Säulen des Ensembles der Schulberatung dar“ (Bückner / Häring / Kunkel in: Beck et al. 1991, S. 85). Ein solches Beratungsverständnis kann als eine institutionalisierte Aufgabenbeschreibung in Verantwortung der Schule betrachtet werden und stellt aus pädagogischer und beratungswissenschaftlicher Sicht ein gewisses Paradox dar. Wird *Beratung als integraler Bestandteil* des beruflichen Handelns von Lehrern gefordert, fördert dies Verstrickungen innerhalb des Systems Schule. Beratung wird von denen vorgenommen, die selbst im Feld Schule involviert sind und damit unmittelbarer Bestandteil von Beratungsanlässen im schulischen Kontext sind. In Abrede gestellt werden soll damit nicht die Beratungskompetenz von Lehrern, vielmehr geht es um einen geschärften und kritischen Blick auf das interne Beratungsverständnis im Feld Schule, welches seine ganz eigenen Schwierigkeiten mit sich bringt und die Frage aufkommen lässt: Warum macht es sich Schule so schwer?

Schon 1977 verdeutlichen Christoph Wulf und Norbert Groddeck, Erziehungswissenschaftler, Kunstpädagogen und Vertreter einer humanistischen Pädagogik, dass die in die Strukturen unterrichtlicher Interaktionen eingelassenen *Machtgefälle zwischen Lehrern und Schülern* (aber auch zwischen Lehrern, Schülern und Eltern) als eine wesentliche Ursache für misslingende Verständigungsprozesse begriffen werden können.

> Diese umfassendere Betrachtungsperspektive braucht nicht individualisierend nach dem Sündenbockmechanismus Personen ausfindig zu machen, denen die ‚Schuld' zuzuschreiben ist. Stattdessen können die Störungen des sozialen Prozesses nunmehr sowohl von den individuellen wie auch den institutionellen und den gesellschaftlichen Rahmenbedingungen der Schule her begriffen, und damit kann der Gegenstand schulischer Erziehung überhaupt erst der Beratung im Sinne einer Entscheidungs- und Erziehungshilfe zugänglich gemacht werden.
>
> *(Wulf / Groddeck 1977, S. 322)*

Lehren, Erziehung und Beraten sind demnach nicht aus dem Tätigkeitsfeld des Lehrers wegzudenken und alle drei Funktionen der Berufsrolle des Lehrers sind nicht voneinander trennbar. Insbesondere die pädagogisch durchaus begründete

Frage, warum Beratung in der Schule – als Erziehungstätigkeit des Lehrers – noch heute überwiegend durch die Schulpsychologie vertreten wird, lässt sich durch den historischen Verlauf skizzieren, der aus diesem Grund an erster Stelle des Beitrags steht.

> Im Schulalltag stehen das Unterrichten, Erziehen und Beurteilen im Vordergrund und erfordern unterschiedliche Formen der Gesprächsführung sowie die Kompetenz, das eigene Verhalten je nach Anforderung situationsadäquat variieren zu können. Bei der Unterrichtsführung setzt in der Regel auch heute noch die Lehrkraft die Ziele, steuert Lernprozesse, bewertet Ergebnisse als „richtig" oder „falsch". Pädagogische Beratung hingegen erfordert eine ganz andere Einstellung und Verhaltensweise. Der Ratsuchende soll das Ziel und die Wege zur Erreichung autonom bestimmen können, ein eindeutiges „Richtig" oder „Falsch" gibt es nicht, vielmehr stellt der Berater sich als Prozessbegleiter, nicht als Entscheidungs- und Kontrollinstanz zur Verfügung.

Hier hat schon der erste Grundsatz der Beratung eine ganz wesentliche Bedeutung: die *Freiwilligkeit.* Entgegen der Schulpflicht kann es keine Beratungspflicht geben. Der Ratsuchende entscheidet, ob er Beratung in Anspruch nehmen will oder nicht, ebenso, wann er diese Hilfe beenden möchte. Der Ratsuchende gibt das Problem vor und setzt den Rahmen, in dem eine Problemlösung erarbeitet werden soll. Damit stellt Beratung in der Schule – schon aus struktureller Sicht – eine besondere pädagogische Herausforderung dar. Dem Anspruch pädagogischer Beratung folgend müssen Spannungen, Konflikte und Problembereiche innerhalb der Bildungsinstitutionen einbezogen werden. Das wiederum bedeutet, bei der Schul- und Bildungsberatung Sozialisationstheorien, die auf Moralentwicklung, Wertevermittlung, Autonomie und die Bedeutung sozialer Lebenserfahrungen eingehen, zu berücksichtigen.

Eine Entwicklung zu einer „guten Schule" ist aus pädagogischer Sicht an die sozialen und emotionalen Entwicklungsbedingungen von Schülerinnen und Schülern gebunden. Beratung in diesem Kontext kann und darf soziale Kompetenzen nicht als selbstverständlich gegeben voraussetzen, sondern muss auf die Lebenswirklichkeit und die damit verbundenen Entwicklungstendenzen der Sozialisationsbedingungen reagieren. Professionelle Beratung in der Schule und im schulnahen Kontext bedeutet von der Vorstellung des Normalkindes ebenso Abschied zu nehmen wie eine Pathologisierung „schwieriger" Kinder und Jugendlicher zu vermeiden und statt dessen wachsende soziale und psychische Belastungen und daran gebundene Anforderungen, die an Schülerinnen und Schüler gestellt werden, kritisch zu reflektieren. In diesem Falle reagiert pädagogische Beratung auf einen Mangel an sozialen Erfahrungen, an Bindung und Begleitung mit begleitenden und tragenden Unterstützungsangeboten.

Es geht im Folgenden um die Klärung der Fragen: Um welche Konflikte handelt es sich im schulischen Bereich und inwiefern ist pädagogische Beratung gefordert und gefragt? Wie kann sie und wem kann sie Hilfestellung bieten? Wie kann pädagogische Beratung ihren konzeptionellen Anspruch im schulischen Kontext und in schulnahen Systemen gerecht werden? Welche Beratung benötigen „schwierige Schüler"?

Der Aufbau gestaltet sich dementsprechend wie folgt: Zunächst geht es um einen historischen Überblick über die Entwicklung und Aufgabenschwerpunkte der Schulberatung in Deutschland. Skizziert werden hier insbesondere die Verschiebung des Auftrags von schulischer Beratung und die damit verbundenen Kennzeichen der Beratungsform.

Im Anschluss daran dienen Fallbeispiele zur exemplarischen Erläuterung einiger Aspekte von Beratungssituationen – insbesondere von Jugendlichen – in der Schule und im Bildungskontext. Hier wird Bezug genommen auf die Bedeutung der Moralentwicklung und der Lebenswelt der Jugendlichen. Zudem dienen die Fallbeispiele weiterführend zur Klärung der zentralen Frage: Welche Beratung benötigen „schwierige" Schüler? Abschließend geht es um die Darstellung eines konstruktiven Umgangs mit „störenden" Schülern, ausgehend von einem aufklärenden Verständnis pädagogischer Beratung. Das gesamte Unterkapitel lässt sich leiten von der These: Wenn Schule soziales Verhalten nicht mehr voraussetzen kann, muss sie selbst dafür geeignete Entwicklungsmöglichkeiten schaffen, um ihren Erziehungs- und Leistungsanspruch entsprechen zu können (vgl. Hoffmann 2009, S. 311).

7.2.1 Die historische Entwicklung der schulischen Beratung

Die ersten Anstöße zur Einführung von Schulberatung kamen überwiegend aus den Reihen sozialpädagogisch und sozial engagierter Wissenschaftler und Pädagogen, die in der Schule tätig waren. So z. B. der damalige Vertreter der modernen differentiellen Psychologie, der Kinder- und Jugendpsychologe William Stern (1871–1938) und der Mannheimer Schulreformer und Stadtschulrat Joseph Anton Sickinger (1858–1930). William Stern empfahl schon 1911 auf dem ersten Kongress für Jugendbildung und Jugendkunde in Dresden die Einstellung von Schulpsychologen. 1922 war es dann so weit: In Mannheim wurde der erste deutsche Schulpsychologe eingestellt. Es ist kein Zufall, dass die erste Stelle in Mannheim entstand, denn schon 1919 nahm der Psychologe und Hochschullehrer Wilhelm Peters (1880–1963) an der Hochschule Mannheim pädagogisch-psychologische Untersuchungen an Schulkindern vor. Im Mittelpunkt seines Forschungsinteresses lag die Persönlichkeitsforschung und die Erforschung der Leistungsfähigkeit von Schülern (vgl. Möley, in: Fleischer et al. 2007, S. 17).

Neben den in der Schule arbeitenden Pädagogen und mit Schülern forschenden Wissenschaftlern leisteten vor allem die deutschen Städte soziale

Pionierarbeit und übten in der Folgezeit für die Entwicklung von Beratungsdiensten eine Schrittmacherfunktion aus. Katharina Gröning verweist in ihrem Buch über die Entwicklungslinien pädagogischer Beratungsarbeit (2010) darauf, dass sozial motivierte erzieherische Hilfen jedoch nicht selten umfunktioniert wurden und der wissenschaftlichen Erforschung des Charakters und der Persönlichkeit z. B. schwieriger Schülercharaktere dienten. „Eine Gesellschaft für Persönlichkeitsforschung wurde 1926 gegründet, die dann zum Träger der Schülerberatungsstelle wurde. Gegenstand der Beratungsstelle wurde immer mehr Begabungsforschung und die Entwicklung von Prognosen hinsichtlich Schullaufbahn und Schulbesuch" (Gröning 2010, S. 17). Deutlich wird die *Verwissenschaftlichung der Beratung in der Schule*, entfernt von dem ursprünglichen Ziel der Unterstützung Not leidender Schülerinnen und Schüler.

Die Schülerberatungsstelle verwissenschaftlichte sich, Forschung und Beratung werden, wie an anderen Beratungsstellen auch, verknüpft und die Beratung selbst wird zum einen funktional und instrumentell auf ein bestimmtes gesellschaftliches Ziel bezogen, hier Schullaufbahn, zum anderen verändert sie sich zu einer Art Eintrittsangebot für die Untersuchung und Erforschung von Schülern. Mit der Beratung werden vor allem Probanden gewonnen, deren Forschungsergebnisse ausgewertet werden können.

(Gröning 2010, S. 17)

Zu erwähnen ist an dieser Stelle jedoch auch der Kampf Hugo Sauers (1923) für die Institutionalisierung von Jugendberatungsstellen, zumal sich insbesondere Lehrer von seiner Idee angesprochen fühlen (vgl. ebd., S. 61f.). „Überall da, wo die minderjährige Jugend lernt und arbeitet, in allen Klassenzimmern, Kontoren, Fabrik- und Arbeitsräumen hängt ein Verzeichnis von gereiften und erprobten, im Leben stehenden Männern und Frauen aller Stadtviertel und Stände aus, die sich sämtlich zur Beratung zu bestimmter Zeit erklären" (Sauer, zit. n. Gröning 2010, S. 61). Ein präventives Verständnis durch erfahrene und verständnisvolle Berater wird hier vertreten. „Der reife Mensch, dem nichts Menschliches fremd ist, hilft verstehend und gütig dem ihn besuchenden jungen, noch unerfahrenen Menschen durch Rat und Tat" (ebd., S. 62).

Die Entwicklung der Schulberatung zerschlug sich in der Zeit des Nationalsozialismus. Die Schulpsychologie kam zum Erliegen, da Psychologie zu jener Zeit mit dem Begründer der Psychoanalyse, Sigmund Freud, in Verbindung gebracht wurde, der als Jude verfolgt wurde.

Nach dem Zweiten Weltkrieg wurden Einrichtungen gefördert, deren Ziel konkrete Jugend- und Familienhilfe darstellte. Es verwundert nicht, dass die Konflikte sozialer und individuell bedingter Schwierigkeiten sich insbesondere im schulischen Bildungsgang besonders ausprägten (vgl. Stark et al. 1977, S. 7). Unter anderem war dies ein Grund, dass schulpsychologische Beratungseinrichtungen eingerichtet wurden. „1945 führten Ernährungsmangel, Wohnungsnot und Obdachlosigkeit vielfach zur Verwahrlosung von Kindern. Hilfen waren dringend notwendig" (Gröning 2010, S. 68).

Die Stadt Hamburg ergriff 1947 als eine der ersten die Initiative zur Einrichtung einer sogenannten „Schülerhilfe". Am stärksten trieben die Bundesländer Hamburg und Hessen den Schulpsychologischen Dienst voran, in Hamburg stark schülerbezogen, in Hessen eher schulorientiert. Entscheidende Innovationsanstöße sind jedoch in den 1950er und 1960er Jahren gegeben worden und zwar immer wieder von internationalen Konferenzen, z. B. der UNESCO-Expertenkonferenz über „Psychologie und Schule" 1954 in Hamburg oder der internationalen Konferenz für öffentliche Erziehung 1963 in Genf. Im Jahr 1962 existierten immerhin bereits 30 bis 40 staatliche schulpsychologische Beratungsstellen in der Bundesrepublik Deutschland, es waren etwa 80 bis 90 Schulpsychologen und 400 bis 500 Beratungslehrer tätig.

1960 führte Heinz Bach den Begriff der „schulischen Erziehungsberatung" ein, diese sollte auf die Vielfalt der Kontakte zwischen schulischen und häuslichen Erziehern, welche die Erziehungsbelange eines Schülers zum Thema haben, Bezug nehmen (Bach 1960, S. 10). Bach vertrat die Ansicht, dass Beratung als Aufgabe jedes „schulischen Erziehens" zu betrachten sei (vgl. Benz / Caroli 1977, S. 16). Durch das verstärkte Bestreben um den Ausbau, die Weiterentwicklung und Reform der Schule und die damit zusammenhängenden Fragen und Probleme der Chancengerechtigkeit im Bildungswesen, der bestmöglichen individuellen Gestaltung der Schullaufbahn wurde das öffentliche Interesse auf breiter Basis und die besondere Aufmerksamkeit der Kultusverwaltung für den Beratungsbereich geweckt (vgl. ebd., S. 8). Das trug dazu bei, dass es Ad-hoc-Konferenzen gab (1967 in Straßburg Konferenz der europäischen Erziehungsminister) und man sich intensiv mit dem Thema „Schulberatung" auseinandersetzte.

Einen theoretischen Grundstein für Kommunikation in der Erziehung und damit einen beraterischen Grundstein mit dem Fokus auf Schule und Unterricht legen 1963 die Psychologen Reinhard und Annemarie Tausch. Sie machen deutlich, wie Lehrer die Schüler im Unterricht nicht selten massiv und fortlaufend lenken und über sie bestimmen. Außerdem seien Lehrer die zentrale wertende Instanz, die vorgibt, was „richtig" und „falsch" ist. Urteilen, Beurteilen, Werten und Selektieren bestimmt das Lehrer-Schüler-Verhältnis. Tausch / Tausch sprechen sich nicht grundsätzlich gegen die situative Lenkung von Schülern aus, sondern weisen vielmehr vehement auf negative Folgen einer fortlaufenden Lenkung und Bewertung hin und leisten damit einen wichtigen Brückenschlag zwischen Psychologie und Pädagogik (vgl. Gröning 2010, S. 123f.).

Zum expliziten Gegenstand erziehungswissenschaftlicher Fragestellungen wird Beratung bei Klaus Mollenhauer (1965). „Von der Beschäftigung mit sozialpädagogischen Problemen ausgehend, unternimmt er den Versuch, die damals vorherrschende Theorie des ‚pädagogischen Bezugs' zu überwinden und auf der Grundlage eines kritischen Gesellschaftsbegriffs dazu beizutragen, autoritäre Strukturen im Erziehungsprozess zu überwinden" (Mollenhauer, zit. n. Benz / Caroli 1977, S. 16). Beratung ist nach Mollenhauer „kritische Aufklärung", damit betont er einen besonderen Aspekt der Erziehung. Beratung und Erziehung zielen auf die *Förderung der individuellen Entscheidungsfähigkeit.* Mollenhauers Verdienst ist es, den Beratungsbegriff mit dem Erziehungsbegriff verbunden zu haben. Auf den schulischen Kontext bezogen heißt das, dass Schule Beratung als durchgehenden Moment ihrer Erziehungstätigkeit realisieren muss (vgl. Mollenhauer / Müller 1965, S. 39).

Nach Mollenhauer betonen Walter Hornstein (1966) und Günther Bittner (1967), Beratung solle nicht lenken und führen, sondern zu selbstständigen Entscheidungen befähigen (vgl. Benz / Caroli 1977, S. 16). Das heißt, die Forcierung des Beratungsgedankens ist vor dem Hintergrund der in den 1960er Jahren lebhaft geführten Bildungsdiskussion zu sehen. Mit dem Schlagwort der „Bildungskatastrophe" hatte Georg Picht (1964) die Diskussion über die ökonomischen Auswirkungen schulischer Bildung entfacht; schulische Beratung jedoch bleibt bis heute ein pädagogisches „Nebenprodukt", welches psychologisch anstatt pädagogisch besetzt wird. Die *marginale Stellung der Pädagogen im Feld der Beratung innerhalb der Bildungsinstitutionen* lässt sich historisch durch den starken Einfluss der Psychologie in diesem Bereich erklären, begründen kann das die interdisziplinären Probleme im Feld nicht.

Zusammengefasst: Nach ersten Ansätzen schulpsychologischer Beratung, die sich auf den problematischen Einzelfall bezogen, verlagerten sich die Beratungsbemühungen auf eine stark diagnostisch ausgerichtete Schullaufbahnberatung bis hin zu einer Verwissenschaftlichung von Beratung. Das ursprüngliche Interesse, nämlich Fürsorge, wich einer Umorientierung auf die Erforschung der Persönlichkeit und Leistungsfähigkeit. Nicht Aufklärung, sondern vielmehr Selektion war Maßstab für die Schullaufbahnberatung. „Über die Vermittlung von Informationen und die Durchführung von Testverfahren sollten Begabungsreserven ausgeschöpft und die Entscheidungsrisiken minimiert werden" (Grewe 2005, S. 8).

Schulische Beratung bis in die Mitte der 1970er Jahre beschränkte sich auf Informationsvermittlung über das System Schule und ihre Ergebnisse auf diagnostische Testverfahren im Bereich Schule und Bildung. Durch die Einbeziehung aller Probleme, die sich mit der Organisation von Lernprozessen verbinden, wurde die Schule selbst mit all ihren Beteiligten zum Adressaten der Beratung. Aufgrund dieses umfassenden Anspruchs etablierte sich der Beratungsdienst bundesweit unter der Bezeichnung „Bildungsberatung".

Systemkritische Relevanz erlangte Beratung im schulischen Kontext, weil sie sich zur Aufgabe machte, die *Interessen des Einzelnen gegenüber institutionellen Zwängen* zu vertreten. Damit ist Schule als Stätte der Erziehung und des Unterrichts immer auch ein Ort der Beratung gewesen. Diese Funktion hat jedoch im

Laufe der Zeit an Bedeutung zugenommen, das liegt u. a. an einer zunehmenden Komplexität der Umwelt, einer Mannigfaltigkeit persönlicher Werteinstellungen und gesellschaftlicher Normen, einer Steigerung der Erwartungen an die Leistungsfähigkeit des Einzelnen und des Bildungswesens. Dazu kommt eine Vielfalt an Lernangeboten. Damit haben sich die Anlässe für die Ratsuchenden unter den Schülern, Eltern und auch Lehrern vervielfacht. Des Weiteren müssen die Behinderungen, Störungen, Konflikte und Entscheidungsschwierigkeiten als Problemsituation im Bildungsgang ernster genommen werden. Zu beachten ist auch, dass die Reformen der 1960er und 1970er Jahre dem Schulsystem der Bundesrepublik einiges an Neuerungen brachten: veränderte Ziele, Inhalte und Methoden, damit verknüpft eine veränderte pädagogische Grundhaltung, neue Organisationsformen, die zum Teil große Systeme schufen, wie z. B. die Gesamtschule, mit Wahlmöglichkeiten, Durchlässigkeit und Verpflichtung zur Förderung und Ausgleich sozialer Benachteiligung; Neuerungen, die anstelle der hierarchischen demokratischen Strukturen auf Kooperation und Verständigung basierende Strukturen setzten (vgl. Voigt, in: Krause et al. 2003, S. 153). In diesen Zusammenhang gehören die Forderung nach Spezialisten/Experten mit Beratungsfunktion und sicherlich auch die Institutionalisierung von Beratung im schulischen Kontext.

Seit 1970 stellt Beratung eine *Grundfunktion des Lehrerberufes* dar, so hält es der Deutsche Bildungsrat im Strukturplan für das Bildungswesen fest (vgl. Schnebel 2007, S. 9). Zur Qualitätsverbesserung und -sicherung wurde die Institution schulpsychologischer Beratung ebenso wie die Rolle des *Beratungslehrers* konzipiert. Darin spiegelt sich das Selbstverständnis der Reformer, der Wunsch nach Wissenschaftsorientierung, Interdisziplinarität, kritischer Reflexion und innovativer Sozialorientierung. Die Empfehlungen des Bildungsrates wurden zügig in Grundsatzbeschlüsse der Kultusministerkonferenz umgesetzt und so entstanden in vergleichsweise kurzer Zeit nach den Vorreitern Hamburg und Hessen in fast allen Bundesländern schulpsychologische Dienste.

Die Frage, warum sich diese Beratungsansätze an der Psychologie orientierten, kann demnach entlang ihren historischen Wurzeln beantworten werden. Die Psychologie hielt für die Interessierten ein reichhaltiges Angebot bereit:

- die klinische Psychologie mit diagnostischen Instrumenten und Kenntnissen von Veränderungsprozessen,
- die Entwicklungs- und Persönlichkeitspsychologie mit ihrem Wissen über Unterschiede zwischen Menschen,
- die Psychologie des Lernens und Denkens samt deren Bedingungen,
- die Sozialpsychologie mit Erfahrungen im Umgang mit Gruppen, Systemen und Institutionen und Erkenntnissen über Kommunikationsprozessen und
- die wissenschaftliche Psychologie, d. h. die Ausbildung in empirischen Forschungsmethoden.

Pädagogen wiederum können der Forderung von Rolf Huschke-Rhein (1998) zustimmen, dass das Erlernen von Beratungsmethoden und Beratungstechniken in der Pädagogikausbildung so selbstverständlich sein sollte, „wie es einmal das Erlernen von Lesen, Schreiben und Rechnen war“ (Huschke-Rhein 1998, S. 26). Pädagogische Tätigkeit ist Hilfe zur Selbstorganisation und kann dem sich entwickelnden Individuum Impulse für seine Selbstentwicklung geben. Das dies auch im schulischen Kontext sinnvoll ist, verdeutlichen exemplarische Fallbeispiele, die in Bezug zur Beratungsbedürftigkeit von Jugendlichen in der Schule gestellt werden und pädagogische Beratungsaspekte erläutern.

7.2.2 Fallbeispiele – die Lebenswelt von Kindern und Jugendlichen

Wir alle haben schon einmal um Rat nachgesucht und gefragt, Rat bekommen oder Rat gegeben. Ebenso lässt sich vermuten, dass wir alle schon Ratschläge bekommen haben, die wir eben als „Schläge“ empfunden haben. „Ungebetene Ratschläge sind nicht nur störend und überflüssig, sondern sie missachten auch die ‚Unverletzlichkeit‘ der individuellen Würde“ (Jürgens, in Schnebel 2007, S. 7). Im pädagogischen Zusammenhang sollten Beratungssituationen entstehen können, „in denen das Prinzip ‚Verstehen statt Belehren‘ das kommunikative Handeln bestimmt“ (ebd.). Dass der Verstehensprozess komplex und ganzheitlich ist, verdeutlichen folgende Fallbeispiele:

– Schüler A. stört den Unterricht und fordert das Schulsystem heraus:
  Immer wenn A. in die Klasse kommt, inszeniert er „einen Auftritt“: Er schreitet ins Zimmer und redet sofort los, z. B. beschwert er sich, dass er immer gleich eine Abmahnung bekäme und andere nicht: „Ich fühle mich diskriminiert.“ Das ist einer seiner auffällig häufigen Sätze. Sein Redefluss wird nur dadurch unterbrochen, dass er im Unterricht schläft oder mit seinem Handy beschäftigt ist. Die Mitschüler weisen ihn regelmäßig zurecht mit Äußerungen wie z. B.: „Halt die Schnauze, A.!“, „Rede mich nicht schlecht, A.“ etc. Er erzählt Geschichten aus seinem Leben; zappelt mit den Beinen oder kippt mit dem Stuhl und läuft zeitweise im Klassenraum rum. Er kaut Kaugummi, lässt Blasen platzen oder gähnt oder singt laut; er mischt sich in jedes Gespräch und kommentiert das Verhalten anderer pausenlos: „Ach, der geht es doch sowieso gleich wieder schlecht“, oder zur Lehrerin „Frau S., ich will Sie nicht fertigmachen … Soll ich Ihnen was sagen? Ich finde Sie blöde. Sie versuchen mit Psychodruck mich einzuschüchtern, das Ganze funktioniert bei mir nicht, ich bin immer noch selbstbewusst.“

– Nicht viel anderes verhält es sich bei Schüler D.:
  Er hat oft seine Mütze im Unterricht auf, spielt mit seinem Handy unter dem Tisch, sitzt immer seitlich, um alles mitzubekommen. Er wippt mit dem rechten Bein, äußert oft: „Ich bin hier unterfordert“ und reagiert auf Zurechtweisungen von

Lehrern explosiv: „Sie scheißen sich hier an, wegen einem Strich." Er betont, dass das, was er macht, richtig oder auch besser, sei: „Ich mache nur, was ich gelernt habe." Er verweigert Arbeitsanweisungen der Lehrer, insbesondere dann, wenn sie seiner Ansicht nach nicht nötig sind.

– Aber auch Schüler, die beständig schweigen und sich wie Schüler S. verweigern, sind im Beratungszusammenhang zu nennen:
  Er meidet Blickkontakt, insbesondere bei männlichen Lehrern, aber auch, wenn er nicht drangenommen werden will. Schüler S. verweigert vorzulesen oder gibt einfach keine Antwort, sondern zuckt stillschweigend mit seinen Schultern.

Dies sind drei Beispiele des unterrichtsstörenden Verhaltens von Jugendlichen, welches Bildung erschwert bzw. unmöglich macht. Alle drei Beispiele zeigen einen hohen Beratungsbedarf aufgrund fehlender oder gestörter Kooperations- und Kommunikationsbasis zwischen Lehrer und Schüler. Sie sollen exemplarisch verdeutlichen, wie bedeutsam es im Beratungsfeld Schule ist, das Lebensumfeld und damit die Entwicklungsfelder und -möglichkeiten der Schüler zu beachten. Fehlt die Kooperationsbereitschaft und Kommunikationsmöglichkeit, werden zugleich moralische Tugenden wie Disziplin und Ordnung, Verantwortlichkeit und Rücksichtnahme infrage gestellt, womit sowohl die Bindungsmacht der Institution Schule als auch ihre normativen Prinzipien geschwächt werden (vgl. Edelstein, in: Edelstein et al. 2001, S. 14). Es geht bei diesen Beispielen um die Beratung von Schülern bei persönlichen Entwicklungsaufgaben und Krisen, um in der Schule wieder gelingende Interaktion zu ermöglichen.

An dieser Stelle sei erwähnt, dass Beratung im schulischen Kontext vielfältige Aufgabenschwerpunkte setzen kann: von Schullaufbahnberatung, Berufsfindung, Kurs- und Fächerwahl, Lern-, Leistungsproblemen bis hin zu Interaktions- und Beziehungsfragen. Dabei spielt nicht nur die Beratung von Schülern eine Rolle, sondern ebenso diejenigen von und mit Eltern, Lehrerinnen und Lehrern sowie Beratung in der Schulentwicklung. Da der Fokus dieses Beitrags auf die Bedeutung einer professionell pädagogischen Beratung in der Schule gesetzt wird, richtet sich der Blick auf die Beratung von Jugendlichen in schulischen Krisensituationen.

Beratung in der Schule ist also nicht einheitlich zu betrachten, da sie unterschiedliche Themenfelder betrifft (Lernen, Bildung, Verhalten, Entwicklung und Krisen, Innovation und Evaluation) und die Aufgaben sich an den Adressaten orientieren, die ebenso vielfältig sind wie ihre Themen. Die folgende Systematik verdeutlicht dies:

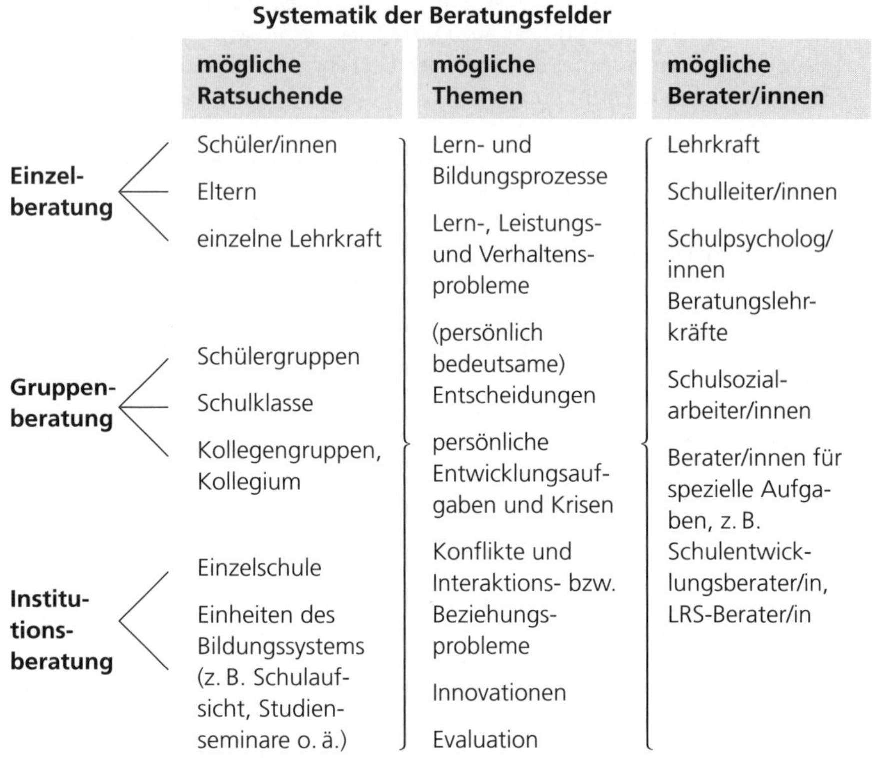

Abb. 1: Systematik der Beratungsfelder; Quelle: Schnebel 2007, S. 61

Die systematische Übersicht zeigt, dass Beratung in der Schule und im schulnahen System vielfältig zu betrachten ist und damit unterschiedliche Schwerpunkte setzt. Zudem kann davon ausgegangen werden, dass unterschiedliche Konstellationen von Beratenden und Rat suchenden Personen in der Schule unterschiedliche Strukturen in den Beratungsbeziehungen bewirken (vgl. Schnebel 2007, S. 62).

Die Beratungssituation zwischen Lehrer und „störendem" Schüler wird im Folgenden moraltheoretisch betrachtet. Dazu dient vorab die Darstellung der moraltheoretischen Grundlagen nach Durkheim, Piaget und Kohlberg.

7.2.3 Durkheim, Piaget und Kohlberg – eine moraltheoretische Sicht auf „störende Schüler"

Der Soziologe und Pädagoge Emile Durkheim (1858–1917) diagnostizierte schon zu seiner Zeit, dass moderne europäische Gesellschaften in eine tiefgreifende moralische Krise verfallen würden, da die moralischen Regeln nicht mehr bindend genug seienn, um die Gesellschaften zu integrieren. Er sprach von einer Gefährdung des Zusammenlebens, einhergehend mit einer Orientierungslosigkeit (vgl. Kron / Reddig 2003, S. 1).

Modernisierung und Säkularisierung stellen die autoritätsgestützten Rahmenbedingungen für moralische Solidarität und individuelle Kompetenzerwartung infrage, die sowohl die Wirksamkeit als auch das Verantwortungsvermögen der Individuen fundieren.

(Edelstein 2001, S. 13)

Im Hinblick auf die aktuellen Gesellschaftsproblematiken und die damit verbundenen Erziehungsschwierigkeiten – insbesondere in Bezug auf eine fehlende Moralentwicklung und Disziplinierung von Kindern und Jugendlichen im schulischen Beratungskontext (vgl. Brusten / Hurrelmann, 1973, S. 163; Edelstein, 2001, S. 7) – leistet Durkheims Moraltheorie einen interessanten Beitrag für Beratung in der Schule und soll daher kurz skizziert und im Anschluss an die Moraltheorien von Jean Piaget (1896–1980) und Lawrence Kohlberg (1927–1987) erweitert werden.

Piaget und Kohlberg fordern eine *entwicklungsbezogene Didaktik*, die auf die jeweiligen Entwicklungsvoraussetzungen der Schüler eingeht und auf den durch die Entwicklung markierten Stand zurückgeht, um die individuelle Weiterentwicklung fördern zu können. Ihre moralpädagogischen Ansätze sind damit für das pädagogische und beratungsrelevante Handeln in der Schule bedeutsam: Wenn Schüler im pädagogischen Handeln kein Entgegenkommen erleben, können sie weder die für den Schulerfolg zentralen Überzeugungen eigener Wirksamkeit noch die für die Ausbildung sozialer Solidarität moralische Motivation kultivieren (vgl. Edelstein 2001, S. 25).

Emile Durkheim war einer der ersten Erziehungstheoretiker, der qualitativ unterschiedliche Formen von Moral postulierte und ein Konzept der Moral vorstellte, welches sich auf individuelle Verhaltensregulation und Reproduktion der gesellschaftlichen Verhältnisse richtete (vgl. Spang 1981, S. 140).

Es sind drei Elemente, die nach Durkheim eine moderne Moralität charakterisieren: Der an die gesellschaftlichen Regeln gewöhnte ‚Geist der Disziplin', der ‚Anschluss an soziale Gruppen', d. h. die Entwicklung altruistischer Haltungen sowie die ‚Autonomie des Willens' als Einsicht in die Notwendigkeit und Vernunft gesellschaftlicher Regeln sind nach Durkheim diese drei Elemente, die die Heranwachsenden durch Erziehung und Sozialisation als Voraussetzungen gesellschaftlichen Zusammenlebens in modernen arbeitsteiligen Gesellschaften verinnerlichen, zu ihrer zweiten, besseren Natur machen müssen.

(Baumgart 2008, S. 33)

1. Geist der Disziplin
Unter dem Begriff „Geist der Disziplin“ versteht Durkheim das Gesetz der Regelmäßigkeit, der Begrenzung sowie den Respekt der Regel. Er spricht der Moraldisziplin eine bedeutende Rolle in der Bildung des Charakters und der Persönlichkeit zu. „Was im Charakter am wesentlichsten ist, ist die Fähigkeit, sich zu beherrschen, ist jene Fähigkeit des Aufhaltens oder wie man sagt, der Funktionshemmung, die uns erlaubt, unsere Leidenschaften, unsere Wünsche und unsere Gewohnheiten zu bremsen und zu beherrschen“ (Durkheim 1984, S. 98). Die Moraldisziplin erzieht nach seinem Verständnis zu Selbstbeherrschung. „Sie lehrt uns, anders zu handeln als unter dem Druck innerer Triebe; sie verhindert, dass unsere Tätigkeit spontan ihrer natürlichen Neigung folgt. Sie lehrt uns, mit Anstrengung zu handeln; denn es gibt keine moralische Handlung, die nicht verlangt, irgend eine Laune zu bezähmen, irgend eine Begierde zum Schweigen zu bringen, irgend einen Trieb zu mäßigen“ (Durkheim 1984, S. 99). Moralisch handeln heißt hier nichts anderes, als sich folgerichtig nach beständigen Prinzipien zu benehmen (vgl. Hoffmann 2009, S. 80).

Schüler A.:
Das Hin-und-her-Laufen, ständige Reden sowie die kontinuierliche Unaufmerksamkeit im Unterricht entspricht „dem körpersprachlichen symbolisierten Schrei nach Grenzen, Halt und Struktur" (Häußler / Hopf, in: Bovensiepen et al. 2004, S. 41). Für den Schüler gibt es keine beständigen Prinzipien, vielmehr sind durch seine innere Unruhe, begründet in fehlendem Halt und einer Abwehr gegen überwältigende und als bedrohlich erlebte Affekte, kognitive Fähigkeiten durch emotionale Prozesse über weite Zeitspannen intermittierend blockiert (vgl. Brisch, in: Bovensiepen et al. 2004, S. 55). Schüler A. regiert spontan und seinen inneren Trieben folgend, um sich zu schützen. Ein hilfreicher Einblick ist die Zeitleiste, die permanente Abbrüche, fehlenden Halt und eine fehlende Vermittlung von Werten und Moral, aber auch von Bindung und Sicherheit verdeutlichen kann und die Informationen zum Verhalten des Schülers erweitert:

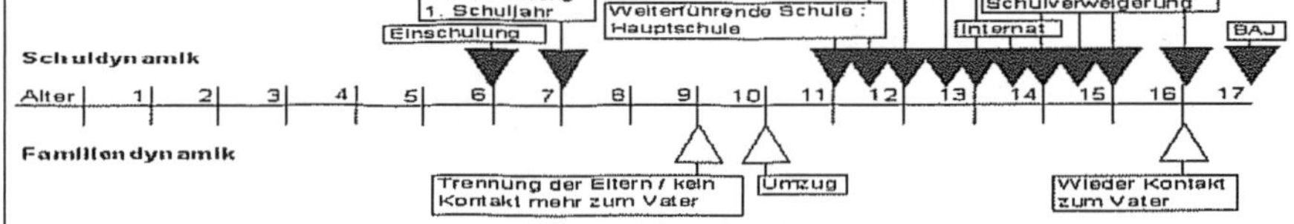

Abb. 2: Schuldynamik vs Familiendynamik, Quelle: Hoffmann 2009, S. 277

2. Anschluss an soziale Gruppen

Das zweite Element der Moralität, den Anschluss an soziale Gruppen, begründet Durkheim damit, dass der Mensch wie alles, was existiert, ein begrenztes Wesen ist: der Teil eines Ganzen. „Physisch ist er Teil des Universums; moralisch ist er Teil der Gesellschaft" (Durkheim 1984, S. 103). Moralisch handeln heißt für Durkheim, im Hinblick auf ein Kollektivinteresse zu handeln. Individuen sind nach seinem Verständnis nur in dem Maße moralische Wesen, in dem sie soziale Wesen sind. Durkheim spricht der Schule eine bedeutende moralische Erziehungsrolle zu, da diese von der engen familiären Abhängigkeit befreit (vgl. Durkheim 1984, S. 187).

3. Autonomie des Willens

Für moralisches Handeln reicht es nach Durkheim nicht aus, Disziplin zu üben und an eine Gruppe angeschlossen zu sein, sondern die Individuen müssen sich, indem sie sich der Regel fügen, der Gründe ihres Handelns bewusst sein (vgl. Durkheim 1984, S. 164f.). Als moralischen Vermittler sieht Durkheim den Lehrer: Die Schule und der Lehrer stellen für Durkheim das wichtigste Verbindungsglied zwischen Individuum und Gesellschaft dar (vgl. Hoffmann 2009, S. 82). Durkheim begründet dies mit dem Argument, dass die Schule – im Gegensatz zur Familie – nicht durch affektive und emotionale Bindungen belastet und daher so differenziert ist, dass sie als Gesellschaft im Kleinen wirken kann (vgl. Spang 1981, S. 141). Für Durkheim ist die Schuldisziplin die Moral der Klasse und diese wiederum ist für ihn nichts anderes als eine kleine Gesellschaft. Die Schulpflicht wendet sich an die Vernunft, weniger an die Empfindsamkeit; sie verlangt eine größere Anstrengung und Spannung (vgl. Durkheim 1984, S. 191).

Was aber, wenn die Empfindsamkeit, die emotionale und affektive Belastung eines Schülers kognitive Prozesse erschwert oder gänzlich verhindert?

Während Durkheim Moralentwicklung mit Sozialisation erklärt und das menschliche Subjekt dabei als eine Tabula rasa annimmt, verstehen Piaget und Kohlberg in ihren Moraltheorien das Subjekt als ein kognitiv aktiv handelndes Subjekt (vgl. Wallwork 1986, in: Bertram, S. 170).

> Kohlberg versteht seine Theorie und Methode als eine Weiterentwicklung und Ausdifferenzierung der empirischen Arbeiten von Piaget zum moralischen Urteil beim Kind aus den dreißiger Jahren (vgl. Piaget 1979). Piaget eruierte dabei zwei voneinander verschiedene Typen der Moral, nämlich der Heteronomie und der Autonomie, die zeitlich aufeinander folgen und entwicklungsbedingte Verarbeitungen der erfahrenen Umwelt darstellen.
>
> *(Spang 1981, S. 139)*

Der Schweizer Entwicklungspsychologe und Epistemologe Jean Piaget interpretierte aus entwicklungspsychologischer Sicht die Fähigkeit des moralischen Urteilens als eine Interaktion von individuellen Denkstrukturen, welche sich gemäß dem „geistigen Alter" und den gesellschaftlichen Beziehungen entwickelt (vgl. Spang 1981, S. 140). Es war Piaget, der uns gelehrt hat, dass erfolgreiches Lernen ein entwicklungsadäquates Fundament voraussetzt (vgl. Edelstein 2001, S. 31). Er entwickelt aus seinen psychologisch-empirischen Untersuchungen schließlich ein ineinander übergehendes Stufenmodell der kognitiven, sozialen Entwicklung:

- die erste, die vorkonventionelle Stufe, ist die des „moralischen Realismus",
- die zweite, die heteronome Stufe, ist die des „kooperativen Gerechtigkeitssinns" und
- die dritte, die autonome Stufe, die des „Bewusstseins autonomer Gerechtigkeit" (vgl. Schirp, in: Landesinstitut für Schule und Weiterbildung [Hg.] 1995, S. 16).

Piagets Auffassung von moralischer Entwicklung setzt sich vom moralischen Konzept Durkheims, welches sich auf individuelle Verhaltensregulation und Reproduktion der gesellschaftlichen Verhältnisse bezieht, deutlich ab (vgl. Spang 1981, S. 140). Während für Durkheim im Zusammenhang mit Disziplin und Moral die Institution Schule und die Lehrer das wichtigste Verbindungsglied zwischen Individuum und Gesellschaft darstellen, geht Piaget nicht davon aus, dass Sozialisation die Anpassung an und das Lernen von gesellschaftlichen Vorgegebenheiten bedeutet. Vielmehr vertritt er die Ansicht, dass das Individuum seinem Entwicklungsstand entsprechend und gemäß seinen Erfahrungen moralische Beurteilungen von Problemen und Situationen immer wieder verändert.

Piaget fordert dementsprechend in schulpädagogischer Konsequenz eine der Durkheimschen Pädagogik entgegengesetzte „aktive Schule", welche kooperative Arbeitsbeziehungen, konstruktive Tätigkeiten, Konflikt- und Widerspruchserfahrungen sowie die Erfahrung von Gleichheit und Gerechtigkeit ermöglicht (vgl. Spang 1981, S. 142). Spang zeigt durch das Herausarbeiten der Unterschiede und der Gemeinsamkeiten der Theorien von Piaget, Durkheim und Kohlberg, „dass Durkheims Moraltheorie zwar den Versuch einer erfahrungswissenschaftlichen Abkehr von normativen Ansätzen darstellt, dass er aber mit seiner Konstruktion des Verhältnisses von Gesellschaft und Individuum eine erneute Unterordnung unter gesellschaftliche Vorgegebenheiten organisiert, die bei Piaget in der Vorstellung eines interaktiven (Un-)Gleichgewichts zwischen Individuen einer prinzipiellen Veränderung unterliegen" (Spang 1981, S. 142).

Der Sozialpsychologe und Pädagoge Lawrence Kohlberg konzentrierte sich bei seinen Forschungen auf moralische Konflikte und auf Strukturen des moralischen Urteilens. Die von ihm beschriebenen Entwicklungsstufen sind als Resultate der interaktiven Auseinandersetzung des Menschen mit seiner sozialen Umwelt zu verstehen. Kohlberg spricht von sechs moralischen Stadien, die sich auf drei Hauptniveaus verteilen: Präkonventionelles Niveau (Stadien 1 und 2), Konventionelles Niveau (Stadien 3 und 4) und Postkonventionelles Niveau (Stadien 5 und 6) (vgl. Colby / Kohlberg 1986, in: Bertram, S. 144).

Moralische Stufe	Orientierung	Perspektive
Präkonventionelle Moral	*Stufe 1*: Orientierung an Gehorsam und Strafe *Stufe 2*: Instrumenteller Austausch	Egozentrische/unilaterale Perspektive Perspektivenkoordination/ mutuelle Perspektive
Konventionelle Moral	*Stufe 3*: Moral der guten Beziehung *Stufe 4*: Mitglied einer Gesellschaft	Perspektive der Beziehung/ Beobachterperspektive Perspektive des sozialen Systems
Postkonventionelle Moral	*Stufe 5 und 6*: Universelle Moral	Perspektive aller rationalen Subjekte

Abb. 3: Moralische Stadien, Quelle: Keller, in: Horster (Hg.), 2007, S. 21

Die meisten Kinder unter neun Jahren befinden sich auf dem präkonventionellen Niveau, ebenso einige Heranwachsende und wenige Erwachsene. Auf dem konventionellen Niveau bewegt sich die Mehrzahl der Jugendlichen und Erwachsenen in den meisten Gesellschaften. Nur eine Minderheit von Erwachsenen erreicht das postkonventionelle Niveau, und dies gewöhnlich erst ab einem Alter von zwanzig Jahren. Der Terminus „konventionell" bezieht sich auf die Einhaltung von Regeln und darauf, dass ihnen entsprochen wird, *weil* es sich um die Regeln, Erwartungen und Konventionen der Gesellschaft handelt. Individuen, die sich auf dem präkonventionellen Niveau bewegen, sind noch nicht imstande, konventionelle oder gesellschaftliche Regeln und Erwartungen zu verstehen und/oder zu billigen. Auf dem postkonventionellen Niveau versteht das Individuum die gesellschaftlichen Normen und akzeptiert sie, die Anerkennung basiert jedoch auf der Formulierung und *Anerkennung allgemeiner moralischer Prinzipien*, die den gesellschaftlichen Normen zugrunde liegen. Diese Prinzipen geraten gelegentlich in Konflikte mit den gesellschaftlichen Forderungen: „In diesem Fall richtet sich das Individuum nach dem Prinzip und nicht nach der Konvention" (Colby / Kohlberg in: Bertram 1986, S. 144).

Innerhalb eines jeden moralischen Niveaus unterscheidet Kohlberg zwei Stadien, wobei jeweils das zweite Stadium die fortgeschrittene und besser organisierte Form beschreibt. Kohlberg beschreibt die sechste Stufe als End- und Zielpunkt moralischer Entwicklung. Er geht hier von einem idealen Rollentausch aus, in welchem man sich in eine andere Person hineinversetzt und so entscheidet, als würde man die eigene Position in der Situation nicht kennen. Kohlberg versteht Moralerziehung als *Stimulation*:

Mit dem Begriff Stimulation distanzieren sich Kohlberg und seine Mitarbeiter von einer Indoktrination richtiger Antworten ebenso wie von einer bloß artifiziellen Unterweisung, indem Kohlberg u. a. „darunter nicht eine beschleunigte Entwicklung verstehen, an deren Ende das moralisch frühreife Kind steht. Wir wollen vielmehr sicherstellen, dass jedes Kind sich optimal entwickelt, dass jedes Kind letztlich eine hochstehende Stufe des Denkens und Handelns erreicht" (Kohlberg / Turiel 1978, 58).

(Spang 1981, S. 145)

Moralentwicklung hängt von Stimulierung ab, die man kognitiv- strukturell aufschlüsseln kann, die aber auch eine soziale Stimulierung sein muss, wie sie durch soziale Interaktion, moralische Entscheidung, moralischer Dialog und moralisches Miteinander zustande kommt. ‚Rein kognitive' Anregung ist ein notwendiger Hintergrund der Moralentwicklung, bringt sie jedoch nicht unmittelbar hervor.

(Kohlberg, zit. n. Edelstein 2001, S. 52)

Die moralische Entwicklung muss demnach im Gesamtzusammenhang der Persönlichkeitsentwicklung betrachtet werden und hängt zudem von einer beeinflussenden Stimulierung der kognitiven Struktur ab. Ebenso bedeutsam sind Anregungen sozialer Natur, zum Beispiel solcher, wie sie der soziale Kontakt, die moralische Entscheidungsfindung, der moralische Dialog und die moralische Interaktion bieten, und nicht nur die rein kognitive Stimulierung, ebenso wenig auch die allein durch Zwang und Kontrolle geprägte eindimensionale Disziplinierung. Für eine moralische Entwicklung bedeutsam sind soziale Erfahrungen, die so genannten ‚Erfahrungen der Rollenübernahme'. „Dass man Rollen übernimmt, sich die Einstellung anderer zu eigen macht, sich ihrer Gedanken und Gefühle bewusst und imstande ist, sich selbst an ihre Stelle zu versetzen, das ist es eben, was die soziale Erfahrung von der Interaktion mit toten Dingen unterscheidet" (Colby / Kohlberg in: Bertram, 1981, S. 155).

Was bedeuteten diese moraltheoretischen Erkenntnisse nun für den beratungsrelevanten Umgang mit „störenden Schülern"? Die wissenschaftliche, moraltheoretische Sicht verdeutlicht, dass die Lebenslagen der Heranwachsenden (mit-)entscheidend für ihre moralische Entwicklung ist. Aus beratungstheoretischer Sicht spielen daher Fragen der Gesprächs- und Umgangskultur, Fragen von Bindung und Beziehung, von Grenzen und Gestaltungsaufgaben, von Vertrauen und Konfrontation, von entlastender Verbindlichkeit und Sensibilisierung für die situativen sozialen Bedingungen von Kindern und Jugendlichen eine wesentliche moralpädagogische Rolle. Aus Kohlbergs Sicht sind Faktoren der generellen sozialen Erfahrungen und Anregung bezüglich der

Moralentwicklung von besonderer Bedeutung (vgl. Kohlberg, zit. n. Edelstein 2001, S. 52f.).

Was bringen die Schüler A., D. und S. aus moraltheoretischer Sicht mit? Wie sieht ihr Lebensumfeld aus? Dies sind Fragen, die beratungswissenschaftlich bedeutsam sind. Die Jugendlichen selbst sind die Experten ihrer Lebenslage und trotz aller Ressourcen, die ihnen fehlen, besitzen sie Ressourcen, um ihre eigene Problemlage zu erfassen, zu beschreiben und für Beratung erschließbar zu machen.

Wissenschaftliche und empirisch belegte Moraltheorien wie die Piagets und Kohlbergs nehmen eine komplexe Perspektive ein, die eine Ursachenerklärung für fehlende „Moral", „Anpassungsfähigkeit", „Rücksichtnahme", „Verantwortungsübernahme" in der Schule ermöglicht. Anhand von Durkheims Moraltheorie und Disziplinverständnis wiederum lassen sich unterschiedliche Ursachenerklärungen für „störendes Verhalten" ableiten, die mit Hilfe der Moraltheorien Piagets und Kohlbergs vielschichtig betrachtet werden können und mit empirischen Ergebnissen zu Bedingungskonstellationen für Störungen und Beratungssituationen in Schulen korrespondieren.

Die moralische Aufgabe, die dem Lehrer zufällt, definiert Durkheim wie folgt: „Er muss eine laiische [nicht religiöse, Anm. d. A.] rationale Moralerziehung vermitteln" (Durkheim 1984, S. 18). „Der Mensch, den die Erziehung in uns verwirklichen muss, ist nicht der Mensch, den die Natur gemacht hat, sondern der Mensch, wie ihn die Gesellschaft haben will; und sie will ihn so haben, wie ihn ihre innere Ökonomie braucht" (Durkheim 1984, S. 44). Der gesellschaftliche Charakter der Erziehung wird bei Durkheim zum *Erziehungsauftrag der Schule*. Durkheim stellt fest, dass eine rationale Moralerziehung nötig ist, weil wir rationaler geworden sind. „Nun ist aber der Rationalismus nur eine Seite des Individualismus: Er ist die intellektuelle Seite. Das sind nicht zwei verschiedene geistige Ansichten, sondern die eine ist die Kehrseite der anderen und umgekehrt" (Durkheim, 1984, S. 67). Auch Piaget und Kohlberg sehen einen Zusammenhang von Gesellschaft und Moral, sie geben jedoch der individuellen Entwicklung und den Erfahrungsmöglichkeiten der Individuen in der Gesellschaft eine besondere Bedeutung. Kohlbergs Theorie zufolge wird das konventionelle Niveau (Stufe 3 und 4) erst im Jugendalter erreicht; das bedeutet auch, dass jüngere Schüler, die sich auf dem präkonventionellen Niveau (Stufe 1 und 2) bewegen, nicht im Stande sind, konventionelle oder gesellschaftliche Regeln zu begreifen.

Man kann sich die Bedeutung der drei Niveaus auch so plausibel machen, dass man sie als drei unterschiedliche Typen von Beziehungen zwischen dem Selbst und den gesellschaftlichen Regeln und Erwartungen begreift. Aus dieser Perspektive hat das präkonventionelle Subjekt (Ebene I) ein Selbst, dem die sozialen Normen und Erwartungen äußerlich bleiben; Ebene II bezieht sich auf die konventionelle Person, deren Selbst mit den Regeln und Erwartungen anderer, speziell der Autoritäten, identifiziert ist bzw. diese internalisiert hat; und Ebene III bezeichnet die postkonventionelle Person, die ihr Selbst von den Regeln und Erwartungen anderer unabhängig gemacht hat und die ihre Werte im Rahmen selbstgewählter Prinzipien definiert.

(Kohlberg 1996, S. 127)

Schüler A., D. und S.:
Wenn davon ausgegangen werden kann, dass die Schüler sich auf dem präkonventionellen Niveau befinden, verstehen sie Gehorsam in der Schule als Selbstwert, sie handeln nach Kohlbergs Theorie aufgrund egozentrischer Gesichtspunkte. „Der Handelnde berücksichtigt die Interessen anderer nicht oder erkennt nicht, dass sie von den seinen verschieden sind, oder er setzt zwei verschiedene Gesichtspunkte nicht miteinander in Beziehung. Handlungen werden rein nach dem äußeren Erscheinungsbild beurteilt und nicht nach den dahinter stehenden Intentionen. Die eigene und die Perspektive der Autorität werden miteinander verwechselt" (Kohlberg 1996; S. 128). Die Weigerung der Schüler D. und S., sich an Regeln zu halten oder sich auf Regeln einzulassen, kann dahingehend verstanden werden, dass das Ich in erster Linie aufgefordert ist ein inneres Gleichgewicht wieder herzustellen. Beide befinden sich im Dilemma ständig missverstanden zu werden. Ihre eigene Wahrnehmung und die ihrer Umwelt stehen regelmäßig im Widerspruch. Die Bewältigungsstrategien der Schüler führen zu scheinbar unlösbaren Konflikten im schulischen Umfeld, verbunden mit einem hohem Maß irritierender Affekte wie Verletzungsgefühle, Scham, Gefühlen von Minderwertigkeit (Schüler A. äußert sich zu seinem schulischen Verhalten: „Es gibt Menschen, die werden „schlecht" geboren, ich bin so ein Mensch, ich mache immer Ärger."), Wut, Enttäuschung etc. Die Schüler stellen demnach das Gleichgewicht wieder her durch die Verweigerung der Regeln.

Wesentliche pädagogische Momente, die sich aus der moraltheoretischen Sicht von Piaget und Kohlberg ergeben, sind demnach die Bereitstellung von kooperativen Arbeitsbeziehungen, Kommunikations- und Konfliktmöglichkeiten. Beide Moraltheoretiker fordern eine moralische Entwicklung, die nicht, wie Durkheim, eine Beachtung der Regeln um ihrer selbst willen verlangt.

7.2.4 Der konstruktive Umgang mit „schwierigen Schülern"

Die schulische Beratung befindet sich stets im Spannungsfeld zwischen individuellen und institutionellen Anforderungen und Bedürfnissen. Werte- und Zielvorstellungen sowie Erwartungen der Adressaten müssen im beraterischen Kontext aufgegriffen werden, dabei ist ein Beratungsansatz, der das Lebensfeld beachtet und damit pädagogisch und ressourcenorientiert arbeitet, sinnvoller als ein diagnostischer, defizitorientierter Ansatz.

Die Prinzipien der Moralerziehung durch gerechte Gemeinschaft und Demokratisierung, die an Kohlbergs Theorie zur Entwicklung moralischen Urteilens anknüpft, machen diese Ansicht deutlich (Oser / Althoff 1992):

- *Prinzip der pädagogischen Zumutung*: Erziehende sollen den Schülern Vertrauen in deren praktische Vernunft und Selbst- und Mitbestimmungsfähigkeit entgegen bringen.
- *Prinzip des Gemeinschaftszweckes*: Lernen findet nicht durch die Auseinandersetzung mit abstraktem Wissen, sondern durch Eigenerfahrung statt.
- *Herausarbeiten des besseren Arguments*: Entscheidungen werden auf der Basis von Argumenten und losgelöst von der Machtposition der Beteiligten getroffen.
- *Demokratisierung der Lebenswelt*: Entscheidungsprozesse etwa im Zuge der Unterrichtsplanung oder im Vorfeld der Zensurengebung sind offenzulegen, damit alle daran partizipieren können.
- *Prinzip verantwortlichen Handelns*: Regeln, die das Miteinander von allen am Schulalltag beteiligten Personen regulieren, sind gemeinsam aufzustellen und für alle verbindlich.
- *Prinzip der Perspektivenübernahme und Empathie*: Wenn sich Lehrer oder Schüler in die Rolle des anderen hineinversetzen sollen, so sind dabei kognitive und emotionale Verstehensprozesse zu berücksichtigen.
- *Prinzip der Identifikation und Partizipation an der Entstehung schulischer Normen*. Wichtig ist die Schaffung eines positiven Schulklimas als Voraussetzung für die Identifizierung aller mitgeteilten Normen.

Erika Voigt betont, dass es in einem komplexen Handlungsfeld, wie es die Institution Schule darstellt, bedeutsam sei, wesentliche Grundsätze im Bewusstsein zu halten, die für Beratung in Institutionen wichtig sind:

1. *Freiwilligkeit*: Der Ratsuchende entscheidet über Beginn und Ende der Beratung und den Umgang mit Vorschlägen.
2. *Vertraulichkeit*: Verschwiegenheit gegenüber unbeteiligten Dritten.
3. *Selbstverantwortlichkeit stärken*: Hilfe zur Selbsthilfe, Befähigung des Ratsuchenden, seine Probleme selbst zu lösen.
4. Ökonomie: Beratung setzt aktiv und rechtzeitig ein.
5. *Kooperation*: Probleme werden, wenn möglich, mit allen betroffenen Personen bearbeitet. Dabei ist die Verantwortungsstruktur der Institution zu beachten.
6. *Systembezogene Intervention und Prävention*: Einzelfall- und Schulberatung gehen Hand in Hand, Personen des Umfeldes werden mit einbezogen (vgl. Voigt, in: Krause et al. 2003, S. 164f.).

Beratung als vertrauensvolle und zielgerichtete Interaktion hat sich in der Pädagogik unterschiedlich etabliert. Einerseits ist Beratung eine *Form erzieherischen*

Handelns, bei der Bevormundung und Druck vermieden werden und die dem Ziel der Lern- und Lebensgestaltung und einer sozialen Selbstverwirklichung der zu Erziehenden dient. Andererseits ist Beratung ein *pädagogisch-psychologischer Prozess der Hilfe,* bei dem (wissenschaftliche) Theorien und Methoden sachkundig angewendet werden. Hier geht es um die systematische und verbindliche Hilfe zur Bewältigung von Problemen.

Beratung als Form erzieherischen Handelns bewegt sich zwischen den Polen einer gezielten Beeinflussung und direkten Lenkung einerseits und einer Selbststeuerung und Hilfe zur Selbsthilfe andererseits. Die letztliche Entscheidung über das „Ob“ und das „Wie“ der Ausführung des Beratungsergebnisses liegt beim Ratsuchenden.

> Das Beratungsgespräch kann definiert werden als eine besondere zwischenmenschliche Interaktionsform, die im Gegensatz zum Alltagsgespräch planvoll, fachkundig und methodisch geschult durchgeführt wird und die auf einer beiderseitigen Verbindlichkeit, Verantwortung und auf einem arbeitsfördernden Vertrauensverhältnis beruht. Damit geht Beratung über eine bloße Informationsvermittlung oder eine (fremdbestimmte) Erziehung hinaus.

Ein solches Verständnis von Beratung setzt idealtypisch folgende Prinzipien voraus:
- Motivation des Ratsuchenden zu Beratung,
- Freiwilligkeit und Bereitschaft des Ratsuchenden zur Mitarbeit,
- dessen Wahl- und Entscheidungsfreiheit,
- die Methoden- und Gestaltungskompetenzen des Beraters und
- die Kooperationsbereitschaft von Berater und Ratsuchendem.

Das Ziel von Beratung kann es nicht sein, die eine Beratungstheorie zu entwickeln, vielmehr geht es um interdisziplinäre Ansätze, die eine gerichtete und individuelle Auswahl ermöglichen. Die jeweilige Theorie sollte in ihren wissenschaftstheoretischen und in ihren methodischen Teilen in sich und zueinander stimmig und anwendungsbezogen, d.h. praxisrelevant sein.

Das Spannungsfeld Schule verdeutlicht, dass es um Verantwortungsübernahme sowohl persönlicher, entwicklungsbedingter als auch struktureller Probleme im schulischen Umfeld gehen muss, wenn gelingende pädagogische Arbeit möglich sein soll. Wer „schwierige Schüler“ berät, sollte deren schwierige Lage und ihr persönliches Lebensumfeld in den Blick nehmen, um dem Kampf um Kontrolle und Autonomie im Schulsystem konstruktiv zu begegnen. Versteht man das Verhalten der Jugendlichen als Abwehr, Schutz und Kontrolle, als von ihnen inszenierte frühe Beziehungs- und Konflikterfahrungen, erscheinen Räume sinnvoll, die institutionell gesichert und dem Nachdenken, Reflektieren, Innehalten ebenso dienlich sind wie kollegiale (Fall-)Beratung und Supervision. Nur dann ist ein erster Stein gelegt, der verhindert, dass im Schulsystem erbitterte Kämpfe um Macht und Kontrolle stattfinden, die sich in einer Macht-Ohnmacht-Spirale über Jahre hinziehen und in deren Verlauf sich Täter und Opfer, Störer und Gestörte immer ähnlicher werden, mit dem traurigen Ergebnis, dass sich besiegte Sieger und siegreiche Verlierer gegenüberstehen (vgl. Freyberg / Wolff 2006, S. 1). Verantwortung zu übernehmen bedeutet, sie allen im Schulsystem Beteiligten zuzutrauen und sie nicht zu fürchten.

„Freiheit bedeutet Verantwortlichkeit. Das ist der Grund, weshalb die meisten Menschen sich vor ihr fürchten" (Georg Bernard Shaw).

7.2.5 Literatur

Bach, Heinz: Schulische Erziehungsberatung. Möglichkeiten und Probleme des Gesprächs zwischen Schule und Elternhaus, Hannover 1960

Baumgart, Franzjörg (Hg.): Theorien der Sozialisation. 4. Aufl., Bad Heilbrunn 2008

Beck, Manfred / Brückner, Gerhard / Thiel, Heinz-Ulrich: Psychosoziale Beratung. Klient/inn/en – Helfer/innen – Institutionen. Deutsche Gesellschaft für Verhaltenstherapie, Tübingen 1991

Belardi, Nando et al.: Beratung. Eine sozialpädagogische Einführung. 3. Aufl., Weinheim und Basel 2001

Benz, Ernst / Caroli, Walter: Beratung im Kontext Schule, München / Basel 1977

Brisch, Karl Heinz: Hyperaktivität und Aufmerksamkeitsstörung aus der Sicht der Bindungstheorie. In: Bovensiepen, Gustav / Hopf, Hans / Molitor, Günther (Hg.): Unruhige und unaufmerksame Kinder – Psychoanalyse des hyperkinetischen Syndroms. 2. Aufl., Frankfurt/M. 2004, S. 45ff.

Borowski, Dietmar: Ein misslungener Dialog. In: Bovensiepen, Gustav / Hopf, Hans / Molitor, Günther (Hg.): Unruhige und unaufmerksame Kinder – Psychoanalyse des hyperkinetischen Syndroms. 2. Aufl., Frankfurt/M. 2004, S. 194ff.

Bovensiepen, Gustav / Hopf, Hans / Molitor, Günther (Hg.): Unruhige und unaufmerksame Kinder. Psychoanalyse des hyperkinetischen Syndroms. 2. Aufl., Frankfurt/M. 2004

Colby, Ann / Kohlberg, Lawrence: Das moralische Urteil: Der kognitionsorientierte, entwicklungspsychologische Ansatz. In: Bertram, Hans (Hg.): Gesellschaftlicher Zwang und moralische Autonomie. Frankfurt/M. 1986

Durkheim, Émile: Erziehung: Moral und Gesellschaft. Vorlesung an der Sorbonne 1902/1903. Mit einer Einleitung von Paul Fauconnet, übersetzt von Ludwig Schmidts. 1. Aufl., Frankfurt/M. 1984

–: Einführung in die Moral. In: Bertram, Hans (Hg.): Gesellschaftlicher Zwang und moralische Autonomie, Frankfurt/M. 1986, S. 33–53

Edelstein, Wolfgang / Oser, Fritz / Schuster, Peter (Hg.): Moralische Erziehung in der Schule. Entwicklungspsychologie und pädagogische Praxis, Weinheim / Basel 2001

Fleischer, Thomas / Grewe, Norbert / Jötten, Bernd / Seifried, Klaus / Sieland, Bernhard (Hg.): Handbuch Psychologie. Psychologie für die Schule, Stuttgart 2007

Freyberg, v. Thomas / Wolff, Angelika: Störer und Gestörte – eine Untersuchung von Konfliktgeschichten nicht beschulbarer Jugendlicher. In: Psychoanalyse Aktuell: Online Zeitung der Deutschen Psychoanalytischen Vereinigung DPV: URL: www.psychoanalyse-aktuell.de/kinder/stoerer.html; Stand: 30.8.2011

Göldner, Hans-Dieter (Hg.): Schwierige Schüler – was tun? Ein Ratgeber für die Unterrichtspraxis. 2., erw. und aktual. Aufl., München 1992

Grewe, Norbert (Hg.): Praxishandbuch Beratung in der Schule. Grundlagen, Aufgaben und Fallbeispiele, München, Neuwied 2005

Gröning, Katharina: Entwicklungslinien pädagogischer Beratung. Anfänge – Konflikte – Diskurse, Wiesbaden 2010

–: Pädagogische Beratung. Konzepte und Positionen. 2., aktual. und überarb. Aufl., Wiesbaden 2011

Häußler Gabriele / Hopf, Hans: Psychoanalytische Theorien. In: Bovensiepen, Gustav / Hopf, Hans / Molitor, Günther (Hg.): Unruhige und unaufmerksame Kinder – Psychoanalyse des hyperkinetischen Syndroms. 2. Aufl., Frankfurt/M. 2004, S. 20ff.

Hertel, Silke / Schmitz, Bernhard: Lehrer als Berater in Schule und Unterricht, Stuttgart 2010

Hoffmann, Cornelia: Disziplinschwierigkeiten in der Schule. Eine qualitative Einzelfallstudie mit einem gruppen- und bindungstheoretischen Schwerpunkt, Wiesbaden 2009

Huschke-Rhein, Rolf Bernhard: Systemische Erziehungswissenschaften: Pädagogik als Beratungswissenschaft, Weinheim 1998

Keller, Monika: Moralische Entwicklung und moralische Sozialisation. In: Horster, Detlef (Hg.): Moralentwicklung von Kindern und Jugendlichen, Wiesbaden 2007

Kohlberg, Lawrence: Die Psychologie der Moralentwicklung, Frankfurt/M. 1996

Krause, Christina / Fittkau, Bernd / Fuhr, Reinhard / Thiel, Heinz-Ulrich: Pädagogische Beratung. Grundlagen und Praxisanwendung, Paderborn 2003

Kron, Thomas / Reddig, Melanie: Der Zwang zur Moral und die Dimensionen moralischer Autonomie bei Durkheim. In: Junge, Matthias (Hg.): Macht und Moral: Beiträge zur Dekonstruktion von Moral. Wiesbaden 2003, S. 1–26

Mollenhauer, Klaus / Müller, C. Wolfgang: Führung und Beratung in pädagogischer Sicht, Heidelberg 1965

Mutzeck, Wolfgang: Kooperative Beratung. Grundlagen und Methoden der Beratung und Supervision im Berufsalltag. 2. Aufl., Weinheim 1997

Palmowski, Winfried: Der Anstoß des Steines. Systemische Beratung im schulischen Kontext. Ein Einführungs- und Lernbuch, 6., unveränd. Aufl., Dortmund 2007

Preuss-Lausitz, Ulf (Hg.): Schwierige Kinder – Schwierige Schüler. Konzepte und Praxisprojekte zur integrativen Förderung verhaltensauffälliger Schülerinnen und Schüler, Weinheim und Basel 2004

Sauer, Hugo: Jugendberatungsstellen. Idee und Praxis. In: Entschiedene Schulreform. Abhandlung zur Erneuerung der Deutschen Erziehung im Auftrag des Bundes entschiedenen Schulreformer. Heft 12, Leipzig 1923

Schirp, Heinz: Moralisch-demokratische Erziehung in der Schule. Zwischen „Mut zur Erziehung“ und Werterelativismus. In: Landesinstitut für Schule und Weiterbildung (Hg.): Werteerziehung in der Schule – aber wie? Ansätze zur Entwicklung moralisch-demokratischer Urteilsfähigkeit. 2. Aufl., Verlag für Schule und Weiterbildung, Bönen/ Westfalen 1995, S. 7–37

Schnebel, Stefanie: Professionell beraten. Beratungskompetenz in der Schule, Weinheim und Basel 2007

Stark, Georg / Aurin, Kurt / Reichenberger Helmut / Todt, Ellen (Hg.): Beraten in der Schule? Braunschweig 1977

Spang, Wilfried P.: Literaturbericht zur moralischen Erziehung (Kohlberg, Piaget und Durkheim). In: Schule und Erziehung VIII. Die Wertfrage in der Erziehung AS 58, Berlin 1981, S. 138–157

Voigt, Erika: Beratung in der Schule – Perspektiven der Schulpsychologie. In. Krause, Christina et al. (Hg.): Pädagogische Beratung, Paderborn 2003, S. 153–171

Wallwork, Ernest: Moralentwicklung bei Durkheim und Kohlberg. In: Bertram, Hans (Hg.): Gesellschaftlicher Zwang und moralische Autonomie, Frankfurt/M. 1986, S. 163–191

Wulf, Christoph / Groddeck, Norbert: Beratung und Erziehung in der Schule – Zur Integration von Beratungsaktivitäten in das schulische Erziehungsfeld, Hamburg 1977

7.3 Berufsberatung von Jugendlichen im Kontext der schulischen Berufsorientierung

Eduard Reimer

> Bundesagentur für Arbeit und Kultusministerkonferenz sind sich einig in dem Ziel, dass allen jungen Menschen ein erfolgreicher Übergang von der Schule in Ausbildung, Studium und Erwerbsleben ermöglicht werden muss. Dazu gehört, nach Abschluss der Schule ohne Brüche und ‚Warteschleifen' eine Ausbildung, ein Studium oder eine andere zu einem Beruf hinführende Qualifizierung aufnehmen und diese auch erfolgreich abschließen zu können.
>
> *KMK / Bundesagentur für Arbeit 2004, S. 2*

Der Wunsch, der in dieser Erklärung zum Ausdruck kommt, wird sicherlich von vielen geteilt. Gerade bei Haupt- und Realschülern zeigte sich, dass „zwei Drittel glauben, dass die Berufstätigkeit in ihrem späteren Leben sehr wichtig sein wird" (Kleffner u. a. 1996, S. 5). Umso größer ist daher der Wunsch, Umwege zu vermeiden und schnellstmöglich in das Berufsleben einzusteigen.

Oft gibt es aber Hinderungsgründe bei den Jugendlichen, die sie nicht dazu befähigen, nach ihrem Schulabgang eine geeignete Weiterbildungsmaßnahme bzw. eine Berufsausbildung aufzunehmen. Einer dieser Gründe ist häufig Unkenntnis. Unkenntnis über den Arbeitsmarkt, eigene Fähigkeiten, Stärken, Eignungen und zudem fehlende Kompetenzen, um sich auf dem Arbeitsmarkt zu behaupten. Bei diesen Jugendlichen besteht ein großer Informationsbedarf über „verfügbare Ausbildungsmöglichkeiten", „Kenntnis der eigenen Fähigkeiten" und „die Anforderungsstrukturen der Berufe" (Friedrich / Müller 1980, S. 17). Dazu kommen Verunsicherungen durch Absagen und die Feststellung, dass aufgrund der fehlenden Eignung der Wunschberuf (noch) nicht erreichbar ist. Das Selbstbewusstsein sinkt und die Selbstzweifel steigen (Klippert 1987, S. 18). Oder die Jugendlichen bleiben bei ihren Wunschvorstellungen und Ansprüchen, obwohl andere Berufe evtl. besser geeignet wären. So kann eine Folge sein, dass sie aufgrund der unerfüllten Wünsche und Vorstellungen anfangen, sich „durch das Leben zu schlagen" und gar keinen Beruf erlernen.

Gerade aufgrund dieser Problematiken bei Jugendlichen rückt, neben einer umfassenden Berufsorientierung an Schulen, eine *effektive Berufsberatung* in den Vordergrund des Interesses. Denn die Berufsberatung ist ein wichtiger Pfeiler in dem Berufswahlprozess der Jugendlichen, wie sich nachfolgend zeigt. Dafür wird im Folgenden zunächst auf ausgewählte Berufswahltheorien eingegangen.

7.3.1 Grundlegende Gedanken ausgewählter Berufswahltheorien

Die Theorien zur Berufswahl gehen zurück auf die Arbeit von Frank Parsons 1909, wenngleich bei einzelnen Theorien unterschiedliche Schwerpunkte gesetzt wurden (Holling u. a. 2000, S. 2). Parsons' Annahme bestand darin, dass eine größere Zufriedenheit mit und eine höhere Arbeitsleistung in dem gewählten Beruf auf eine aktive und engagierte Berufswahl zurückzuführen ist. Für ihn waren drei Elemente ausschlaggebend (ebd.):

- das Wissen um die Voraussetzung (z. B. Fähigkeiten, Interessen, Ambitionen), die eine Person mitbringt;
- das Wissen um die Anforderungen und Möglichkeiten verschiedener Berufe;
- das Zusammenbringen von Person und Beruf nach dem Prinzip der bestmöglichen Passung (Matching).

Im Laufe der Zeit entstanden weitere Theorien, die nicht nur die betroffene Person berücksichtigten, sondern den Blick auf das soziale Umfeld und die Kontextfaktoren ausweiteten.

Soziologische und sozioökonomische Theorien

Die soziologischen und sozioökonomischen Theorien spielen in der praktischen Berufsberatung keine relevante Rolle (Holling u. a. 2000, S. 4), bieten jedoch interessante Aspekte. Sie heben besonders die Umwelt sowie die Kontextfaktoren in der Berufswahl hervor.

Hansjürgen Daheim, der bekannteste Vertreter der Allokationstheorien, die dieser Richtung zuzuordnen sind, sieht den „Berufswahlprozess als fortschreitende Verringerung der Menge der Berufsalternativen“ (Holling u. a. 2000, S. 3). „Agenten“, Personen die einen großen Einfluss auf das Individuum ausüben, vermitteln Normen und Werte für die Wahl der Schulbildung und berufliche Zielexplikationen. Diese sind mitverantwortlich für die Validierung der Werte und Normen und die Konkretisierung der Berufswahl und für eine Konsolidierung bzw. Änderung der Werte und Normen bei der Berufsausübung (ebd.).

Interessant ist dieser Ansatz, weil er auf den Einfluss des sozialen Umfelds hinweist und die Problematik in den Blick nimmt, „dass schon recht frühzeitig die Menge der in Betracht zu ziehenden Berufe zu sehr eingeschränkt wird“ (ebd.). Auf z. B. Normen und Orientierung und die Interaktion zwischen dem Individuum und den Agenten wird aber nicht weiter eingegangen, in der Beratungspraxis ist sie deshalb wenig relevant.

Entwicklungstheorien

Die Entwicklungstheorien sehen die Berufswahl als einen *Findungsprozess*, der im Laufe der Zeit immer konkretere und realistischere Formen annimmt. Ginzberg unterteilt in seinem Ansatz die Berufswahl in drei Perioden, die er verschiedenen Lebensphasen zuordnet: die „unrealistische Berufswahl“, die „Probewahl“ und die „realitätsbezogene Vorstellung“, die in einer „Zielfindung“ mündet (Holling u. a. 2000, S. 4). Dieser Ansatz diente Autoren wie Donald Edwin Super, John Orr Crites, Heinz Moser u. a. als Grundlage; diese brachten Begriffe wie „Laufbahnmuster, berufliche Entwicklungsaufgabe, Berufslaufbahnreife und Selbstkonzept in die Diskussion mit ein“ (ebd.).

Karl Heinz Seifert z. B. stellt sich mit seinem *Laufbahnentwicklungsmodell* gegen die „theoretischen Ansätze in der Berufsorientierung, nämlich den informationstheoretisch-technologischen Ansatz, den kommunikationstheoretischen Ansatz und den berufspädagogischen Ansatz“ (Beinke 1988, S. 14). „Es kann [...] noch nicht als gesichert gelten, daß das von allen drei Ansätzen zugrunde gelegte Modell des rationalen Entscheidungsverhalten [...] ausreicht, um die inhaltliche und methodische Organisation der Berufswahlvorbereitung daran zu orientieren“ (Seifert 1977a, S. 498 zit. n. Beinke 1988, S. 14). Dieses Modell geht auf das Laufbahnentwicklungsmodell von Donald Edwin Super zurück, der die Berufswahl auch als einen Prozess versteht, der nicht in einem einmaligen Ereignis abgehandelt werden kann. Die „individuelle biografisch-berufliche Entwicklung“ ist dabei in „Phasen und Subphasen“ unterteilt (Beinke 1988, S. 14). Damit kommt Seifert zu dem Schluss, dass die Berufsorientierung, um effektiv zu sein, frühzeitig einsetzen muss und nicht erst gegen Ende der Schulzeit erfolgen sollte (ebd.).

Die „berufliche Identität“ und das „berufliche Selbstkonzept“, die sich gegenseitig ergänzen, erhalten dabei eine zentrale Rolle (Holling u. a. 2000, S. 5f.). Die „berufliche Identität“ ist, nach Super, die „objektive Sicht des Selbst“, welche durch „das Vorhandensein eines klaren und stabilen Bildes der eigenen Ziele, Interessen und Begabungen gekennzeichnet“ ist (ebd.). Das berufliche Selbstkonzept umschreibt die subjektive Perspektive, die sich auf „die persönliche Bedeutung, die Fähigkeiten, Interessen, Werte und Wahlen“ konzentriert (ebd.).

Seifert fasst den Prozess der beruflichen Entwicklung folgendermaßen zusammen:

> Der Prozeß der beruflichen Entwicklung besteht dabei in dem Bemühen, einerseits das Selbstkonzept zu entwickeln und zu erproben, insbesondere hinsichtlich der eigenen Fähigkeiten und Interessen, andererseits die Kongruenz zwischen Selbstkonzept und Berufsrollenbild herzustellen und schließlich beim Eintritt in den Beruf und dem Streben nach Berufserfolg und beruflicher Konsolidierung das Selbstkonzept zu verwirklichen.
> *(zit. n. Ammon 1980, S. 46)*

Herausragend bei diesen Theorien ist die Anerkennung der *Berufswahl als einen biografischen Prozess,* der durch das berufliche Selbstkonzept und die berufliche Identität nicht nur geprägt, sondern stark an der Kongruenz und Verwirklichung dieser interessiert ist. Zudem zeigen sie auf, dass die berufliche Entscheidung nicht nur ein rationaler Entscheidungsprozess ist.

Entscheidungstheorien

Die Entscheidungstheorien teilen sich in deskriptive und präskriptive Ansätze. Die deskriptiven Ansätze beschreiben das „tatsächliche Entscheidungsverhalten“, während die präskriptiven Ansätze aufzeigen, wie „optimale Entscheidungen auf der Basis rationalen Verhaltens aussehen sollen“ (Holling u. a. 2000, S. 10). Da der

Mensch sich aber nicht rein rational entscheidet, werden die präskriptiven Ansätze als „unzureichend" erklärt (vgl. Ammon 1980, S. 54).

Somit geht der Großteil der deskriptiven Ansätze der Frage nach, „welche Faktoren zur Verletzung der Rationalität bei Entscheidungen führen" (Holling u. a. 2000, S. 10). Die neueren Entscheidungstheorien versuchen ohnehin, „das Rationalitätskonzept näher an die Realität der kognitiven Möglichkeiten des Einzelnen anzugleichen" (Ammon 1980, S. 54).

Die Grundzüge der präskriptiven Ansätze, die von vornherein „optimale rationale Entscheidungen zu gewährleisten" versuchen, entsprechen dabei in vielen Fällen dem „klassischen Ansatz" von Ralph L. Keeney und Howard Raiffa (ebd.):

- Strukturierung des Problemfeldes,
- Definition der Handlungsalternativen,
- Informationssuche,
- Bewertung der Alternativen,
- Aggregation der bisher gewonnenen Information und Wahl.

Holling u. a. sehen in dem entscheidungstheoretischen Ansatz „ein sehr nützliches Rahmenkonzept", das „mögliche Entscheidungsregeln beschreibt" und für „konkrete Situationen zu spezifizieren" (2000, S. 11) ist. Bieten diese Theorien auch keine Vorhersage oder Erklärung von Berufswahlen, so zeigen sie zumindest in Grundzügen, was in einem Berufswahlprozess für die Jugendlichen von Bedeutung ist, um zu Entscheidungen zu kommen.

7.3.2 Neuere theoretische Ansätze

„Gerade neuere Theorien betonen, wie wichtig es ist, den Rat Suchenden eine Rückmeldung zu ihren Fähigkeiten, Fertigkeiten und Persönlichkeitsmerkmalen zu geben [...]" (Holling u. a. 2000, S. 27f.). Selbstwirksamkeit und generelle Lebensziele sind dabei zwei Merkmalsgruppen, auf die in diesen Theorien aufmerksam gemacht wird (Holling 2000, S. 28). Versucht wird in diesen Ansätzen, einen integrativen Rahmen zu den einzelnen bestehenden Berufswahltheorien und Ansätzen zu schaffen. Besonders Gary W. Peterson, James P. *Sampson* Jr. und Robert C. *Reardon* wollen diese Integration mit ihrem „kognitiven Informationsverarbeitungsansatz zum Problemlösen und Entscheiden" herstellen (ebd., S. 16). Sich in der Berufswahl befindende Menschen sollen „Wissen, Fertigkeiten und Einstellungen" entwickeln, um ein Leben lang in diesem Bereich fundierte Entscheidungen treffen zu können. Dabei werden „aktuelle gedankliche Erinnerungsprozesse, die bei der Lösung von Berufsproblemen und bei Berufsentscheidungen beteiligt sind", in den Blick genommen (ebd.). Für sie sind, in Bezug auf den eingangs erwähnten Ansatz Parsons', folgende entscheidende Faktoren von Bedeutung (zit. n. Holling u. a. 2000, S. 17):

- Selbstkenntnis,
- Kenntnis über Berufe und
- die Fähigkeit, zwischen beiden eine Verbindung herzustellen.

Robert William Lent, Steven Douglas Brown und Gail Hackett wollen mit ihrer „sozial-kognitiven Perspektive der beruflichen Entwicklung" ebenfalls verwandte Theorien zusammenbringen und versuchen aus den Theorien resultierende Ergebnisse umfangreicher zu erklären. Dabei wollen sie eine Verbindung herstellen zu „unterschiedlichen Konstrukten wie z. B. Selbstwirksamkeitserwartungen, Interessen, Fähigkeiten und Bedürfnissen" (ebd., S. 14). Zugrunde liegt ihren Annahmen vor allem die sozial-kognitive Theorie Albert Banduras (ebd.). Kognitive, selbstregulatorische und motivationale Prozesse sind damit genauso von Bedeutung, wie „die Betonung von Lernerfahrungen bei der Entwicklung von Berufsinteressen, Werten und Berufswahlen sowie die Beachtung genetischer Faktoren und Umweltbedingungen für berufliche Entscheidungen" (ebd.). Dabei sind die Selbstwirksamkeitserwartung, die Ergebniserwartung und die persönlichen Ziele von besonderer Bedeutung.

Ob die neueren theoretischen Ansätze sich in ihren Annahmen bestätigen, bleibt noch abzuwarten. Auf jeden Fall ist der Versuch, einzelne verwandte theoretische Annahmen zu vereinen, eine gute Entwicklung, da sich zeigt, dass ältere Theorien nicht in der Lage sind, die Komplexität des Berufswahlverhaltens und -prozesses in ihrer Gesamtheit zu beschreiben und zu erklären. Dabei ist, nach Holling u. a. (2000, S. 28), die Entscheidungstheorie, auf deren Basis zahlreiche Annahmen basieren, die geeignetste, um eine Integration der Theorien herzustellen. Plausibel scheint diese Annahme auch, da der Berufswahlprozess auf einen Punkt hinausläuft, bei dem sich das Individuum für einen Beruf zu entscheiden hat (vgl. ebd.).

7.3.3 Zusammenfassung der Theorien

Berufsorientierung ist ein Prozess, der schon früh gefördert werden sollte. Die Berufswahl sollte aber nicht nur als ein Prozess gesehen werden. Sie ist ein ablaufender „Komplex mit nicht nur mehreren Faktoren, sondern auch mit interpersonalen Beziehungen zu verschiedenen Partnern" (vgl. Beinke 1988, S. 16), wie z. B. Daheim dies mit den „Agenten", die einen großen Einfluss auf das Individuum haben, beschreibt (vgl. Holling u. a. 2000, S. 3). Die neueren integrativen Theorien heben zwar die Wichtigkeit der rationalen Entscheidungstheorie hervor, doch allein schon durch den Einfluss interpersonaler Beziehungen zeigt sich, dass die Berufswahl nicht nur rein rational zu betrachten ist. Auch von Wensierski u. a. (2005, S. 22) gehen davon aus, dass es sich bei der „Berufsfindung nicht allein um einen rationalen Auswahl- und Entscheidungsprozess auf der Basis vorhandener kognitiver Wissensbestände handelt. Vielmehr sind die Berufswahlprozesse vielfältig eingebunden in den Gesamtzusammenhang der Biografie, des Herkunftsmilieus, geschlechtsspezifischer Orientierungen, schulischer Bildungsprozesse usw." (ebd.).

> Es ist grundlegend wichtig, dass die Jugendlichen die Berufsorientierung selber als einen Prozess verstehen und deshalb die in Betracht gezogenen Berufe nicht vorschnell unreflektiert verwerfen. Dazu gehört auch das Ausprobieren neuer Tätigkeiten und das Kennenlernen neuer Bereiche. Dies unterstützt den Jugendlichen vor allem im Kennenlernen der eigenen Eignungen, Fähigkeiten, Stärken und der eigenen Grenzen. Damit wird und muss in der Berufswahlhilfe die kognitive Ebene wie die praktische Ebene angesprochen werden.

Die Auseinandersetzung mit dem Thema Beruf sollte in der Schule schon früh beginnen, damit die Schüler grundlegende Entscheidungen, wie die Wahl von Kursen etc., treffen können. Dabei sollten das soziale Umfeld und besonders die Eltern zu einer Zusammenarbeit angeregt werden, um den Jugendlichen umfassend zu unterstützen. Die Schüler ihrerseits bedürfen einer Förderung der reflexiven Fähigkeiten, um den Einfluss anderer erkennen, bewerten und ihre eigenen Neigungen, Fähigkeiten und Eignungen einschätzen zu können. Dies ist vor allem für einen *Abgleich mit den Anforderungen der Berufs- und Arbeitswelt* wichtig. Dazu zählt auch die realistische Wahl eines Berufes, mit Blick auf die Eignung hinsichtlich z. B. der kognitiven und handwerklichen Fähigkeiten. Also ist die Entwicklung eines realitätsgerechten Selbstkonzeptes in Kombination mit der beruflichen Identität von besonderer Bedeutung (vgl. Beinke 1988, S. 16, Holling u. a. 2000, S. 6f.). Was hier nicht zu vergessen ist, ist die Aufklärung über Berufe und deren Auswirkungen auf die Lebensweise bzw. Lebensplanung. Hier ist Beratung gefordert. Eine handlungsorientierte Berufswahlhilfe ist von der informellen und beraterischen Ebene nicht zu trennen. Die Bereiche gehören ergänzend zueinander. Hilfreich ist dabei ist die Unterscheidung der Wissens- und der Handlungsebene.

7.3.4 Wissensebene und Handlungsebene

Die Handlungsebene betrifft die Praxis, die in den Unterricht mit einfließt, aber auch Betriebspraktika u. a. einschließt (Wensierski / Schützler / Schütt 2005, S. 16). Eine „handlungsorientierte Berufsbildung" kann demnach wirksam werden in (ebd., S. 21):

- Rollenspielen,
- Projektarbeit,
- Arbeitsgemeinschaften,
- Betriebsbesichtigungen,

- Firmenerkundungen,
- Planspiele und Schülerfirmen,
- Betriebspraktika.

Die Wissensebene hat zwei Dimensionen: „Erstens die Vermittlung von Wissen und Informationen über das Ausbildungs- und Berufssystem und den Arbeitsmarkt. Zweitens geht es um die Frage, wie sich die persönlichen berufsbiografischen Ressourcen auf dieses Berufssystem und den Arbeitsmarkt beziehen lassen" (ebd., S. 16).

Diese Wissensebene betrifft die Berufsberatung, die sich diesen persönlichen Fragen gezielt widmen kann. Dabei sollte der Wissensbestand und die Wahrnehmung der Persönlichkeit, der Fähigkeiten, Eignungen etc. des Einzelnen aufgenommen und bearbeitet werden. Besonders deshalb, da bei den Schülern ein realitätsgerechtes Selbstkonzept entwickelt werden sollte. Zudem ist es für den reflexiven Lernprozess des Schülers notwendig, dass der Berater und der Schüler gemeinsam die persönlichen Ressourcen erarbeiten und auf den Arbeitsmarkt beziehen. Aber nicht nur die Ressourcen, sondern auch die Eindrücke und Erfahrungen können gemeinsam reflektiert und eingeordnet werden. Hierdurch können die Eckpunkte für ein realitätsgerechtes Selbstkonzept in Kombination mit der beruflichen Identität gelegt werden.

Damit kann Beratung als *Möglichkeit der Reflexion* dienen. Beinke (2008, S. 27f.) nennt einen wichtigen Grund, weshalb gerade auch diese Reflexion von praktischen Tätigkeiten besonders bedeutsam ist:

Praktisches Arbeiten darf man nicht aus seiner reinen Konfrontation wirken lassen. Es besteht sonst die Gefahr falscher Generalisierung von Erlebnissen und erworbenem Wissen im Betrieb. Die Erwartung, den Schüler durch eigene Arbeit die Berufsanforderung und seine Berufseignung erkennen zu lassen, ist unrealistisch, ja unter Umständen gefährlich. Die restringierte Arbeitsmöglichkeit des Schülers bedarf der gründlichen Reflexion, um nicht zu Fehleinschätzungen der eigenen Neigung zu führen. Ohne Reflexion der eigenen Arbeitserfahrungen können keine Erkenntnisse im Prozeß der Berufswahl gewonnen werden.

Beinke spricht hier die wechselseitige Verschränkung von Wissens- und Handlungsebene an. Praktisches Handeln muss von Beratung begleitet werden. Somit zeichnet sich ab, dass eine schulische Berufsorientierung in enger Verzahnung mit einer umfassenden Berufsberatung unumgänglich ist.

7.3.5 Drei Typen von Berufswählern

In einer eigenen kleinen Untersuchung (Reimer 2010, S. 96ff.) mit Lehrkräften und Schülern einer Schule zeigte sich, dass mit intensiver und persönlicher Betreuung und Beratung bei einigen Schülern eine gewisse Sensibilität hergestellt wurde. Die Lehrkräfte sahen eine zeitintensive Beratung als eine wichtige Komponente für Schüler im Berufswahlprozess. Dies kann aber nicht auf alle Schüler übertragen werden, der Beratungsbedarf ist nicht bei allen gleich.

Kleffner u. a. (1996, S. 16) haben in einer umfassenden Studie drei unterschiedliche Typen von Schülern ermittelt, die auf unterschiedliche Art und Weise ihren Berufsorientierungsprozess gestalten:

1. *Unterstützungsbedürftige* gehen davon aus, dass sie die Unterstützung der Berufsberatung benötigen.
2. *Strategen* sind in der Wahl des Berufes und Ausbildungsplatzes selbstständig, nutzen die Beratung aber für Informationen.
3. *Autonome* brauchen für die Wahl ihres Berufes keinerlei Beratungsunterstützung.

Die „Autonomen“ sind dementsprechend völlig selbstständig. „Ihr Berufswahlverhalten scheint eher einem bereits vorgezeichneten Weg zu folgen, für den sie keine weiteren Sicherheiten mehr benötigen“ (Kleffner u. a. 1996, S. 17). Der Faktor Zeit ist demnach besonders für die „Unterstützungsbedürftigen“ und „Strategen“ von Bedeutung. Den Untersuchungen Kleffners u. a. zufolge machen diese beiden Typen 90 Prozent der befragten Schüler aus (vgl. ebd., S. 16). Somit zeigt sich, dass individuelle Betreuung und damit auch Beratung eine Ressource ist, die, sofern sie nicht gegeben ist, geschaffen werden muss.

Durch die drei Typen der Berufswähler kristallisiert sich aber gleichzeitig eine *Grenze der Berufsorientierung* heraus. Nämlich das Wollen des Einzelnen. Es kann nur denen durch Beratung weitergeholfen werden, die sich auch helfen lassen wollen. Und hier fallen die autonomen Berufswähler heraus. Dieser Typ ist in der Regel auch selbst in der Lage, sich den Weg zu bahnen. Die Unterstützungsbedürftigen sind diejenigen, die Hilfe brauchen und handlungsfähig gemacht werden müssen.

> Beratung soll dabei helfen, eine Handlungskompetenz herauszubilden. Eine Handlungskompetenz in dem Sinne, dass der Schüler befähigt wird mit Ernstsituationen umzugehen, Entscheidungen zu treffen und Handlungen auszuführen. Der Schüler kann mit und in seinen Erfahrungen aufgefangen werden. Die Eindrücke und Erfahrungen können gemeinsam eingeordnet und bewertet werden. Dies ist aber nur in einer engen Zusammenarbeit mit Schule und externen Partnern möglich, besonders im Hinblick auf die Herausbildung eines stabilen Selbstkonzeptes und das Entdecken der eigenen Fähigkeiten und Eignungen. Denn Beratung bietet die Möglichkeit, die gewonnenen Erfahrungen zu reflektieren, was aber ein praktisches Handeln voraussetzt.

Die Schüler brauchen ein „klares und stabiles Bild der eigenen Ziele, Interessen und Begabungen" (vgl. Holling 2000, S. 5f.). Ist dies nicht der Fall, sind die Schüler schnell verunsichert und können sich nicht konkreten Berufen bzw. Berufsbereichen zuordnen. Besonders Schüler, die durch ihr soziales Umfeld verunsichert werden, z. B. durch ausgesprochene und unausgesprochene Anforderungen und Erwartungen. Jugendliche, die sich ihrer Stärken und Fähigkeiten nicht bewusst sind, sind davon betroffen. Diese Jugendlichen brauchen einen Ort, an dem sie in ihrem Selbst gestärkt und gefördert werden. Sie brauchen einen Ort, an dem sie reflexive Fähigkeiten erwerben, um die eigenen Wünsche und die Anforderungen und Erwartungen des sozialen Umfeldes erkennen können. Eine begleitende Berufsberatung kann dies durchaus leisten.

7.3.6 Literatur

Ammon, Hermann: Berufsorientierung in der Schule. Eine didaktische Grundlegung, München 1980

Beinke, Lothar: Berufswahlunterricht und Besuch des Berufsinformationszentrums. Eine Kombination zur Erhöhung der Effizienz der Berufsorientierung. In: Wiegand, Ulrich / Wascher, Uwe (Hg.): Berufswahl und Berufsinformation, Bad Honnef 1988, S. 9–65

Beinke, Lothar: Praxistage und Berufswahl. In: Wirtschaft und Berufserziehung. 60. Jg., April 2008, S. 24–29

Friedrich, Horst / Müller, Ingbert: Berufswahlunterricht Sekundarstufe I, Düsseldorf, 1980

Holling, Heinz / Lüken, Kai H. / Preckel, Franzis / Stotz, Monika: Berufliche Entscheidungsfindung – Bestandsaufnahme, Evaluation und Neuentwicklung computergestützter Verfahren zur Selbsteinschätzung. In: Institut für Arbeitsmarkt- und Berufsforschung und Bundesanstalt für Arbeit (IAB) (Hg.): Beiträge zur Arbeitsmarkt und Berufsforschung. BeitrAB 236, Nürnberg 2000

KMK (Sekretariat der ständigen Konferenz der Kultusminister der Länder in der Bundesrepublik Deutschland): Dokumentation zur Berufsorientierung an allgemeinbildenden Schulen. Bd. 1–3, Bonn 1997

Kultusministerkonferenz und Bundesagentur für Arbeit: Rahmenvereinbarung über die Zusammenarbeit von Schule und Berufsberatung zwischen der Kultusministerkonferenz und der Bundesagentur für Arbeit. [Stand: 6.7.2010]

Klippert, Heinz: Berufswahlunterricht. Handlungsorientierte Methoden und Arbeitshilfen für Lehrer und Berufsberater, Weinheim und Basel 1987

Reimer, Eduard: Praxisbezogene Berufsorientierung an Schulen – Notwendigkeit von Berufsorientierung und sich daraus ergebende Handlungsfähigkeiten. Unveröffentl. Diplomarbeit, Bielefeld 2010

Von Wensierski, Hans-Jürgen / Schützler, Christoph / Schütt, Sabine: Berufsorientierende Jugendbildung. Grundlagen, empirische Befunde, Konzepte, Weinheim / München 2005

7.4 Weiterbildungsberatung im Kontext des lebenslangen Lernens

Regina Heimann

Das politische Konzept des lebenslangen Lernens spricht den Individuen die Fähigkeit zu, sich in allen Lebensphasen und jedem Alter weiterzubilden. Gleichzeitig braucht es auf der gesellschaftlichen Ebene strukturelle Veränderungen, damit dem Einzelnen die Möglichkeit zum lebenslangen Lernen auch eingeräumt wird. Bildungsberatung oder auch Weiterbildungsberatung stellt ein Instrument dar, mit dem das Individuum die eigene Bildungs- und Berufsbiografie durchdringen und weiterplanen kann. Dieses Kapitel befasst sich zum Einstieg mit der Genese des Konzeptes des lebenslangen Lernens. Im Anschluss daran wird die Bildungsberatung als ein wichtiges Implementierungsinstrument des lebenslangen Lernens mit ihrem Beratungsbegriff und den sehr breiten Arbeitsfeldern vorgestellt. Vertiefend werden daraufhin die Wissensgebiete und Beratungstypen von personenbezogener Weiterbildungsberatung dargelegt, ehe ein Phasen- und Prozessmodell sowie ein biografieorientierter Beratungsansatz für die Bildungsberatung vorgestellt werden. Die reflexive Bildungsberatung greift insbesondere den biografieorientierten Ansatz exemplarisch an der Zielgruppe der Berufsrückkehrerinnen auf und verknüpft diesen mit Pierre Bourdieus Konzepten des Habitus und der symbolischen Gewalt. Das Ergebnis ist eine habitussensible Beratungshaltung, die neben strukturellen Weiterbildungsausschlüssen auch inkorporierte, unbewusste Nutzungsbarrieren bei der Weiterbildungsteilnahme berücksichtigt. Diese Barrieren sollen über Beratungs- und Bildungsprozesse bearbeitbar gemacht werden, damit die Ratsuchenden unter erweiterten Handlungsoptionen wählen können. Die Berücksichtigung des Habitus eröffnet vor allem bei bildungsfernen Zielgruppen einen erweiterten Verstehenszugang und es werden strukturbedingte Barrieren identifiziert, die es auch zukünftig zu bearbeiten gilt.

7.4.1 Genese des Konzeptes „Lebenslanges Lernen"

Die Idee des lebenslangen Lernens entstand in den 1970er Jahren mit dem Fraure-Report (1972) der UNESCO, der einen Perspektivenwechsel in der internationalen Bildungsdiskussion markierte. Das Individuum sollte nicht mehr primär durch einen von außen definierten und aufgezwungenen Bildungsauftrag gelenkt werden, sondern mit dem lebenslangen Lernen würden ihm *Chancen und Mittel zur Persönlichkeitsentwicklung* eröffnet, welche eine individuelle Aneignung der Welt ermöglichten (Fraure 1972, S. 221). Im Fraure-Report wurde ein moderner Bildungsbegriff definiert, der für Menschen jeder Altersstufe die Notwendigkeit lebenslanger Bildung postulierte und neben der Erziehung als Schlüssel zur Demokratie dem Individuum volle Entfaltungsmöglichkeiten in einem gesellschaftlich fördernden Sinne zu ermöglichen. Des Weiteren wurde eine *Strukturreform des Bildungswesens* eingefordert, jedoch ohne klare Umsetzungsstrategien für die Staaten (Expertenkommission Finanzierung lebenslangen Lernens 2002, S. 23).

Die OECD prägte 1973 den Begriff „Recurrent Education" und setzte damit vor allem auf ein Lernen nach der Pflichtschulzeit durch periodische Bildungsangebote während des gesamten Lebensverlaufes. Mit diesem Sichtwechsel im Hinblick auf Bildung und Arbeit sollte das starre Phasenmodell von Bildung – Arbeit – Freizeit – Ruhestand aufgebrochen werden. Ihren Begriff des lebenslangen Lernens erweiterte die OECD 1996, indem neben den an individueller Beschäftigungsfähigkeit orientierten Faktoren auch *humanistische Werte* wie Toleranz, gegenseitiges Verstehen oder Demokratie benannt wurden (OECD 1996, S. 27). Bildung diente neben der Entwicklung der Persönlichkeit auch der Entwicklung der Menschheit. Zudem zeichnete sich ein Paradigmenwechsel in Richtung Nutzer- und Nachfrageorientierung ab, wodurch dem Individuum mehr Eigenverantwortung im lebenslangen Lernprozess zugesprochen wurde (Expertenkommission 2002, S. 24).

Auf europäischer Ebene ermutigte die Europäische Kommission 2002 alle Mitgliedsstaaten, die Strategie des lebenslangen Lernens weiterzuentwickeln und umzusetzen und damit einen „europäischen Raum des lebenslangen Lernens" zu schaffen. Dazu sollen z. B. die Durchlässigkeit zwischen den Bildungssystemen verbessert, Zugänge vereinfacht, Lehrmethoden optimiert und hochwertige Informations- und Beratungsangebote vorgehalten werden (Council of the European Union 2002, zit. n. Expertenkommission 2002, S. 26). Eine internationale Expertengruppe *Lifelong Guidance* der EU veröffentlichte zudem 2004 die „Entschließung zur lebensbegleitenden Bildungsberatung" welche 2008 überarbeitet wurde.

In Deutschland wurden im Zuge der Bildungsreformen in den 1970er Jahren, unabhängig von der Diskussion des lebenslangen Lernens, kommunale Bildungsberatungsstellen eingerichtet. Jedoch befinden sich diese Beratungsstellen im Zuge von Mittelkürzungen bis Anfang des Jahrtausends in stetigem Abbau (Herdt 2009, S. 1). Bildungspolitisch wurden die Impulse zum lebenslangen Lernen in Deutschland erst in den 1990er Jahren aufgegriffen, was sich an der Entwicklung zahlreicher Modellprogramme ablesen lässt (Expertenkommission 2002, S. 29):

- das Programm „Lebenslanges Lernen" der Bund-Länder-Konferenz (1999),
- die Empfehlungen „Lernen – ein Leben lang" des neu eingesetzten Forum Bildung (1999),
- das Aktionsprogramm des BMBF (2001) zur Förderung der Zusammenarbeit von Bund, Ländern, Sozialpartnern und Verbänden „Lebensbegleitendes Lernen für alle",
- die Gründung des „Nationalen Forums Beratung in Bildung, Beruf und Beschäftigung" (nfb), mit dem Ziel der Professionalisierung im Beratungssektor (2006).

Die Auswahl dieser Programme verweist auf eine bundesweite Förderung der Idee des lebenslangen Lernens (Herd 2006; Schober 2007). Es lassen sich sicherlich noch weitere Entwicklungen benennen, vor allem wird aber der bildungspolitische Wille hinter dem Konzept des lebenslangen Lernens deutlich. Laut Empfehlungen des 2006 gegründeten *Innovationskreises Weiterbildung* ist die Verwirklichung des Lernens im Lebenslauf entscheidend für die Zukunft der Individuen, der Gesellschaft und der Wirtschaft, die Umsetzungsverantwortung dafür liegt gleichermaßen auf der Institutionenebene und bei den Individuen selbst. Der demografische Wandel, die Globalisierung und die Wissensgesellschaft machen Lernen zu einem wertvollen Gut, welches es stets weiter zu entwickeln gilt. Dazu bedarf es neben der Förderung der individuellen Verantwortlichkeit für den Lernprozess auch einer systematischen Verbesserung der Angebotsstrukturen, der Beseitigung von Teilhabebarrieren und einer Schaffung von Anreizen zur Nachfrageförderung. Bildungsberatung stellt in diesem Zusammenhang ein grundlegendes Instrument bei der Implementierung der Strategie des Lernens im Lebenslauf dar (BMBF 2008, S. 7ff.).

7.4.2 Bildungsberatung

Karen Schober (2006) bescheinigt der Bildungsberatung in Deutschland trotz der Strategien des lebenslangen Lernens bisher eine relative Bedeutungslosigkeit, die weit hinter den Entwicklungen anderer europäischer Mitgliedsstaaten zurückbleibt. Es existiert bislang kein Gesamtkonzept von Beratung im Bildungsbereich, sondern es bestehen funktionierende, flächendeckende Teilsysteme von Beratung für bestimmte Zielgruppen neben befristeten Einzelprogrammen und Initiativen (Schober 2006, S. 6ff.). Eine umfassende Bestandsaufnahme der aktuellen Beratungslandschaft in Deutschland im Auftrag des BMBF wurde 2007 vorgelegt. Diese Bestandsaufnahme zeigt eine *Heterogenität und Unübersichtlichkeit der Beratungslandschaft*, der es neben unzureichender Vernetzung auch an Transparenz und allgemeingültigen Qualitätsstandards fehlt (vgl. S. 329ff.). Das *nfb* setzt sich an die Spitze der Entwicklungsbewegung, indem es mit seinem 2009 veröffentlichten „Eckpunktepapier für ein zeitgemäßes und zukunftsfähiges Beratungsangebot in Deutschland" die Ergebnisse der Bestandsaufnahme aufgreift und Strukturvorschläge entwickelt. Weitere frei zugängliche Veröffentlichungen zur „lebensbegleitenden Bildungs- und Berufsberatung" und zur „Beratungsqualität in Bildung, Beruf und Beschäftigung" (2011) sollen eine Professionalisierung und bundesweite Standardisierung in der Bildungsberatung vorantreiben (Leitdokument nfb).

Der Beratungsbegriff im Kontext des lebenslangen Lernens
Das deutsche Beratungssystem hat lange Zeit zwischen *Bildungs- und Weiterbildungsberatung* (in den Institutionen des Bildungswesens) und *Berufsberatung* (im

Bereich von Berufsausbildung, Beruf und Arbeitsmarkt) unterschieden. Diese Trennung verliert jedoch zugunsten von integrativen, lebensbegleitenden und bereichsübergreifenden Beratungsleistungen zunehmend an Bedeutung (Jenschke / Schober / Frübing 2011, S. 4). Während Peter Kossack für die Weiterbildungsberatung das Medium des strukturierten Gespräches oder des kommunikativen Austausches über Ziele und Wege postuliert (Kossack 2009, S. 46), orientiert sich das *nfb* an einem sehr breit gefassten Beratungsbegriff, welcher sich an der Beratungsdefinition der EU im Kontext des lebenslangen Lernens von 2004 anlehnt:

> Vor dem Hintergrund des lebenslangen Lernens erstreckt sich Beratung auf eine Vielzahl von Tätigkeiten, die Bürger jeden Alters in jedem Lebensabschnitt dazu befähigen, sich Aufschluss über ihre Fähigkeiten, Kompetenzen und Interessen zu verschaffen, Bildungs-, Ausbildungs- und Berufsentscheidungen zu treffen sowie ihren persönlichen Werdegang bei der Ausbildung, im Beruf und in anderen Situationen, in denen diese Fähigkeiten und Kompetenzen erworben und/oder eingesetzt werden, selbst in die Hand zu nehmen.
> *(Europäische Union 2004, S. 2)*

Diese weite Auslegung von Beratungsanlässen und -methoden ermöglicht die Berücksichtigung verschiedenster medialer und personaler Formen der Bildungs- und Weiterbildungsberatung, der Berufs- und Laufbahnberatung sowie der Lernberatung. In diese Definition können sowohl Angebote zur Kompetenzfeststellung, Selbsteinschätzungsinstrumente und Portfolio-Ansätze, Selbstinformationsdienstleistungen als auch die schulische und außerschulische Berufswahlvorbereitung und Berufsorientierung einbezogen werden (Schober 2006, S. 1; Jenschke / Schober / Frübing 2011, S. 4). Alle Beratungsangebote tragen zu dem Ziel bei, die Menschen über Arbeitsmarktsituation und Bildungsmöglichkeiten zu informieren und unter Berücksichtigung der individuellen Berufs- und Arbeitsbiografie sowie der Lebens- und Lernsituation eine individuelle Entscheidung über Bildungsziele und -wege zu ermöglichen (BMBF 2008, S. 7ff.).

Diese weite Fassung des Beratungsbegriffs zeigt aber auch, dass die Beratungsangebote in unterschiedlichen Systemen (Bildungs- oder Berufssystem) angesiedelt sind, verschiedene Zielgruppen in unterschiedlichsten Lebensphasen ansprechen und dass dabei vielfältigste Methoden zum Einsatz kommen. Eine solche Diversifizierung ist nach Ansicht Wolf Günter Brügmanns durchaus förderlich, um jeden bzw. jede mit Informationen zu erreichen (2006, S. 6). Im Folgenden soll vor allem die Weiterbildungsberatung bzw. die Beratung in der Weiterbildung betrachtet werden.

Weiterbildungsberatung

Weiterbildungsberatung arbeitet in einem komplexen Informationsfeld mit einer Vielfalt an Zielgruppen, die einen besonderen Beratungsbedarf aufgrund von Benachteiligungen auf der Bildungs-, Arbeitsmarkt- oder Sozialebene aufweisen (vgl. Schlüter 2010, S. 31). Die Unübersichtlichkeit des Weiterbildungsmarktes, die notwendige Aushandlung von Bildungsbedarfen und Arbeitsmarktanforderungen, der Umgang mit individualisierten Lebensläufen bzw. zieloffenen Entwicklungsprozessen und die Begleitung selbstorganisierten Lernens erzeugen ein differenziertes Aufgabenprofil und erfordern unterschiedliche Beratungszugänge (Schiersmann / Thiel 2007, S. 892). Wolfgang Wittwer weist zudem auf eine zunehmende Anerkennung des informellen Wissens und Lernens hin, für das beim Erwerbsfähigen häufig erst eine Bewusstheit erzeugt werden muss (Wittwer 2008, S. 98). Dem steigenden Bedarf an Begleitung und Beratung bei lebenslang zu organisierenden Lernprozessen stehen derzeit nur wenige adäquate Beratungsangebote entgegen, obwohl lebenslanges Lernen bildungspolitisch forciert wird. Die bestehenden Angebote müssen sich im Zuge der veränderten Anforderungen neu profilieren, und es braucht einen Ausbau der Beratungsstrukturen, um dem erhöhten Beratungsbedarf gerecht zu werden. Da es bisher an einer ausdifferenzierten berufs- und arbeitsmarktbezogenen Beratungstheorie im deutschsprachigen Raum fehlt, ist zudem die Vereinheitlichung und Kategorisierung des Beratungsangebotes erschwert (Schiersmann / Thiel 2007, S. 892).

Das Feld der Weiterbildungsberatung umfasst personenbezogene und organisationsbezogene Beratungsformen, die von unterschiedlichen Anbietern ausgeführt werden. Zur *personenbezogenen Beratung* gehören die Lernberatung und die Bildungslaufbahn- oder Kompetenzentwicklungsberatung. Die *organisationsbezogenen Beratungsformen* schließen Qualifizierungsberatung für Betriebe und Organisationsberatung von Weiterbildungseinrichtungen ein (vgl. Schiersmann / Thiel 2007).

Personenbezogene Beratung

- *Lernberatung* wird vielfach durch Weiterbildungsdozenten ausgeführt und ist somit originär ein Aufgabenbereich erwachsenenpädagogischen Handelns. Entsprechend wird sie von Weiterbildungsinstitutionen angeboten. Ursprünglich in den 1980er Jahren für bildungsferne Zielgruppen entwickelt, verweist Christiane Schiersmann (2000) auf die *Defizitorientierung* dieser Beratung. Im Vordergrund stand das konkrete Lernproblem, zu dessen Klärung auch die Lebenssituation und die individuelle Lerngeschichte herangezogen wurden, vor allem mit Blick auf die milieubedingten Lernhindernisse. Das vorhandene Wissensdefizit galt es auszugleichen (Schiersmann 2000, S. 20). Das Leitbild des selbstgesteuerten, ressourcenorientierten Lernens schreibt dem Individuum heute eine Eigenverantwortung im Lernprozess zu, so dass der Reflexion von Lernprozessen eine größere Bedeutung zukommt, auch neue Technologien werden vermehrt eingebunden (Schiersmann / Thiel 2007, S. 896). Bei einer prozessbegleitenden Lernberatung, wie sie Arndt / Aulerich / Behlke / Grube et al. (2005) beschreiben, bietet der Berater, die Beraterin z. B. Lernräume und -methoden an und gestaltet gemeinsam mit dem Lernenden selbstreflexive Lernprozesse (vgl. ebd., S. 13).
- Die *Bildungslaufbahn-* oder *Kompetenzentwicklungsberatung* dient in erster Linie der Begleitung von Orientierungs- und Entscheidungsprozessen hin-

sichtlich geeigneter Weiterbildungsangebote. Anbieter dieser Beratung sind zum einen Weiterbildungsinstitutionen, Verbände und Kammern, die vor allem zu eigenen Angeboten beraten. Dabei konzentrieren sich die Kammern insbesondere auf die aufstiegsorientierten Zielgruppen. Die Berufsberatung der Agentur für Arbeit und die eigenständigen Weiterbildungsberatungsstellen beraten trägerunabhängig, wobei sie genau wie die Weiterbildungsinstitutionen und Verbände vor allem Problemgruppen des Arbeitsmarktes ansprechen (Schiersmann 2000, S. 22). Anne Schlüter benennt zudem die vielfach kommunalen Beratungsstellen „Frau und Beruf" aus den 1980er Jahren, die sich speziell mit Berufsrückkehrerinnen befassten (Schlüter 2010, S. 33). Die Weiterbildungs- und Frauenberatungsstellen wurden zu Beginn des 21. Jahrhunderts verstärkt abgebaut. Vor allem Fragen zu beruflicher Neuorientierung und zum Wiedereinstieg in den Arbeitsmarkt sind die häufigsten Beratungsanliegen, erst darauf folgen konkrete Aufstiegsanfragen (Schiersmann / Remmele 2004, S. 67; Schiersmann 2007, S. 21). Die Differenzierung von Lebensverläufen durch neue Beschäftigungsformen, veränderte Formen oder Zeiten des Wissenserwerbs und zunehmende Ansprüche an die sogenannte Employability (die Verantwortung für die eigene Beschäftigungsfähigkeit trägt zunehmend der Arbeitnehmer) ergeben ein verändertes Anforderungsprofil für die Kompetenzentwicklungsberatung. Es geht weniger darum, eine klar strukturierte Laufbahn zu entwickeln, sondern mit passenden Bausteinen ein individuelles Bildungs- und Berufsprofil zu gestalten (Schiersmann / Thiel 2007, S. 894, Wittwer 2008, S. 101).

Organisationsbezogene Beratung

- Die *Qualifizierungsberatung von Betrieben* hat das Ziel, vor allem Klein- und Mittelbetriebe bei der Analyse und Umsetzung von Qualifizierungsstrategien zu unterstützen, vielfach im Zusammenhang mit neuen Technologien. Neben der Erhebung des Weiterbildungsbedarfs werden individuell zugeschnittene Weiterbildungsangebote erwartet, die vor allem eine messbare Lerneffizienz aufweisen und passenden Praxistransfer gewährleisten. Arbeitsplatznahes Lernen und Anteile an Selbstlernen spielen hier eine wichtige Rolle. Diesen Beratungsbereich übernehmen vor allem die Kammern (Schiersmann 2000, S. 23).
- Die *Organisations- und Qualitätsentwicklungsberatung* richtet sich an Weiterbildungs- und Beratungsinstitutionen, die ihre Strukturen und Inhalte mit Blick auf den gesellschaftlichen Wandel neu profilieren müssen. Schiersmann / Thiel postulieren eine Anpassung an einen expandierenden Weiterbildungsmarkt, die Entwicklung neuer Weiterbildungsbedarfe, veränderte Arbeitsmarktkulturen und Einsparungen der öffentlichen Haushalte. Effizienzerhöhung, betriebswirtschaftliche Steuerung sowie die Reflexion der Institutionskultur und Qualitätsstandards sind entsprechende Entwicklungsaufgaben im Kontext der Organisationsberatung (Schiersmann / Thiel 2007, S. 898).

Je nach Nachfrageschwerpunkt greifen die unterschiedlichen Anbieter von Weiterbildungsberatung auf unterschiedliche Beratungskonzepte zurück. Weiterbildungseinrichtungen und eigenständige Weiterbildungsberatungsstellen orientieren sich vielfach am personenzentrierten Beratungskonzept von Carl Rogers. Sie sind verstärkt mit problembelasteten Gruppen konfrontiert und führen längere, vor allem persönliche Gespräche. Im Gegensatz dazu orientieren sich die Vertreter der Kammern vermehrt an systemischen Beratungskonzepten, da sie in der Praxis verstärkt die organisationsbezogene Beratung von Betrieben durchführen und oftmals auch telefonisch beraten. Der lösungsorientierten Kurzberatung weisen alle Anbieter eine hohe Bedeutung zu (Schiersmann 2007, S. 24).

Wissensgebiete und Beratungstypen in der personenbezogenen Bildungsberatung
Die Besonderheit der Weiterbildungsberatung liegt in einer Verknüpfung von biografisch interaktionsbezogenen Beratungselementen und direkter Informations- bzw. Wissensvermittlung zu Weiterbildungsangeboten, Kosten, Zugängen, Abschlüssen usw. Somit bewegt sich Weiterbildungsberatung an der Schnittstelle zwischen *psychosozialer Beratung* und *nicht-psychologischem Sachwissen* (Schiersmann / Thiel 2007, S. 899). Schiersmann betont die Gelenkstellenfunktion (Bauer 1991) von Beratung zwischen Individuen und Organisationen, wodurch die Verknüpfung personen- und institutionsbezogener Elemente in einem *integrierten Ansatz* anzustreben ist. Hier mischen sich sinnvollerweise non-direktive Beratungselemente mit direkten Formen der Informationsvermittlung. Dies gilt vor allem für die Bildungslaufbahn- oder Kompetenzentwicklungsberatung (Schiersmann 2000, S. 25). Neben Kenntnissen zu Beratungsmethoden und -prozessen sind auch bildungs- und förderpolitisches Wissen, weitergehende Kenntnisse zum Weiterbildungsrecht und über den Arbeits- und Weiterbildungsmarkt relevant (Schiersmann 2007, S. 25). Nestmann fordert zudem den Einbezug des Alltagslebens und der Freizeit als relevante Entscheidungsgrößen für Bildungs- und Berufsentscheidungen (2011, S. 60), so dass wesentliches Wissen über strukturbedingte und inkorporierte Vereinbarkeitsbarrieren ebenfalls notwendig sind (Heimann 2009).

Die Bildungslaufbahnberatung nimmt in der personenbezogenen Beratung den größten Raum ein. Die Typisierung verschiedener Beratungsanlässe ermöglicht eine differenzierte Betrachtung, sodass sich daraus die erforderlichen Kompetenzen des Bildungsberaters oder der Beraterin rückschließen lassen. Wiltrud Gieseke entwickelt aus der Analyse von Beratungsprozessen im Weiterbildungskontext drei Beratungstypen, die auf unterschiedliche Problemlagen und Problementwicklungsstufen der Ratsuchenden zurückzuführen sind (Gieseke 2000, S. 15):

– Bei der *informativen Beratung* hat der oder die Ratsuchende ein konkretes Weiterbildungsinteresse, so dass mit Hilfe von Beratung unter verschiedenen Alternativen eine Entscheidung herbeigeführt werden kann. Relevante Beratungskompetenzen sind dabei der Zugriff auf aktuelle Informationen sowie

Kenntnisse zu Weiterbildungslandschaft und Lernkulturen. Da der Ratsuchende im Vorfeld alle emotionalen, kognitiven und motivationalen Anteile geklärt hat, geht es in erster Linie um Informationsvermittlung.

- Bei der *situativen Beratung* steht die konkrete Lebenssituation des Ratsuchenden im Fokus, die mit Hilfe von Weiterbildung verändert werden soll. Die Lebenssituation wird auf ihre Weiterbildungsbedarfe hin analysiert und es wird geklärt, in welcher Form Weiterbildung zur Veränderung oder Entwicklung beitragen kann. Die Klärung von Motiven, Interessen und Realisierungsmöglichkeiten stellt neben der Informationsvermittlung die Beratungsaufgabe dar. Der Berater/die Beraterin benötigt hier zusätzliche Kenntnisse über Beratungsprozesse.
- Die *biografieorientierte Beratung* hat vor allem die Klärung von Lebensproblemen und Lebenseinschnitten zum Thema. Die persönlichen Entwicklungswünsche sind eng mit Bildungs- und Qualifizierungsproblemen verwoben. Die Aufgabe der Beratung liegt in der Reflexion von Bildungsinteressen, Widersprüchen und Enttäuschungen und dient einer Vorbereitung von Bildungsentscheidungen. Die informative Beratung kann bei gutem Verlauf am Schluss stehen. Gieseke verweist hier auf eine Ausbildung in Beratung und die notwendige Abgrenzung zur Therapie.
- Schiersmann / Thiel entwerfen bezogen auf die Bildungsberatung einen weiteren Typus, der die Kompetenzförderung von Selbstorganisation zum Ziel hat. Vor allem ressourcen- und lösungsorientierte Ansätze haben das Ziel der Förderung von Selbstlernkompetenzen. Somit werden hier auch andragogische Kompetenzen vorausgesetzt (ebd., S. 900).

Zusammengefasst lässt sich aus den vorgestellten Beratungstypen ein multiprofessionelles Kompetenzprofil in der Bildungsberatung herausarbeiten, das neben einem interaktiven Beratungskonzept, dem Sachwissen zur Lebenswelt der Adressaten und einer beraterischen Grundhaltung auch die Kenntnis systemischer Rahmenbedingungen von Bildung und Erwerb beinhaltet (Schiersmann 2000, S. 24).

Phasen- und Prozessmodelle von personenbezogener Bildungsberatung
Das Ziel in der Bildungsberatung besteht darin, mit den Ratsuchenden eine differenzierte Problemsicht zu erarbeiten, gemeinsam die aktivierbaren Ressourcen zu entdecken und mit diesem Wissen Handlungsperspektiven zu erarbeiten (Schiersmann 2000, S. 26). Des Weiteren soll die persönliche Beschäftigungsfähigkeit erhöht werden (Schiersmann 2011, S. 85). Wittwer stellt das erwerbsfähige Subjekt und dessen Entfaltung im Hinblick auf gesellschaftliche Teilhabe in den Mittelpunkt der Beratung. Das Subjekt stellt hier im Gegensatz zum stetigen Wandel der Bildungs- und Arbeitswelt eine kontinuierliche Größe dar, die verlässlich und damit gestaltbar ist (Wittwer 2008, S. 102). Laut Schiersmann fördert die Bildungsbeteiligung gesellschaftliche Teilhabe und damit soziale Integration.

Zudem stärkt sie auf der bildungs- und arbeitsmarktpolitischen Ebene den Arbeitsmarkt durch Qualifizierung der Arbeitskräfte (2011. S. 85).

Idealerweise eröffnet Beratung im Sinne von Entscheidungsunterstützung einen *Weg zur Selbsthilfe* und orientiert sich an den Ressourcen und Kompetenzen des Ratsuchenden. Die Selbstreflexivität des Beraters/der Beraterin ist dabei zur Klärung von Stereotypbildungen eine wichtige Arbeitsgrundlage (vgl. Gieseke / Käpplinger / Otto 2007, S. 34). Obwohl es deutliche Überschneidungen mit therapeutischen und sozialpädagogischen Beratungsmethoden gibt und die Bildungsberatung Elemente aus beiden Bereichen entlehnt, grenzen sich die Autoren aufgrund der Zielperspektive von beiden Feldern ab.

Während es in der sozialpädagogischen Beratung um Orientierung in schwierigen Lebenslagen und die Ressourcenentwicklung zur Alltagsbewältigung geht, stehen bei der therapeutischen Beratung Heilung und die Veränderung von Wahrnehmungsstrukturen im Vordergrund. In der Bildungsberatung geht es hingegen um die Unterstützung einer Entscheidungsvorbereitung und -findung, der allerdings je nach Typus auch biografische Diagnosephasen vorgeschaltet sein können (dies. 2007, S. 37). Die biografische Diagnose ist im habitussensiblen Beratungsansatz (s. 7.4.3) der Schlüssel für die Entscheidungsvorbereitung.

Um der großen Komplexität der Beratungssituation einen systematischen Kommunikationsprozess entgegenzusetzen, haben Gieseke / Käpplinger / Otto eine ambitionierte Studie zu den Prozessverläufen in der Bildungsberatung begonnen. Ein erstes Ergebnis entstand aus dem Theorienvergleich von vier unterschiedlichen Schematisierungen/Phaseneinteilungen zu Beratung im Feld der Bildung. Aus diesem Vergleich haben sie einen vierphasigen Aufbau herausgearbeitet (vgl. dies., S. 34f.):

1. Klärung des Beratungsanliegens,
2. Diskussion/Klärung der anstehenden Entscheidungen,
3. Suche nach Lösungswegen/Entwicklung von Handlungsalternativen,
4. Absprache der nächsten Handlungsschritte, Auswertung.

Obschon es sich hier um einen eher groben Phasenplan handelt, macht es nach Heinz-Ulrich Thiel (2003) Sinn, sich einer Beratungsstruktur bewusst zu sein. Da Beratungen vielfach in zyklischen Spiralen verlaufen, also in der Beratungssituation ein Hin- und Herspringen zwischen den Phasen oder Rückkopplungsschleifen die Regel ist, braucht der Berater/die Beraterin ein Bewusstsein für die Phasen, um situationsadäquat handeln zu können. Die Strukturierung des Beratungsprozesses unterscheidet *professionelle Beratung* von *Alltagsberatung.* Gleichwohl differenziert Thiel sein Phasenmodell der pädagogischen Beratung in Anlehnung an systemische Problemlösestrategien weiter aus, indem er in der ersten Phase eine Kontrastierung von *Ist- und Soll-Zustand* vornimmt und am Ende eine weitere

Phase einfügt, die auf *Durchführung und Evaluation* der Handlungsschritte zielt und damit den Prozesscharakter der Beratung hervorhebt. Insgesamt geht Thiel von einer Verlaufskomplexität in Beratungsprozessen aus, in denen die Phasen miteinander vernetzt sind und längerfristige Zeitperspektiven für die Beratung entstehen. Der Berater/die Beraterin wird dabei zum Manager dieser Prozesse (vgl. ders., S. 74f.).

Cuvry / Kossack / Zeuner (2009) entwickeln in Abgrenzung zum Phasenmodell ein *mehrdimensionales Strukturmodell*, da ihrer Ansicht nach die Phasierung des Beratungsprozesses eine Linearität suggeriert, die sich in der Realität nicht findet, so dass Phasenmodelle nicht als Richtschnur für die Praxis taugen. Aus der Analyse verschiedener Prozessschemata der pädagogischen Beratung rekonstruieren sie einen systematischen Kern, der die drei Prozessdimensionen Analyse, Konstruktion und Antizipation beinhaltet (vgl. dies. 2009, S. 144ff.):

1. Die *Analyse* dient der Klärung der Bedingungen und des Kontextes der Beratung durch die Methode der Differenzierung. Es geht darum, ein klares Bild vom Beratungsanliegen und den Begleitumständen zu erhalten.
2. Die *Konstruktion* dient der Zusammensetzung der analytischen Informationen im Hinblick auf den Fall oder Kontext. Welche Bedeutung haben die gewonnenen Informationen für den Beratungsprozess oder -gegenstand?
3. Die *Antizipation* spielt Lösungsszenarien oder Teilziele gedanklich durch mit dem Ziel, die Optionen gegeneinander abzuwägen und nach Möglichkeit Handlungsschritte daraus abzuleiten.

Die drei Prozessdimensionen finden sich im Gesprächsverlauf nicht chronologisch wieder, sondern es gibt Sprünge und Brüche zwischen den Dimensionen. Das Ziel dieses mehrdimensionalen Strukturmodells ist die Abwendung von der Chronologie im Beratungsablauf, hin zu einer Prozess- und Funktionsorientierung. Die Prozessfunktionen entsprechen inhaltlich den oben genannten Phasen von Orientierung, Klärung, Entwicklung und Ausblick. Der pädagogische Anspruch von Bildungsberatung liegt in der Erweiterung von Handlungsoptionen begründet, welche über eine reflexive Bearbeitung des Beratungsgegenstandes erreicht werden soll. Dabei grenzen Cuvry, Kossak und Zeuner die Reflexion im Bildungsberatungskontext von der Klärung der Lebenswelt und des Lebensvollzugs sowie von der Analyse psychologischer Strukturen ab. Sie fokussieren konkret den Ratsuchenden und seinen Beratungsgegenstand (vgl. dies. 2009, S. 151ff.)

Biografieorientierung in der personenbezogenen Bildungsberatung

Die Überlegungen zur Bildungsberatung setzen ihren Fokus besonders auf die Biografie, um die Ratsuchenden über Selbstreflexion in die Lage zu versetzen, Entscheidungen über die Gestaltung ihrer individuellen Bildungsbiografie treffen zu können (zur kritischen Auseinandersetzung mit dem Begriff „Bildungsbiografie“ siehe Dausien 2011). Nestmann fordert für die Beratung in Bildung, Beruf und Beschäftigung einen verstehenden Beratungszugang, der die biografischen

Erzählungen des Einzelnen zu Bildung und Beruf mit dem Ziel aufgreift, die zukünftige Bildungs- und Berufslaufbahn reflexiv im Hinblick auf ein lebenswertes Leben zu entwickeln (Nestmann 2011, S. 72).

Bettina Dausien betont im Kontext einer biografiewissenschaftlich angelehnten Bildungs- und Berufsberatung, dass die subjektiven Erfahrungs- und Deutungsstrukturen der Ratsuchenden, welche die Basis der Biografie darstellen, einer *eigenen Erzähllogik* unterliegen. Somit muss in der Beratung von einer komplexen und auch umwegigen Zeitstruktur der individuellen Bildungsprozesse ausgegangen werden, obschon ihre Darstellung linear erfolgt. Des Weiteren finden und fanden die Prozesse in gesellschaftlichen und institutionellen Kontexten statt, die maßgeblichen Einfluss auf die Entwicklung genommen haben, aber nicht unbedingt im Rückblick thematisiert werden. Hier geht es um eine Unterstützung des Klärungsprozesses. Zudem unterliegt die Reflexion des Lebensverlaufs einer biografischen Erfahrungsstruktur und eigenen Sinnkonfiguration. Diese reproduziert sich permanent, indem neue Erfahrungen und Wissenbestände passend zu diesen Strukturen in die Biografie eingebaut bzw. entsprechend gedeutet werden. Im Sinne von Peter Alheits Begriff der „Biografizität“ (1995, zit. n. Dausien 2011, S. 33) werden außerdem auf Basis dieser Erfahrungen auch die zukünftigen Handlungsschritte ausgewählt, so dass durch die Vergangenheit die Handlungsspielräume unbewusst eingeschränkt werden. Dieser Eigensinn entzieht sich nicht nur dem Bewusstsein, sondern auch dem pädagogischen Zugriff. Laut Dausien könnte Bildungsberatung einen Raum eröffnen, in dem biografische Entscheidungen aus einem Abstand heraus mit einem beratenden Gegenüber reflektiert und auch Widersprüche entdeckt werden können, um auf einer neu erarbeiteten Basis Entscheidungen treffen zu können (Dausien 2011, S. 33).

Zusammengefasst: Die vorgestellten Aspekte zur Bildungsberatung im Kontext des lebenslangen Lernens, vor allem der personenbezogenen Anteile, dienen der Einordnung dieser Beratungsform im Feld der pädagogischen Beratung. Informations- und Wissensvermittlung sowie die Berücksichtigung von Institutionszusammenhängen sind zusätzliche Aufgaben im Beratungskontext. Die dargestellten Beratungstypen und Phasen- bzw. Prozessverläufe dienen der Strukturierung von Beratung und gleichzeitig wird daran die Komplexität von Beratungsprozessen besonders deutlich. Der biografieorientierte Ansatz berücksichtigt zudem das Wechselverhältnis von Gesellschaft und Individuum und verweist auf die Notwendigkeit, diese Zusammenhänge mitzudenken.

Eine Erweiterung um eine zusätzliche Dimension, vor allem in der Beratung von Bildungsfernen oder bei eingeschränkter Nutzung von Weiterbildung, bildet der habitussensible Ansatz. Dieser geht von strukturbedingten Teilhabebarrieren in der Weiterbildung aus, die jedoch durch habituell bedingte Deutungs- und Wahrnehmungsmuster des Ratsuchenden verstärkt werden. Der Ansatz beruht auf einer Verknüpfung von Biografie und soziologischem Hintergrundwissen zum Wirken symbolischer Gewalt. An der Bildungsberatung von Berufsrückkehrerinnen bzw. Familienfrauen lässt sich dies exemplarisch vorstellen. Das Ziel dieses Ansatzes ist, die Weiterbildungsbarrieren bei den Ratsuchenden gemeinsam zu bearbeiten, aber es geht auch darum, die strukturellen Barrieren an politischer Stelle zu thematisieren, um das Konzept des lebenslanges Lernens bei der Implementierung mit zu gestalten. Auch Nestmann und Dausien fordern von den Beratenden diese fachliche und politische Positionierung mit Blick auf die sozialen Ungleichheiten (vgl. Nestmann 2011, S. 74; Dausien 2011, S. 37).

7.4.3 Habitussensible Beratung

Im Hinblick auf eine soziale Benachteiligung von Berufsrückkehrerinnen beim Weiterbildungszugang (vgl. ausführlicher Friebel 2001) erscheint ein biografisch verstehender Zugang angezeigt, der auch die kulturellen und sozialen Einflüsse bei Bildungsentscheidungen berücksichtigt (vgl. Bourdieu 1990, S. 51). Gemeinsam mit der Ratsuchenden geht es um eine umfassende Analyse der Entscheidungssituation und ihrer habituellen Genese, um der Gefahr zu begegnen, bestehende Benachteiligungen durch die anschließenden Bildungsentscheidungen zu zementieren. Auch Julia Egbringhoff vertritt die Ansicht, dass das Wissen um gesellschaftliche Strukturbedingungen in der Beratung thematisiert werden müsse (Egbringhoff 2011, S. 46).

Das von Dausien erarbeitete Konzept der biografischen Reflexivität weist Übereinstimmungen zu Bourdieus soziologischem Erklärungsmodell zur Wirkweise des Habitus in den Handlungsentscheidungen von Individuen auf. Die Grundlagen des hier vorgestellten Bildungsberatungsansatzes bilden das *Konzept des Habitus* und das *Wirken symbolischer Gewalt* in Bildungsentscheidungen und erzeugen eine eigene Beratungshaltung. Der Berater/die Beraterin hilft dem Ratsuchenden die Einzigartigkeit seiner Biografie zu explizieren und gleichzeitig die objektiven und gesellschaftlichen Rahmenbedingungen, mit welcher der Ratsuchende als Zugehöriger einer gesellschaftlichen Gruppe konfrontiert ist, in den Blick zu nehmen. Diese verknüpfende Betrachtung ermöglicht das vertiefende Verständnis für Bildungswünsche und Barrieren bei deren Umsetzung (vgl. Bourdieu 1997, S. 782; ausführlicher zu den Familienfrauen Heimann 2009).

Das Konzept des Habitus und sein Beitrag zur Wirkmächtigkeit symbolischer Gewalt

Der Habitus stellt ein sinnstiftendes Bindeglied zwischen gesellschaftlichen Strukturvorgaben und den individuellen Reaktionsmöglichkeiten auf die Handlungsanforderungen des Lebens dar. Er ist durchaus flexibel, beinhaltet allerdings Deutungs- und Wahrnehmungsgrenzen, welche die Handlungsauswahl des Menschen prägen (Bourdieu / Wacquant 1996, S. 127). Die Mitglieder der Gesellschaft sind nach Ansicht Bourdieus in einem sozialem Raum positioniert, der sich aus verschiedenen Feldern (Feld der Lebensstile, Feld der Beruflichkeit/der sozialen Lage etc.) zusammensetzt und nach dem Besitz von kulturellem Kapital (Bildung) und ökonomischem Kapital (Geld, Besitz) strukturiert ist. Alle Individuen haben abhängig von ihrem Kapitalvolumen eine Position in diesem Raum und seinen verschiedenen Feldern, so dass alle Individuen in Relation zueinander stehen. Herrschaftsverhältnisse entstehen aufgrund der unterschiedlichen Kapitalverteilungen und den damit verknüpften Positionierungen. Der soziale Raum befindet sich in permanentem Wandel, da die Individuen im Feld um die Sicherung oder Verbesserung ihrer Position konkurrieren. Dabei sind Individuen mit ähnlichen Positionen vergleichbaren Lebensbedingungen unterworfen, die eine ähnliche Sicht auf die Welt und daraus resultierende Handlungsweisen, also die Praxis, prägen (Bourdieu / Wacquant 1996, S. 127f.). Der Habitus ist diese beobachtbare Praxis und ähnliche Positionen im Feld erzeugen einen ähnlichen Habitus. Indem der Mensch in den Raum hineingeboren wird, ist er seit frühester Kindheit mit seiner Position und ihrem Habitus vertraut – das vermittelt Handlungssicherheit und gibt gleichzeitig Grenzen vor (Bourdieu 1982, S. 175).

Der Analysegegenstand zur Identifikation des Habitus ist die Biografie und das Erleben bzw. Gestalten derselben im Zusammenspiel mit den gesellschaftlich geprägten Lebensstrukturen (Bourdieu 1982, S. 157). Berufsbildung, Geschlecht, Ethnie und Alter bilden in ihrer biografischen Verflechtung z. B. die Grundlage für Barrieren oder Beteiligungsmöglichkeiten an Weiterbildung. Der soziale Sinn im Handeln lässt lediglich bestimmte Deutungs- und Handlungsmuster zu, die z. B. zu einem bestimmten Milieu oder zum Geschlecht passen, doch dies ist dem Handelnden nicht bewusst. Der Habitus bestimmt somit Entwicklungsgrenzen, und da er inkorporiert, d. h. Teil der Identität ist, entzieht er sich einer bewussten Steuerung (Bourdieu 1982, S. 178f.; 1993, S. 114). Anders ausgedrückt: *Der Einzelne reagiert intuitiv auf eine sozial angepasste Weise.* Überschreitet er die soziale Grenze, dann fühlt er sich unsicher, nicht passend oder schämt sich. Der Habitus reagiert permanent auf die gesellschaftlichen Herrschaftsverhältnisse, indem er bei Handlungsentscheidungen auf die mit der Position verknüpften Deutungs- und Handlungsschemata zurückgreift. Gleichzeitig stabilisiert er damit die Verhältnisse, denn im Handeln bestätigt er seine Position.

Bourdieu findet für diesen unbewussten Zwang den Ausdruck der *symbolischen Gewalt,* der über Kommunikation, Anerkennung oder die Gefühlsebene ausgeübt wird. Symbolische Gewalt setzt die stillschweigende Anerkennung des Herrschaftsverhältnisses als natürlich oder selbstverständlich gegeben voraus und steht jenseits einer kritischen Infragestellung (Bourdieu 1997, S. 81; 2005, S. 8).

Die Biologisierung des Sozialen nennt Bourdieu als Beispiel für das Wirken symbolischer Gewalt, indem Handlungsweisen geschlechtlich konnotiert werden und mit der Geschlechtszuweisung gleichzeitig eine Wertigkeit verknüpft wird. Beobachtbar wird das z. B. in der geschlechtlichen Segmentierung der Berufssphäre in männliche und weibliche Berufsfelder, wobei die Handlungsausprägung und -zuweisung dem Geschlecht zugerechnet wird.

> Bourdieu identifiziert Charaktereigenschaften oder Verhalten hingegen als Resultat der beherrschten oder herrschenden Position. Gleichwohl entscheiden sich die Geschlechter für den „passenden" Beruf und bestätigen dadurch das symbolische Gewaltverhältnis. Es braucht für einen sozialen Ausschluss keine expliziten Schließungsmechanismen mehr, sondern es greift der Selbstausschluss. In einem solchen Fall denken die Ausgeschlossenen gar nicht über eine Teilhabemöglichkeit nach, es kommt ihnen gar nicht in den Sinn oder sie finden „gute Gründe", warum ihre Wahl zu ihnen passt.

Ähnliche Mechanismen finden sich im Übrigen auch hinsichtlich der Verteilung bestimmter Milieus in den Berufsfeldern (Bourdieu 2005, S. 104, 165). Der Habitus als „Begrenzungskriterium" bei der Handlungswahl stellt die Anerkennung der sozialen Herrschaftsverhältnisse sicher, da er sich aufgrund der Inkorporation und der Selbstvergessenheit seines Ursprungs der Reflexion entzieht bzw. die sozial bestimmten Grenzen für selbstverständlich erachtet werden.

Die habitussensible Beratungshaltung in der Bildungsberatung

Das vorgestellte Erklärungsmodell zum unbewussten Wirken des Habitus gilt vor allem auch für Bildungsentscheidungen, denn sie werden auf der Basis einer bestimmten gesellschaftlichen Position getroffen. In den vorgestellten Ansätzen zur Bildungsberatung wird das Wirken symbolischer Gewalt wenig bis gar nicht thematisiert, spielt aber im Zusammenhang mit der Beratung von Bildungsfernen oder bei beruflicher Weiterbildungsabstinenz eine wichtige Rolle. Am Beispiel von Berufsrückkehrerinnen, die in vielen Fällen auch Familienfrauen sind, soll die Klärungstiefe und damit verknüpfte Nachhaltigkeit von Bildungsberatung vorgestellt werden.

Frauen sehen sich aufgrund ihres Ausstiegs aus der Erwerbssphäre von beruflichen Weiterbildungsprozessen weitestgehend strukturell ausgeschlossen und bei Berufsrückkehr mit einer Abwertung ihrer Qualifikation konfrontiert (Friebel 2001, S. 16). Zudem fehlt es in weiblichen Arbeitsfeldern an Rückkehr- und Aufstiegsstrukturen (Krüger 1995, S. 138), auch berufliche Neuorientierungen sind nicht vorgesehen. Neben den erschwerten Rückkehrstrukturen am Erwerbsmarkt sorgen die Rahmenbedingungen der Reproduktionsarbeit für eine Familienfokussierung im Habitus der Frauen, die einen Selbstausschluss mit Blick auf Weiterbildungsinvestitionen entstehen lassen. Die Frauen entscheiden sich für die Familie und gegen Berufsrückkehr oder Weiterbildung. Im Rückblick ist damit häufig das Gefühl des persönlichen Scheiterns oder der falschen Entscheidung verknüpft (Heimann 2009, S. 337f.).

Eine rückblickende Betrachtung des Lebensweges und der über Bildung oder Heirat veränderten Gesellschaftspositionen öffnet den Blick für gesamtgesellschaftliche Zusammenhänge und für soziale Einflüsse bei der Entwicklung und

Umsetzung von Bildungswünschen und Zielen. Die Betrachtung der aktuellen Position lässt heute wirksame Handlungsbegrenzungen im Habitus identifizieren.

Bewegungen durch den sozialen Raum

Familienfrauen sind vielfach damit konfrontiert, dass sie vor der Familienphase über ihre Beruflichkeit eine stabile gesellschaftliche Position innehatten. Mit dem Ausstieg aus dem Beruf, wegen der Familie, machen sie Dequalifizierungserfahrungen, z. B. durch den Einstieg in ein anderes Berufsfeld bei Aushilfstätigkeiten. Bezogen auf ihre gesellschaftliche Position stellt das einen Abstieg dar, den sie allerdings erst spüren, wenn sie wieder in die Erwerbstätigkeit zurück wollen. In anderen Feldern ist die soziale Lage der Familie ausschlaggebend für die gesellschaftliche Position der Familienfrauen und diese ist durch das Einkommen des Mannes vorgegeben. In vielen Fällen besteht im Feld der Beruflichkeit eine Diskrepanz zwischen der persönlichen Lage vor der Familienphase und der persönlichen Lage als Familienfrau. Aufgrund der sozialen Lage der Familie wurde diese Diskrepanz bisher nicht wahrgenommen. Bildungsinvestitionen können dann als Versuch gesehen werden, den Abstieg auszugleichen (vgl. Heimann 2009, S. 262ff.).

Das Wissen um die Diskrepanz klärt eine wichtige Weiterbildungsmotivation der Frauen, die ohne eine Betrachtung des Raumes und der Bewegungen darin nicht in den Blick geraten würde. Ein biografieorientierter Beratungsansatz, wie ihn auch Dausien (s.o.) in der Bildungsberatung fordert, erfüllt den Anspruch einer umfassenden Klärung des Lebenslaufes und eröffnet den *Nachvollzug der Bewegung durch den Raum.* Gleichzeitig erzeugt die Berücksichtigung der gesellschaftlichen Zusammenhänge und das Wissen um die Wirkweise des Habitus bei Bildungsentscheidungen eine Beratungshaltung, die Bourdieu (1997, S. 783) im Hinblick auf seine Forschungshaltung im Interview als sozioanalytisch bezeichnet.

Die sozioanalytische Beratungshaltung sucht die Handlungsentscheidungen immer in Zusammenhang mit den Rahmenbedingungen zu betrachten und die soziale Motivation zu klären. Dies führt auch zu einer Entlastung des Ratsuchenden von einem hochgradigen Individualisierungsdruck. Der Berater/die Beraterin ist ebenfalls Teil der Sozioanalyse und muss seine/ihre Position und den damit verknüpften Habitus kennen (Bourdieu 1993, S. 216). Die Selbstreflexivität des Beratenden ist hier ein wichtiges Stichwort. Der Berater/die Beraterin akzeptiert außerdem die Vorläufigkeit von Entscheidungen, da eine Bildungsentscheidung nicht allein aus kognitiven Erwägungen heraus umgesetzt werden kann. Deshalb bietet er/sie gleichzeitig einen reflexiven und handlungspraktischen Bildungsraum an, in dem neue Handlungsoptionen erprobt und Entscheidungsrahmen erweitert werden können.

Für die Klärung symbolischer Gewaltwirkung in den Bildungsentscheidungen von Menschen wird in der Beratung auf selbstverständliche Handlungsgrenzen und „unerfüllbare" Wünsche geachtet, die häufig im Gegensatz zu den kognitiv geäußerten Lebensvorstellungen stehen. Diese Widersprüche zwischen Denken und Handeln, aber auch zwischen den äußeren Rahmenbedingungen und den persönlichen Wünschen kennzeichnen das Wirken symbolischer Gewalt (Heimann 2009, S. 22). Der Berater/die Beraterin spricht diese Widersprüche an und setzt damit eine vertiefende Klärung von Entscheidungsprozessen in Gang, die er gleichzeitig in Bezug zu den gesellschaftlichen Rahmenbedingungen setzt. Wichtig sind dabei ein sensibles Vorgehen und das Angebot einer weiteren Begleitung oder Vermittlung.

Anhand eines Fallbeispiels sollen mögliche Widersprüche aufgezeigt werden, die in einem Beratungsgespräch thematisiert und damit einer Reflektion zugänglich gemacht werden können. Das Ziel ist neben einer Klärung von Bildungswünschen auch die Bewusstwerdung der gesellschaftlichen Zwänge hinter den vergangenen Handlungsentscheidungen.

Fallbeispiel

Frau Schmidt ist 42 Jahre alt, hat einen Realschulabschluss und eine Ausbildung zur Industriekauffrau. Vor der Familienphase hat sie viele Jahre in einem großen Betrieb in einer Kleinstadt gearbeitet. Nach der Erziehungszeit hätte sie in Vollzeit an ihren Arbeitsplatz zurückkehren können, jedoch konnte sie sich das mit zwei kleinen Kindern nicht vorstellen. Das Angebot galt nur direkt nach der Erziehungszeit, ein Teilzeitangebot gab es nicht. Frau Schmidt entschied sich für die Familientätigkeit (7 Jahre) und arbeitet viel ehrenamtlich in Schule und Kirchengemeinde. Seit zwei Jahren ist sie in der Hausaufgabenbetreuung in einer Grundschule vor Ort auf Minijob-Basis tätig. Sie kommt zur Bildungsberatung, weil sie sich beruflich in einem sozialen Feld neu orientieren will. Ihre Erfahrungen aus der Familienarbeit und ihre jetzige Tätigkeit im offenen Ganztagsangebot der Schule haben sie von ihrem Ursprungsberuf weggeführt. Zudem will sie ihre derzeitige Arbeit professionalisieren. Gleichzeitig wünscht Frau Schmidt sich zukünftig einen existenzsichernden Arbeitsplatz, der ihr durch ein Weiterbildungszertifikat allerdings nicht eröffnet werden kann. Dazu braucht es z. B. einen akademischen Abschluss. Auf Nachfrage der Beraterin und nach weiteren Informationen über mögliche Zugänge in ein Regelstudium könnte Frau Schmidt sich zu einem späteren Zeitpunkt – nach einer zertifizierten mehrjährigen Teilzeitweiterbildung – auch ein Regelstudium vorstellen. Im Moment erscheinen ihr die Kinder noch nicht alt genug, um ein Vollzeitstudium umsetzen zu können.

In dem vorgestellten Fall finden sich drei verschiedene Ansatzmöglichkeiten zur Thematisierung und Reflektion verhinderter Entwicklungswege und gesellschaftlicher Engführungen:

Wie viele Frauen in ähnlicher Situation hat sich Frau Schmidt darauf verlassen, in der großen Firma an ihren Arbeitsplatz in Teilzeit zurückkehren zu können.

Mit Rücksicht auf die Familien nimmt sie das Vollzeitangebot der Firma zur Rückkehr nicht an. Frau Schmidt akzeptiert die Bedingungen der Firma, nur in Vollzeit zurückkehren zu können, und entscheidet sich „natürlich" gegen eine Beruflichkeit und für die Familie. Zumal, weil sie keinen anderen Arbeitsplatz in Teilzeit sucht, kann diese Handlung als sozialer Selbstausschluss gewertet werden. Die Beraterin thematisiert das Ausschlussverhalten der Firma und fragt nach weiteren Erfahrungen mit dieser Praxis aus dem Bekanntenkreis. Frau Schmidt kennt einige Frauen, die mit ähnlichen Ausschlussstrukturen konfrontiert waren und gleiche Entscheidungen wie sie getroffen haben. Da die soziale Lage der Familie es zuließ, konnte sie zu Hause bleiben. Der Lebensentwurf der Vollzeitmutter und die Unvereinbarkeit von Beruf und Familie in Vollzeit ist im sozialen Umfeld selbstverständlich und wird deshalb nicht hinterfragt.

Die Erfahrung aus der Familienzeit, das Ehrenamt und die geringfügige Beschäftigung führen Frau Schmidt in ein neues Berufsfeld, in dem sie sich neu orientieren bzw. professionalisieren will. Allerdings möchte sie keine Berufsausbildung machen, sondern erhofft sich über ein Weiterbildungszertifikat einen Zugang ins soziale Berufsfeld. Ein Teilzeitangebot wäre gut mit der Familienarbeit zu verknüpfen. Auf Nachfrage der Beraterin sagt sie, sie wolle einmal eine existenzsichernde Beschäftigung im sozialen Arbeitsfeld ausüben. Hier findet sich ein Widerspruch zwischen den gewünschten Entwicklungszielen und den tatsächlichen Berufsmöglichkeiten zu denen der Abschluss Teilzeitweiterbildung berechtigt. Da Frau Schmidt als zukünftiges Beschäftigungsziel die Existenzsicherung thematisiert, braucht sie ein entsprechendes Studium oder eine Ausbildung. Tendenziell werden mit einem Weiterbildungszertifikat ohne entsprechende Grundausbildung Nischenpositionen erreicht, etwa vergleichbar mit der bisherigen Tätigkeit von Frau Schmidt. Die Aufgabe der Beraterin ist es zum einen über die Beschäftigungsmöglichkeiten mit dem Abschlusszertifikat zu informieren und zum anderen auf die Notwendigkeit eines neuen Berufsabschlusses für eine existenzsichernde Tätigkeit zu verweisen. Auch ein akademischer Abschluss stellt eine solche Möglichkeit dar. Da Frau Schmidt über keine Hochschulzugangsberechtigung verfügt, informiert die Beraterin über die Zugangsprüfung und bezüglich einer Prüfungsvorbereitung und Begleitung durch entsprechend Weiterbildungsangebote. Möglich wäre auch der Versuch einer Umschulung.

Ein Regelstudium aufzunehmen ist für Frau Schmidt durchaus vorstellbar, allerdings erst nach weiteren drei Jahren, die sie in einer Teilzeitweiterbildung mit Zertifikatsabschluss verbringen will. Ihr erscheinen die Kinder noch nicht alt genug für diesen Schritt. Hier ist ein weiterer „unerfüllbarer Wunsch" zu identifizieren. Das Bildungsziel „akademischer Abschluss" wird verschoben, da Frau Schmidt sich ein Vollzeitstudium neben der Familienarbeit nicht vorstellen kann. Die Teilzeitweiterbildung stellt den sprichwörtlichen „Spatz in der Hand" dar, im Gegensatz zum akademischen Studienabschluss, der „Taube auf dem Dach". Die alltägliche Handlungsausrichtung an der Maxime „die Familie geht vor" macht die Vereinbarkeit von Familie und Studium für Frau Schmidt undenkbar. Dabei vergisst sie, dass sie neben dem Studium drei weitere Jahre bis zum Erreichen ihres Berufsziels braucht. Hinsichtlich ihres Alters wird sie dann mit weiteren Ausschlusskriterien auf dem Arbeitsmarkt konfrontiert. Die Beraterin spricht diesen Umstand an und bietet gleichzeitig die Orientierungsphase der wissenschaftlichen Teilzeitweiterbildung als Klärungszeitraum und Vorbereitungsphase an, in welcher die Vereinbarkeit von Studium, Familie und Job ausprobiert und entsprechende Strukturen geschaffen werden können. Da Frau Schmidt schon einmal in Vollzeit berufstätig war und qualifiziert ausgebildet ist, geht es auch um die Aktivierung und Stärkung dieser verschütteten Habitusanteile.

In der Bildungsberatung von Familienfrauen muss es neben der Informationsvermittlung und biografischen Situationsklärung vor allem auch um die *Transformation* oder *Regeneration* bestimmter Habitusanteile gehen. Dazu braucht es entsprechend strukturierte Beratungs- und Bildungsräume, veränderte Handlungsstrukturen und Zeit, denn laut Bourdieu ist eine habituelle Grenzüberschreitung nur mit einer beharrlichen Gegenkonditionierung möglich (vgl. Bourdieu 2001, S. 220). Im Fall von Frau Schmidt konnte in der Beratung ihre starke Familienausrichtung als Handlungsgrenze identifiziert werden, die sie allerdings nicht einfach mit einer kognitiven Entscheidung überschreiten kann. Vielmehr braucht sie einen habituskompatiblen Weiterbildungsrahmen, der ihr Handlungssicherheit gewährt und gleichzeitig stückweise neue Strukturen aufbauen lässt und neue Erfahrungen ermöglicht oder an alte anknüpfen lässt. Damit bleiben die Herrschaftsverhältnisse vorübergehend gewahrt, aber die thematische Auseinandersetzung findet stetig statt. Ein langfristiges Ziel ist die Investition in eine berufliche Ausbildung und die Neuaushandlung und Neustrukturierung der Arbeitsteilung innerhalb der Familie, d. h. der Reproduktionssphäre (Heimann 2009, S. 340ff.). Idealerweise schließt sich dem Beratungsprozess ein reflexiver und kritisch aufklärender Bildungsprozess mit dem Ziel an, alternative Lebensentwürfe zu entwickeln und Bildungsentscheidungen in größerer Handlungsfreiheit treffen zu können. Aber auch eine längerfristige Begleitung durch Beratung, gepaart mit konkreten Handlungsaufgaben kann eine habituelle Transformation/ Regeneration in Bewegung bringen. In beiden Versionen wird eine Gegenkonditionierung angeboten, wie Bourdieu sie fordert.

7.4.4 Zukunftsausblick

Der hier vorgestellte habitussensible Beratungsansatz befindet sich noch in der Entwicklung. Ihm liegt ein Beratungshaltung zugrunde, die von einem Wirken symbolischer Gewalt in den Bildungsentscheidungen des Menschen ausgeht, so dass in der Bildungsberatung analytische Klärungszugänge angeboten werden müssen, welche vor allem die vermeintlich „natürlichen“ Entscheidungen hinterfragen. Sind diese Barrieren erkannt, so gilt es auf der individuellen Ebene entsprechende Bildungs- oder Beratungsangebote vorzuhalten, welche die habituellen Begrenzungen bearbeiten helfen. Gleichzeitig ist es eine Aufgabe von Bildungsberatung, die strukturbedingten Grenzen, die in der Beratung bekannt werden, auf fachlicher und politischer Ebene zu thematisieren und damit einer Veränderung zugänglich zu machen. Vor allem mit Blick auf eine gesamtgesellschaftliche Umsetzung und Gestaltung eines lebenslangen Lernkonzeptes ist das der Beitrag, den Bildungsberatung leisten kann und muss.

7.4.5 Literatur

Arndt, Karin / Aulerich, Gudrun / Behlke, Karin et al.: Prozessbegleitende Lernberatung. Konzeption und Konzepte. QUEM-Report. Schriften zur beruflichen Weiterbildung, Berlin 2005

BMBF: Bestandsaufnahme der Bildungs-, Berufs- und Beschäftigungsberatung in Deutschland, Berlin / Bonn 2007

–: Empfehlungen des Innovationskreises Weiterbildung für eine Strategie zur Gestaltung des Lernens im Lebenslauf, Bonn / Berlin 2008

Bourdieu, Pierre: Die feinen Unterschiede. Kritik der gesellschaftlichen Urteilskraft, Frankfurt/M. 1982

–: Die biografische Illusion; In: Zeitschrift für Biografieforschung und oral history, H. 1, 1990, S. 75–81

–: Sozialer Sinn. Kritik der theoretischen Vernunft, Frankfurt/M. 1993

–: Verstehen; Aus: Bourdieu, Pierre et al. (Hg.): Das Elend der Welt. Zeugnisse und Diagnosen alltäglichen Leidens an der Gesellschaft, Konstanz 1997, S. 773–802

–: Die männliche Herrschaft, Frankfurt/M. 2005

– / Wacquant, Loic: Reflexive Anthropologie, Frankfurt/M. 1996

Brügmann, Wolf Gunter: Weiterbildungsberatung für Lebenslanges Lernen. Anforderungen an Qualität – Vision und Wirklichkeit, DIE online, veröffentlicht 2006: www.die-bonn.de/esprid/dokumente/doc-2005/bruegmann05_01.pdf

Cuvry de, Andrea / Kossack, Peter / Zeuner, Christine: Strukturmodell für personenbezogene Bildungsberatung; In: Arnold, Rolf / Gieseke, Wiltrud / Zeuner, Christine (Hg.) Bildungsberatung im Dialog, Bd. III, Baltmannsweiler 2009, S. 135–159

Dausien, Bettina: „Das beratende Selbst" – Anmerkungen zu Bildungsbiografien im gesellschaftlichen Wandel und Strategien ihrer professionellen Bearbeitung; In: Hammerer, Marika / Kanelutti, Erika / Melter, Ingeborg (Hg.): Zukunftsfeld Bildungs- und Berufsberatung. Neue Entwicklungen aus Wissenschaft und Praxis, Bielefeld 2011, S. 21–40

Egbringhoff, Julia: In: Hammerer, Marika / Kanelutti, Erika / Melter, Ingeborg (Hg.): Zukunftsfeld Bildungs- und Berufsberatung. Neue Entwicklungen aus Wissenschaft und Praxis; Bielefeld 2011, S. 41–48

EU Ratsentschließung zur lebensbegleitenden Beratung von 2004 (Dokument 9286/04 EDUC 89 SOC 234)

EU Ratsentschließung zur besseren Integration lebensumspannender Beratung in die Strategien für lebenslanges Lernen 2008 (Dokument 14398/08 EDUC 241 SOC 607)

Expertenkommission Finanzierung lebenslangen Lernens: Auf dem Weg zur Finanzierung lebenslangen Lernens. Zwischenbericht; Bielefeld 2002

Fraure, Edgar: Learning to Be. The World of Education Today and Tomorrow, Paris 1972

Friebel, Harry: Lebenslanges Lernen für die Differenz. Bildung und Weiterbildung in der Bundesrepublik Deutschland; Forschung: Discussion paper Nr. 9, Hochschule für Wirtschaft und Politik 2001

Gieseke, Wiltrud: Beratung in der Weiterbildung. Ausdifferenzierung der Beratungsbedarfe. In: Report. Zeitschrift für Weiterbildungsforschung, Nr. 46, Frankfurt/M. 2000, S. 10–17

– / Käpplinger, Bernd/Otto, Sylvana: Prozessverläufe in der Beratung analysieren – ein Desiderat. Begründung und Entwicklung eines Forschungsdesigns In: Report 30/2007, S. 33–42

Heimann, Regina: Barrieren in der Weiterbildung. Habitus als Grundlage von Karriereentscheidungen. Marburg 2009

Herdt, Ursula: Das Nationale Forum Beratung in Bildung, Beruf und Beschäftigung. In: Erziehung und Wissenschaft, H. 12/2006

–: Bildungs-, Berufs- und Weiterbildungsberatung. In: Faulstich, Peter / Bayer, Mechthild (Hg.): Lernwiderstände. Anlässe für Vermittlung und Beratung, Hamburg 2008, S. 111–122

–: „Weiterbildungsberatung". Referat auf dem Expertengespräch zum Thema „Weiterbildungsberatung im Kontext des lebenslangen Lernens", GEW Baden-Württemberg, 16. 03. 2009

Jenschke, Bernhard / Schober, Karen / Frübing, Judith: Lebensbegleitende Bildungs- und Berufsberatung in Deutschland. Strukturen und Angebote, Bielefeld 2011

Kossack, Peter: Bildungsberatung revisited. Ein Strukturmodell zur Bildungsberatung. In: Arnold, Rolf / Gieseke, Wiltrud / Zeuner, Christine (Hg.): Bildungsberatung im Dialog; Bd. 1, Baltmannsweiler 2009, S. 45–67

Krüger, Helga: Prozessuale Ungleichheit. Geschlecht und Institutionenverknüpfung im Lebenslauf. In: Berger, Peter / Sopp, Peter (Hg.): Sozialstruktur und Lebenslauf. Opladen 1995, S. 133–153

Nationales Forum Beratung in Bildung, Beruf und Beschäftigung (nfb): Eckpunkte für ein zeitgemäßes und zukunftsfähiges Beratungsangebot in Deutschland. Ein Plädoyer für notwendige Reformen der Struktur und des Umfangs von Beratungsangeboten für Bildung, Beruf und Beschäftigung und zur Verbesserung des Zugangs und der Transparenz, Berlin 2009

Nestmann, Frank: Anforderungen an eine nachhaltige Beratung in Bildung und Beruf – Ein Plädoyer für die Wiedervereinigung von „Counselling" und „Guidance". In: Hammerer, Marika / Kanelutti, Erika / Melter, Ingeborg (Hg.): Zukunftsfeld Bildungs- und Berufsberatung. Neue Entwicklungen aus Wissenschaft und Praxis; Bielefeld 2011, S. 59–80

OECD: Lifelong learning for all, Paris 1996

– (Hg.): Career Guidance and Public Policy – Bridging the Gap. Paris 2004

Schiersmann, Christiane: Beratung in der Weiterbildung – neue Herausforderungen und Aufgaben. In: Report: Zeitschrift für Weiterbildungsforschung, Nr. 46, Frankfurt/M. 2000, S. 18–32

–: Beratung in der Weiterbildung. Ein Überblick über Beratungsfelder und Weiterbildungsanbieter. In: Herbrich, Esther / Jurkeit, Jörg (Hg.): Lebenslanges Lernen und Bildungsberatung zwischen Theorie und Praxis, Berlin 2007, S. 14–51

– / Remmele, Heide: Beratungsfelder in der Weiterbildung. Eine empirische Bestandsaufnahme; Grundlagen der Berufs- und Erwachsenenbildung, Bd. 38, Baltmannsweiler 2004

– / Thiel, Heinz-Ulrich: Beratung in der Weiterbildung. In: Nestmann, Frank/Engel, Frank/Sickendieck, Ursel (Hg.): Das Handbuch der Beratung. Ansätze, Methoden, Felder; Band II, 2. Aufl., Tübingen 2007, S. 891–905

–: Bildungs- und Berufsberatung neu denken. In: Hammerer, Marika / Kanelutti, Erika / Melter, Ingeborg (Hg.): Zukunftsfeld Bildungs- und Berufsberatung. Neue Entwicklungen aus Wissenschaft und Praxis; Bielefeld 2011, S. 81–97

Schlüter, Anne: Bildungsberatung. Eine Einführung für Studierende, Opladen / Farmington Hills 2010

Schober, Karen: Herausforderungen an die Bildungs- und Berufsberatung in Deutschland vor dem Hintergrund der europäischen Diskussion und Beschlüsse. Vortrag beim GEW Workshop: Beratung in Bildung, Beruf und Beschäftigung, 12/2006 in Berlin, online: www.forum-beratung.de/veroeffentlichungen/eigene-veroeffentlichungen/html

–: Beratung für Beschäftigte und Betriebe. In: Praxis-Newsletter Weiterbildung und Beratung des Kuratoriums der Deutschen Wirtschaft für Berufsbildung, Nr. 5, 2007

Thiel, Heinz-Ulrich: Phasen im Beratungsprozess. In: Krause, Christina (Hg.): Pädagogische Beratung – Grundlagen und Praxisanwendung, Paderborn 2003, S. 73–84

Wittwer, Wolfgang: Berufliche Weiterbildungsberatung: In: Faulstich, Bayer (Hg.): Lernwiderstände. Anlässe für Vermittlung und Beratung, Hamburg 2008, S. 91–109

7.5 Familie und Familienberatung

Annemarie Bauer

Da es nicht nur in der Familienberatung, sondern auch in anderen Kontexten pädagogischer Beratung immer wieder zu Beratungsprozessen kommt, an denen Familien teilnehmen und Familiendynamiken eine Rolle spielen, ist es sinnvoll, sich grundsätzlich mit dem Thema Familie auseinanderzusetzen, bevor die eigentliche Familienberatung thematisiert wird.

7.5.1 Generelles zum Thema „Familie"

Die Familienberichte des Bundesministeriums für Familie, Senioren, Frauen und Jugend bieten mit je spezifischen Akzentsetzungen einen ersten Überblick über die Situation von Familien in Deutschland, sie werden kontinuierlich aktualisiert und eignen sich deshalb, um sich dem derzeit als gültig geltenden Familienbegriff anzunähern. Der derzeit aktuelle siebte Familienbericht (BMFSFJ 2006) beschreibt die Familie einerseits als Institution, andererseits als alltägliche Lebensform:

Als *Institution* wird die Familie durch ihre Mitglieder gestaltet und verändert sich, wenn die Lebensformen ihrer Mitglieder sich wandeln. Hier sind insbesondere Veränderungen in den „typischen" Lebensläufen von Frauen und Männern wirksam. Weil Lebensläufe und Familienkonzepte miteinander verwoben und beide wiederum in gesellschaftliche Rahmenbedingungen eingebettet sind, betreffen gesellschaftliche Veränderungen folglich die Familie als Ganzes ebenso wie die Lebensentwürfe der einzelnen Mitglieder.

Mit der Idee der Familie als *alltäglicher Lebensform* verbindet sich nicht nur die Vorstellung von Familie als Assoziationsrahmen für Gefühle, Kontakt, Unterstützungsleistungen etc., sondern es werden damit auch verschiedene Prozesse gemeint, über die sich Familie selbst jeweils neu – und zwar täglich durch ihre Alltagspraxen, z. B. über Aushandlungs- und Abstimmungsprozesse – als Familie konstituiert. Familie wird damit durch kreatives (Alltags-)Handeln zur Herstellungsleistung ihrer Mitglieder (BMFSFJ 2006).

Mit dieser doppelten Perspektive auf die Familie sind verschiedene, für die Beratung von Familien wichtige Aspekte verknüpft:

- Die Familie hat eine biologisch-soziale Doppelnatur aufgrund der Übernahme der Reproduktionsfunktion und der Sozialisationsfunktion.
- Die Familie ist geprägt von einer Generationendifferenzierung und von einer Verbundenheit der Generationen, die zwar häufig nicht „unter einem Dach", aber doch in räumlicher Nähe miteinander leben.
- Veränderungen in der Familie sind durch Einflüsse auf gesellschaftlicher Ebene ebenso beeinflusst wie durch das (gemeinsame) Alltagshandeln ihrer Mitglieder.

– Die Vorstellung des (z. B. partnerschaftlichen) Lebens in Familien ist variabel und zeigt sich in verschiedenen Formen.

Einige der oben genannten Aspekte werden bereits in früheren Familienberichten aufgegriffen. Die Veränderungen der Familienleitbilder, auch infolge wissenschaftlicher Perspektivwechsel, lassen sich mittels eines skizzenartigen Rückblicks verdeutlichen.

Für die familiensoziologische Forschung, aber auch für die Politik galt das *Modell der Kernfamilie* bis weit in die 1970er Jahre als die dominierende Lebensform. Nur wenige Forschungen stellten die Relevanz des Kernfamilien-Modells in Frage, das zwar eine wichtige familiale Lebensform der 1950er und 1960er Jahre beschreibt, aber insgesamt im kulturellen und historischen Vergleich eher eine Ausnahme darstellt.

Dass dieses am Ideal des bürgerlichen Familienmodells mit nicht erwerbstätiger Mutter und erwerbstätigem Vater orientierte Modell von einer Vielfalt von Lebensformen abgelöst worden ist, gilt inzwischen als selbstverständlich. Als ein Hinweis darauf lässt sich z. B. die stärkere Partizipation der Väter an den Sozialisationsprozessen der Kinder deuten, welche gleichzeitig auch darauf verweist, dass die emotionale Wichtigkeit der Kinder erheblich zugenommen hat. Einen weiteren Hinweis bilden die Veränderungen in den Machtbeziehungen in Familien: das eheliche Über- und Unterordnungsverhältnis scheint sich aufzulösen, Familien dokumentieren damit ihr Egalitätsstreben. Allerdings haben sich die geschlechtsspezifische Arbeitsteilung und die damit einhergehenden Konflikte und Probleme trotz des gesellschaftlichen Wandels wenig verändert: Nach wie vor sind es primär die Frauen, die Versorgungs- und Fürsorgeleistungen in der Familie verantworten und übernehmen – und ggf. die Doppelbelastung bei gewünschter oder notwendiger Erwerbstätigkeit tragen.

In den 1980er und 1990er Jahren verunsichern die Anzeichen grundlegender gesellschaftlicher Veränderungen, z. B. der demografische Wandel oder der Anstieg der Scheidungszahlen, die Vorstellung eines einheitlichen Familienbildes. Folge ist eine *Pluralisierung des Familienbegriffs*, wobei sich die prinzipielle Frage stellte, was unter Familie zu verstehen sei (König 1996). Um Familie zu erfassen, werden in dieser Zeit vorrangig beschreibende Begrifflichkeiten eingeführt: Alleinerziehende Elternteile werden beispielsweise als „unvollständige Familie" oder als „Ein-Elternteil-Familie" bezeichnet. Insgesamt sollen Umschreibungen wie „Ein-Kind-Familien", „Zweitfamilien", „Patchwork-Familien", „Fortsetzungsfamilien", „geteilte Familien" sowie „Fortsetzungsehen" und „Nichteheliche Gemeinschaften" die Facetten dessen verdeutlichen, was unter Familie verstanden werden kann. Der Begriff der *Family Diversity*, der bereits in den 1980er Jahren geprägt wurde, verweist prägnant auf die Vielfalt familialer Lebensformen. Die Etablierung des Begriffs der „De-Institutionalisierung der Familie" (Tyrell 1985) ist vor diesem Hintergrund als ein Versuch zu sehen, die divergierenden Entwicklungen innerhalb der Familiensoziologie als eine Lockerung der Verbindlichkeiten des traditionellen bürgerlichen Liebes-, Ehe-, und Familiencodes, das heißt der normativen Abfolge von romantischer Liebe, Ehe und ehelicher Elternschaft zusammenzufassen.

Heute gilt es als unumstritten, dass die normativen Zwänge zur Eheschließung sich nach und nach reduzieren – ohne dass aber die Familie als solche und das Zusammenleben selbst in Frage gestellt würden. Gleichzeitig ist, trotz des Anstiegs der Scheidungszahlen in den vergangenen fünfzig Jahren, nicht von einem Bedeutungsverlust der Ehe auszugehen, da z. B. auch die Wiederverheiratungsquote Geschiedener hoch ist. Beide Aspekte verweisen vielmehr darauf, dass der Paarbeziehung und der Familie, unabhängig von der juristischen Form, eine hohe Bedeutung zugemessen wird. Interessanterweise erweisen sich aber die Normalitätsvorstellungen hinter diesen vielfältigen Familienformen als stabil: Auf der normativen Ebene bleibt das Ideal dessen, was eine gute, intakte, gelingende Familie ausmacht, bestehen, sowohl in den Vorstellungen zur Familienstruktur (allen Scheidungszahlen zum Trotz) als auch in den Vorstellungen, was die Qualität von Beziehungen angeht.

Als unstrittig gilt zudem, dass demografisch bedingte Veränderungen, z. B. die Reduktion der Kinderzahl, die biografisch spätere Elternschaft, die erhöhte Lebenserwartung und (damit) die Verlängerung der Lebensphase eines Paares nach der Elternschaft, neue Familiendynamiken bedingen und zu einer Verschiebung von Familienzyklen führen. Die Folgen dieser Veränderungen beziehen sich auf die Partnerbeziehungen, auf die Eltern-Kind-Beziehungen, aber auch die Elternrollen von Mann und Frau. So müssen beispielsweise Partnerbeziehungen, die von vornherein eine Lebensdauer von 40 oder gar 60 Jahren haben werden, eine andere Qualität entwickeln, als Partnerbeziehungen und Ehen, die in früheren Jahrzehnten und Jahrhunderten durch den Tod eines Partners frühzeitig beendet wurden. Während Patchwork-Familien, die es infolge des frühen Todes (bei Frauen häufig im Kindbett) auch in früheren Zeiten regelmäßig als familiale Lebensform gab, vormals eher eine notwendige Lebensform waren, sind Sukzessivfamilien und Patchwork-Familien in unserem heutigen Sinne Wahlfamilien und deshalb mit anderen internen Dynamiken verbunden. Angesichts der Vielfalt der möglichen Formen und Vorstellungen von Familie spricht Hans Bertram in seinem Buch *Familien leben* bereits 1997 vom „Ende der starren Zeit“ (Bertram 1997, S. 39), das neue Formen des Zusammenlebens eröffnet, aber auch mit neuen Anforderungen an die Einzelnen verbunden ist. Betont wird die Qualität der Beziehung als dominantes Merkmal moderner Paarbeziehungen.

Während das „Ende der starren Zeit“ Pluralisierungsprozesse auf gesellschaftlicher Ebene beschreibt, die sich unter anderem eben auch als Chancen für das Zusammenleben in den Familien auswirken, betont Ulrich Beck (1986) stärker die Risiken einer zunehmenden Individualisierung infolge gesellschaftlicher Modernisierungsprozesse: Modernisierung sei verbunden mit

> gesellschaftliche(n), biografische(n) und kulturelle(n) Unsicherheiten, die in der fortgeschrittenen Moderne das soziale Binnengefüge der Industriegesellschaft – soziale

Klassen, Familienformen, Geschlechtslagen, Ehe, Elternschaft, Beruf – und die in sie eingelassenen Basisselbstverständlichkeiten der Lebensführung ausgedünnt und umgeschmolzen haben.

(Beck 1986, S. 115)

Gemeinsam sei den genannten Entwicklungen, dass Individuen darauf angewiesen seien, Lebensentwürfe und Beziehungsmuster ohne die Möglichkeit einer Orientierung an bisher gültigen Vorbildern zu entwickeln und auszuhandeln. Damit seien schwerwiegende Konsequenzen für die Familie verbunden: „Familie, Ehe und Beruf als Bündelung von Lebensplänen, Lebenslagen und Biografien", die vormals verbindlich gewesen seien, würden als Bezugspunkte im gesellschaftlichen Wandel diffus (Beck / Beck-Gernsheim 1990). Typisch sei die „Verhandlungsfamilie auf Zeit": Beziehungen in der Familie seien so etwas wie ein „Zweckbündnis zum geregelten Emotionalitätsaustausch auf Widerruf" (Beck 1986, S. 208). Eine dauerhafte Bindung an Kinder und die Bereitschaft, langfristig Verantwortung zu übernehmen, werde, so die Argumentation, in individualisierten Gesellschaften nicht unmöglich, aber ungleich schwieriger, weil die Verantwortungsübernahme für Kinder mit anderen Lebensbereichen in Konkurrenz trete: mit der Pflicht und Notwendigkeit zur Erwerbsarbeit, mit häufig entgrenzten Arbeitsverhältnissen und -ansprüchen, mit älter werdenden Familienmitgliedern und mit dem normativ zugestandenen Recht auf Selbstverwirklichung.

Für die 2000er Jahre bleibt das Bild der bindungslosen, individualisierten Menschen der Postmoderne und damit die eher pessimistische Sicht auf die Familie wichtig, während gleichzeitig zunehmend die Meinung vertreten wird, die Veränderungen bedeuteten nicht, dass Menschen bindungslos leben, sondern dass die Verhandlungsspielräume ausgelotet werden müssen und Absprachen immer wieder neu getroffen werden müssen. Hans Bertram (2000) betont im Hinblick auf den Wandel der Familie, Familienbeziehungen und familiale Bindungen würden sich als *dynamische Elemente im Lebensverlauf* charakterisieren lassen, die zunehmend als Definitionsmerkmal von Familie anzusehen sind. Demgegenüber trete die Bedeutung des „Wohnens unter einem Dach" zurück. Bertram (2000) beschreibt Familien entsprechend als „multilokale Mehrgenerationenfamilien", deren Mitglieder trotz getrennter Lebensräume exklusive Beziehungen untereinander aufrechterhalten. Bertram, der eine netzwerkorientierte Perspektive vertritt, analysiert zahlreiche Studien, um die zentralen *Voraussetzungen von sozialen Beziehungen in Familien*, speziell von *Solidarität und Fürsorge*, empirisch zu belegen. Anhand der Dimensionen „Kontaktdichte und -qualität", „räumliche Nähe" sowie „normative und konsensuale Solidarität" der Beziehungen stellt er heraus, dass familiale Solidarität in Form von Hilfeleistungen, Unterstützung und Fürsorge nicht zwingend haushaltsgebunden, sondern „generationenzentriert und familienbezogen" gewährt wird. Zu ähnlichen Ergebnissen kommt auch Szydlik (2000, Kohli / Szydlik 2000): Die Pluralisierung der Familienformen und der Generationenbeziehungen habe die familiale Solidarität nicht zerstört, sie beruhe aber heute stärker auf individueller Freiwilligkeit als auf existentieller Not. Gleichwohl werde in Krisensituationen nach wie vor die familiale Solidarität intensiviert (Höpflinger 2006).

Nicht die institutionelle Verankerung, z. B. durch Heirat, bietet in dieser Argumentation die Garantie für gelebte Solidarität, sondern die Gegenseitigkeit in Beziehungen, innerhalb derer alle Beteiligten von den jeweils anderen Familienmitgliedern daran gemessen werden, wie sie Solidarität und Stabilität in Beziehungen herstellen und pflegen. Viele empirische Befunde weisen demnach darauf hin, dass *Solidarität und Unterstützung* weiterhin am ehesten im familiären Kontext gesucht, erwartet und gewährleistet werden. Dies erscheint – angesichts hoher Scheidungszahlen – als ein Paradox, es ist aber eher ein Hinweis darauf, dass nicht Ehe und Partnerschaft an sich, sondern lediglich eine bestimmte Ehe, eine bestimmte Partnerschaft oder eine bestimmte Familie von der Auflösung bedroht ist. Dass mit der Gestaltungsoffenheit und -notwendigkeit ein darauf bezogener Beratungsbedarf verbunden ist, gilt als ebenso unstrittig wie die Notwendigkeit, „die Reichhaltigkeit der Beziehungsstrukturen zwischen den Generationen, die sich innerhalb von Familien“ entwickeln, gesamtgesellschaftlich zu gestalten (Bertram 2006).

7.5.2 Veränderungen im Eltern-Kind-Verhältnis

Mit dem Wandel familialer Strukturen sind Veränderungen im Binnenraum der Familie verbunden, die sich in besonderem Maß auf das Eltern-Kind-Verhältnis auswirken.

Helmut Schelsky hat in seinem 1953 erschienenen Buch *Wandlungen der deutschen Familie in der Gegenwart* festgestellt, dass die Nachkriegsfamilie in Deutschland durch den Krieg und die Vertreibung nicht zerbrach, sondern mit einer *Stärkung des Zusammenhalts* reagierte. Aber die Familie veränderte sich, indem sich z. B. die patriarchalische Familienstruktur aufzulösen begann und die Kindzentrierung deutlich zunahm. Der kritische Blick auf die Familie, der vor allem durch die 68er-Generation eingenommen wurde, führte zudem ab den 1970er Jahren dazu, dass viele Studien zu *schichtspezifischen Unterschieden* in Familien durchgeführt wurden. Untersuchungen zu Selbstständigkeitsentwicklung und Autonomie, aber auch zu Leistungserwartungen und Förderungsmustern oder zu Bestrafungsmustern und den Erziehungsstilen differenzierten die Schichten sehr deutlich voneinander. Dieser damals typischen Forschungsfrage wird zum Ende des 20. Jahrhunderts und in den ersten 10 Jahren des 21. Jahrhunderts allerdings kaum mehr nachgegangen. Dagegen rücken *entwicklungspsychologische* Fragestellungen und Fragen nach der Bewertung von Kindheit in den Mittelpunkt. Die Anerkenntnis der Bedeutung der frühen Lebensjahre für die Persönlichkeitsentwicklung eines Kindes lenkt den Blick auf *familiensoziologische* und *sozialisationstheoretische* Forschungsfragen. Folgende Ergebnisse gelten als zentrale Befunde:

- Kindern wird ein Wert an sich zugeschrieben, der mit persönlichen Glückserwartungen und der Verlängerung der eigenen Existenz verbunden wird.
- Die bereits erwähnte Familieneinbindung des Vaters und interessanterweise die Frauenbewegung förderten die geschlechtsspezifische Differenzierung der Sozialisationsvorgänge.
- In den 1990er Jahren erhält die Bedeutung der Kindheit durch entwicklungspsychologische Forschungsergebnisse einen weiteren Schub: Aus dem üblichen Familienbild, Kinder hätten sich den Belangen der Eltern anzupassen, wurde fast eine Umkehrung, nämlich die Vorstellung, dass sich die Familie den Bedürfnissen der Kinder anzupassen habe. Dies mag allerdings, z. B. angesichts von Phänomenen wie Trennung und Scheidung, eher normativen denn faktischen Charakter haben.

7.5.3 Veränderungen im Verhältnis der Geschlechter

Eine der großen Veränderungen der Familienkonstellationen ergibt sich durch die Veränderungen der Rolle der Frau: Nach der kriegsbedingten Selbstständigkeit der Frauen und der Zurückverweisung von Frauen in die Familie in der Nachkriegszeit ist für die 1960er und 1970er Jahre eine zunächst grundsätzliche Diskussion um die Berufstätigkeit der Frau typisch. Trotz des Vorherrschens eines gesellschaftlichen Leitbildes, das die Familienbezogenheit der Frau und das Ideal der Hausfrau und Mutter als weibliche Normalbiografie beschreiben und festlegen wollte, kam es in den 1950er Jahren zu den ersten Beschreibungen von *Doppelorientierungen* bei Frauen. Diese betrafen allerdings vor allem höher qualifizierte Frauen. In den 1970er Jahren stieg die Zahl der erwerbstätigen Mütter kontinuierlich an und als ein wichtiges Ergebnis einer Analyse von Ursula Lehr (1974) wurde herausgearbeitet, dass die Tatsache der mütterlichen Erwerbstätigkeit allein keinen Unterschied für die kindliche Sozialisation, keine Qualitätseinbuße für die Erziehungskompetenz bedeutet. Gleichwohl bleibt die Diskussion um die Veränderung der Geschlechterrollen, die häufig im Kontext der Vereinbarkeit von Erwerbstätigkeit und Familie geführt wird, aktuell. Sie wird z. B. in den 1980er und 1990er Jahren im Zusammenhang mit Modernisierungsprozessen erneut aufgegriffen: Beck (1986) spricht bezogen auf die Situation von Frauen in dieser Zeit von einer „halbierten Moderne", weil der Zugang zu Chancen geschlechtspezifisch ungleich verteilt bleibe, Beck-Gernsheim (1993) prognostiziert gleichwohl Veränderungen der Geschlechterrollen und des Geschlechterverhältnisses im Kontext zunehmender Individualisierungs- und Pluralisierungstendenzen, die zu einem Wandel der weiblichen Normalbiografie führen würden. Zehn Jahre später problematisiert Birgit Pfau-Effinger (2001) ebendiese Modernisierungsprozesse im Hinblick auf eine Gleichzeitigkeit der Förderung von Gleichstellung und Erwerbsintegration einerseits sowie der bestehenden Arbeitsteilung und widersprüchlichen kulturellen Leitbildern andererseits. Angelika Wetterer (2003) kritisiert ergänzend vordergründig rationale Aushandlungsprozesse in Familien, die zur Konsequenz hätten, dass sich die Lebensläufe von Frauen immer stärker als Aneinanderreihung von Entscheidungen im Sinne eines rationalen Verzichts auf berufliche Entwicklung darstellen würden. Die mit dem Wandel von Familie verbundenen notwendigen Aushandlungsprozesse, so lässt sich zusammenfassen, sind offenbar allein kein Garant für eine geschlechtergerechte Gestaltung des Lebens in Familien.

7.5.4 Familiendynamik im Fokus der Familiendiagnostik

Mit den Aufarbeitungsansprüchen der 68er-Bewegung (im Sinne der hier sehr verkürzt formulierten Frage: Was hat familiale Erziehung zur Entstehung des Faschismus beigetragen?) und der sich anschließenden Therapeutisierungswelle rücken verstärkt Fragen zu Formen der Familienberatung in den Mittelpunkt der Diskussion. Die Umsetzung von Beratungsansätzen ohne eine Erweiterung oder gar Verschiebung des Fokus *vom Individuum zur Familie* erscheint heute unangemessen. Berücksichtigt wird, dass Familien sich nicht nur fortgesetzt verändern, sondern dass sie auch in enger Wechselwirkung mit ihren Kontexten stehen, die ebenso vielfältig sind und sich schnell ändern können. Familiendiagnostik lässt sich in diesem Kontext als Versuch auffassen, diese Zusammenhänge zu verstehen.

Diagnostisch leitet sich dadurch einerseits der Blick auf die Kontexte der Familie, auf ihren Alltag und damit die Dynamiken in der Familie und ihre Kommunikation ab:

> Die Familiendiagnostik untersucht und beschreibt die Interaktionen, ihre Veränderungen zwischen den Familienmitgliedern, den Subsystemen und analysiert die Dynamik der Familie als systemisches Ganzes. Sie untersucht die unbewussten Fantasien, Wünsche und Ängste der Familie auf dem Hintergrund der Familiengeschichte, um so ein Verständnis über die bedeutsamen Interaktionssequenzen zu bekommen.
>
> *(Cierpka 1988, S. 2)*

In der Familienberatung changiert der Blick der Beratenden folglich immer zwischen mehreren Ebenen hin und her: Die Beratenden unterscheiden z. B.
- die strukturelle von der prozessorientierten Ebene, also den Familienaufbau und die Familieninteraktion;
- die individuelle von der familialen Ebene, wobei beide Ebenen miteinander verknüpft sind und folglich beide Perspektiven wichtig und in der Diagnostik zu integrieren sind;
- die drei Ebenen der Vergangenheit, der Gegenwart und der Zukunft und suchen nach Themen, die sich wie ein roter Faden durch die Generationen der Familie ziehen;
- die Erzählungen, die Familienmitglieder geben, als objektiv, subjektiv und kontextbezogen interpretativ.

Ein hilfreiches diagnostisches Modell zum Verständnis der innerfamilialen Veränderungen, ist das *Modell des Familienzyklus*. Es versucht die Familie als zusammenhängendes Gebilde in immer neuen Phasen zu erfassen und unterscheidet die frühe Phase der Paarbildung und Heirat, die Phase der dazukommenden Kinder, die späteren Phasen, die sich nach der Ablösungsphase der Kinder und der Zurückführung des Paares auf sich selbst ergeben, und die Phasen des Alterns.

Auf strukturdiagnostischer Ebene werden ergänzend die immer wiederkehrenden *Interaktionsmuster* einer Familie beobachtet, z. B. unter den Fragestellungen: Wer steuert die Interaktionsmuster? Was sorgt dafür, dass sie sich immer wiederholen? Was ändert sich, wenn sich bestimmte Interaktionsmuster als dysfunktional erweisen? Hier geht es um die Regeln in Familien, die die Interaktionsprozesse steuern und gestalten. Diese können sowohl bewusst als auch unbewusst sein und können verdeckt oder offen wirksam werden. Diese Regeln sind der eigentliche Inhalt des *systemischen Blicks* auf die Familie, der für zahlreiche Angebote zur Familienberatung nach wie vor bedeutsam ist. Hier werden z. B. strukturelle Differenzierungen fokussiert, die Grenzziehungen beinhalten:

- die Grenzen der Familie nach außen;
- die Grenzen zwischen den einzelnen Subsystemen, also z. B. die Grenzen zwischen Eltern und Kindern; aber auch die Grenzen zwischen den Geschlechtern;
- die Grenzen zwischen den Individuen.

Aus systemischer Sicht lassen sich wiederum grob drei Dimensionen der Beobachtung einer Familie unterscheiden:

1. die Ebene der Individuen,
2. die Ebene der Generationen,
3. die Ebene der Regeln des Systems. (Hantel-Quitmann 1996, Bd. 1)

Die individuelle Ebene bezieht sich auf die Menschen, die in einer Familie zusammenleben, z. B. das Paar und dessen Persönlichkeitsstrukturen, dessen Biografie und dessen jeweilige Herkunftsfamilie. Die Mehrgenerationenperspektive bezieht sich auf Verhaltensweisen, Denkvorstellungen, Einstellungen und den Umgang mit Gefühlen. Hier wird angenommen, dass diese zunächst in der Herkunftsfamilie gelernt und in die neue Familie mitgebracht werden. Indem sie an die eigenen Kinder weitergegeben werden, fügen sie sich dann zu einem neuen innerfamiliaren Stil zusammen. Die Ebene des Systems schließlich sucht nach den Regeln der Interaktionen und nach den zirkulären Zusammenhängen und verweigert die Eindeutigkeit von Ursache und Wirkung, indem sie z. B. alles Verhalten in den Kontext der Beziehungen, der Lebenssituation und der Interaktionsmuster stellt.

Für das Verständnis von Familien im Sinne der Familiendiagnostik sind folgende Aspekte wichtig:

- Der *Grad der Gestaltung*, also z. B. die Frage, inwieweit eine Familie in der Lage ist, verborgene oder zugrundeliegende Muster einer Situation zu erkennen und sich darauf einzustellen.

- Mit dem Stichwort *Koordination* ist die Fähigkeit einzelner Familienmitglieder gemeint, die Problemlösung gemeinsam mit anderen Familienmitgliedern abzustimmen. Ein wichtiges Ziel hierbei ist Solidarität.
- Der Aspekt der *Beschlussfassung* beschäftigt sich z. B. mit der Frage, wie schnell Familien in der Lage sind, gemeinsame Entscheidungen zu treffen, aber auch mit der Frage, ob/warum sie diese immer wieder hinausschieben.

Vor allem in Krisensituationen, wenn eine Familie unter Stress steht, lässt sich an bestimmten (Diagnose-)Merkmalen herausarbeiten, ob und wie der Stress und damit die krisenhafte Situation eigenständig bewältigt werden kann – und in welcher Hinsicht ein Unterstützungsbedarf durch die Beratung besteht. Wesentlich sind hier:

- *Die gegenseitige Verpflichtung*: Die Ehepartner, in Familien auch die Eltern, haben es leichter, wenn sie die neu aufkommenden Verpflichtungen untereinander aufteilen und verbindlich übernehmen.
- *Die Machtverteilung*: Jedes Paar steht der Anforderung gegenüber auszuhandeln, wer welche Entscheidungen trifft und wie mit Konflikten umgegangen wird. Auch Kinder sind altersangemessen in diese Überlegungen einzubeziehen.
- *Die Nähe*: Die Balance zwischen Selbständigkeit/Autonomie und Bindung ist in Paarbeziehungen immer neu auszuloten. Vor allem Stresssituationen zeichnen sich dadurch aus, dass eine bislang gefundene/ausgehandelte Balance instabil wird. Eine neue Ordnung muss ausgehandelt werden, die neue Balance gelingt entweder oder sie gelingt (ohne Unterstützung zunächst) nicht. Denkbar ist aber auch, dass die Aushandlung unterbleibt, was häufig als sehr destruktiv erlebt wird.

> Familiäre Strukturen und Dynamiken sind immer äußerst komplex, da es nie um eine reine Sachebene geht, sondern die Beziehungsebene immer eine bedeutsame Rolle spielt. Hier stoßen Individuen aufeinander, die beispielsweise nicht ohne die Geschichte ihrer Biografie oder Herkunftsfamilie zu verstehen sind. Diese sind miteinander in Einklang zu bringen: Auf der Paarebene beispielsweise sind die Beteiligten aufgefordert die Rollen, die Interaktionen, den Grad der Bindung, den Grad der Nähe und damit den Grad der Autonomie, die Regeln, die man sich (und der Familie) gibt, die Wünsche, die man äußern kann oder nicht äußern kann, die Muster der Interaktion, die Ideale von Partnerschaft und die Ideale der Eltern-Kind-Beziehung zu (er-)finden und auszuhandeln – und das immer wieder neu!

7.5.5 Konzepte der Familiendynamik

Um die familiendynamischen Prozesse verstehen zu können, die diese Aushandlungsprozesse begleiten, sind verschiedene Konzepte zur Familiendynamik hilfreich, die je unterschiedliche Aspekte in den Blick nehmen. Die Grundideen ausgewählter Konzepte werden im Folgenden knapp umrissen.

Horst Eberhard Richter

Horst Eberhard Richter hat in seiner bereits 1962 erschienenen Schrift über *Eltern, Kind und Neurose* versucht, die psychodynamischen Austauschprozesse zwischen Eltern und Kindern darzustellen und hat dies in das *Konzept der Rolle* gefasst. Dabei geht er von der interessanten These aus, dass das Kind in den Phasen seiner Entwicklung jeweils unbewusste Konflikte der Eltern aufstöbert bzw. aufstört, wodurch sich jeder Elternteil vor dem Hintergrund der eigenen Geschichte und der eigenen Persönlichkeit mit den entwicklungsbezogenen Ereignissen auf Seiten des Kindes auseinandersetzen und diese bewältigen muss.

Die Elternteile treffen demnach im Kind auf das Kind in sich selbst und treffen in ihrer Elternrolle auf die eigenen Eltern – so wie sie sie wahrgenommen haben in der Interaktion ihnen gegenüber. Es handelt sich also um eine doppelte Wiederholung bzw. um die Anlage einer doppelten Wiederholung: Das Kind im Erwachsenen und die internalisierten Eltern im Erwachsenen fügen sich mit anderen Ansätzen, z. B. erlerntem Wissen, Reflexionen und Selbstreflexionen, in das pädagogische Tun als Eltern ein. Genau darüber wird deutlich, dass das Bild des Kindes aus dem Blickwinkel der Eltern in der Regel ein verzerrtes sein muss. Gilt dies für alle Beziehungen, so tritt bei der Eltern-Kind-Beziehung noch der Machtfaktor hinzu, der die Beziehung in typischer Weise ungleichgewichtig macht: Eltern haben für eine längere Zeit die Macht, die Rolle des Kindes zu bestimmen, als das Kind selbst, wobei sich außerdem die Fähigkeit des Kindes, seinerseits die Rollen der Eltern zu bestimmen, erst relativ spät ausprägt.

Von der These ausgehend, dass das Kind Aspekte des eigenen Selbst repräsentiert, dass das Kind aber auch Aspekte früherer Bezugspersonen repräsentieren kann, kommt Horst Eberhard Richter zu dem Begriff des *Substituts:* Das Kind ersetzt Anteile der eigenen Person oder es ersetzt Anteile wichtiger Bezugspersonen, im positiven wie im negativen Sinn. Bei dem erstgenannten Vorgang handelt es sich um *Projektionen,* bei dem zweiten handelt es sich um Übertragungen.

Die elterlichen Fantasien und Projektionen, die dem Kind gewidmet sind, enthalten einerseits positive Erwartungsvorstellungen, nämlich, dass das Kind so sein soll, wie man selbst war; sie können aber auch negative Erwartungen beinhalten, nämlich dass das Kind genau die negativen Aspekte verkörpert, die man an sich selbst nicht mag bzw. die die frühen Bezugspersonen einem als negative Aspekte angetragen haben.

Bei der Übertragung handelt es sich darum, dass dem Kind Erwartungen angetragen werden und Merkmale zugeschrieben werden, die einer anderen Person in wesentlich früherer Zeit zugehören. Es handelt sich also sozusagen um eine Verwechslung der Personen. Diese Eigenschaft und Rollenzuweisung können sowohl negativer als auch positiver Art sein, das geläufigste Beispiel ist die Rolle des Sündenbocks, die dem Kind zugeschrieben werden kann.

Helm Stierlin

Helm Stierlin kritisiert Richters Konzept der Rolle als zu statisch. Auf der Basis dieser Kritik entwickelt er ergänzend das *Konzept des Auftrags/der Mission oder der Delegation.* Stierlin (1978) geht davon aus, dass es oft einen Widerspruch zwischen manifesten und verdeckten Rollen gibt, z. B. wenn Kinder wie Eltern handeln oder Eltern wie Kinder behandelt werden. Diese Annahme ähnelt zunächst dem Rollenkonzept von Richter, der von unbewussten Dynamiken ausgeht. Aus Stierlins Sicht handelt es sich dabei aber um Rollenstrukturen, die um das Konzept der Mission oder der Delegation zu ergänzen sind. Es handelt sich um unbewusste Anteile der Beziehungen, um Beziehungsmodi, die als typische Art der Wechselbeziehung zwischen Familienmitgliedern beschreibbar sind. Zu unterscheiden sind demnach zentripetale (familienbindende) und zentrifugale (ausstoßende) Kräfte, die in Art und Stärke über Qualität und Verlauf der Interaktion in Familien entscheiden – was mehr oder anderes meint als die Beschreibung einer Rolle.

Delegation nach Stierlin bedeutet Folgendes: Ein Kind oder auch ein Jugendlicher wird delegiert und erhält damit die Erlaubnis und die Ermutigung, aus dem elterlichen Umkreis herauszutreten, aber nur bis zu einem gewissen Punkt. Er bleibt, während er ausgesandt wird, um etwas für die aussendenden Erwachsenen zu erledigen, sozusagen „an der langen Leine“. Der Delegierte wird zwar fortgeschickt oder auch entlassen, bleibt aber dem Aussendenden gegenüber verpflichtet den Auftrag zu erfüllen und bleibt zu in einer gewissen Loyalität verpflichtet. Die lange Leine der Loyalität bewirkt, dass es die Aufträge für die Familie gewissenhaft ausführt und darüber eine Selbstwertbestätigung erhält. Die Aufträge, die an die Kinder gegeben werden, können einerseits Aufträge auf der Ebene von Gefühlen und Affekten oder Aufträge auf der Ebene von Normen und Regeln sein, es können andererseits aber auch Aufträge auf der Ich-Ebene sein, z. B. etwas zu leisten, was die Erwachsenen nicht leisten konnten (etwa beruflichen Erfolg in einem bestimmten Bereich zu haben). Bei den Delegationen geht es also immer darum, Aufgaben, die die Erwachsenen nicht leisten konnten, zu erfüllen oder auch Aufgaben, die die Erwachsenen leisten konnten und können, zu wiederholen. Es geht darum, das ungelebte Leben zu leben oder das Leben der Erwachsenen zu wiederholen.

Der übernehmende Teil, also in der Regel die Kinder, erhält einen Teil seiner Lebensaufgaben durch diese Delegationen und bleibt verhaftet in einer manchmal förderlichen und manchmal beklemmenden Treuebeziehung. Die beiden anderen Beziehungsmuster, die Helm Stierlin im selben Modell heraus arbeitet, sind das *Muster der Ausstoßung und das der Bindung.* Bei der Ausstoßung handelt es sich um einen Beziehungsmodus, der Vorgänge in der Familie beschreibt, die die Trennung betreffen. Beispielsweise, wenn Kinder, die im Jugendalter „Probleme machen", ausgestoßen werden. Alternativ werden Familienmitglieder stark an die Familie gebunden und erhalten damit keine eigenen Lebenschancen, weil Lebensperspektiven nicht frei entwickelt oder verfolgt werden können.

Michael Buchholz

Ein weiteres Konzept der Familiendynamik stammt von Michael Buchholz. Er nennt sein Konzept das der „familien-dynamischen Konfliktmuster" (Buchholz 1993). Buchholz geht davon aus, dass familiäre Beziehungen durch eine *unsichtbare Buchhaltung* beeinflusst werden, die bei einschneidenden familiären Ereignissen oder Entscheidungen bedeutsam werden kann. Das Modell bezieht sich vor allem auf die späte Familie: Älter werdende Eltern haben ihren Kindern gegenüber Wiedergutmachungsaufgaben. Da alle Eltern Fehler in der Erziehung machen, z. B. durch die Weitergabe von Traumatisierungen oder durch Delegationen und Zuweisungen, und da Eltern eigentlich gar nicht anders können, als zunächst über das Leben der Kinder zu bestimmen, bleiben sie ihren Kindern immer mehr oder weniger etwas schuldig. Aus dieser Verpflichtung (nämlich als Eltern zu handeln) und der daraus erwachsenen Schuld erwächst der Anspruch auf „Wiedergutmachung und Entschädigung". Diese Wiedergutmachung kann manchmal monetär ausgeglichen werden, manchmal bleiben Eltern aber die Wiedergutmachung schuldig und binden das erwachsene Kind auf negative Weise an sich, indem sie genau über diese Schuld Macht ausüben: Die erwachsenen Kinder haben das Gefühl, sie hätten noch etwas von den alten Eltern zu erwarten, was diese ihnen aber schuldig bleiben.

Buchholz beschreibt die Institution Familie als eine „fixierte, emergente Relation". *Fixierung* meint das Moment der Versteinerung des Dialogs, der sich festfährt und nicht mehr beweglich ist. *Emergenz* meint das erstmalige Auftreten neuer Eigenschaften bei gesteigerter Komplexität, also die Reaktion auf einen sogenannten institutionellen Notfall, auf den reagiert werden muss. Buchholz geht damit von einem *zirkulären Modell von Familie* aus, von einer Familie, die in immer neuen Etappen sein muss und sein wird: Immer wieder müssen sich Fixierungen lösen und der Emergenz Platz machen, aber diese Emergenz muss sich auch wieder stabilisieren und führt so automatisch wieder zu Fixierungen.

Buchholz unterscheidet die Perspektiven der institutionellen, der ideologischen und der unbewussten Familie:

1. Unter der *institutionellen Familie* versteht er die schwierige Aufgabe, immer wieder zwischen Konstanz und Veränderung ein Gleichgewicht zu finden. Familien finden sich und unterscheiden sich durch die Formen ihrer Institutionalisierung. Eine Familie muss sich auch institutionell immer neu justieren, vor allem aber dann, wenn neue Ereignisse dazukommen.
2. Unter der *ideologischen Familie* versteht er Folgendes: Da die Wahrscheinlichkeit, dass Menschen mit unterschiedlicher Herkunft und unterschiedlichen

Einstellungen, mit unterschiedlichen Werten und Kommunikationsformen etc. gut miteinander auskommen, ziemlich gering ist, sucht man nach Regeln, die das gemeinsame Leben steuern. Hinter diesen Regeln liegen Aushandlungsprozesse, die in Familien nicht ohne Loyalitäten, ohne Nachgeben und Fordern etc. gelingen können. Etablierte Ideologien bestimmen ihrerseits das Erleben, die Erwartungen und das Verhalten von Familienmitgliedern.

3. Unter der *unbewussten Familie* versteht Buchholz die in früher Zeit und damit auf unbewusster Ebene gespeicherten Bilder über die bedeutsamen anderen, also die frühen Bezugspersonen. Das Kind nimmt mit Blick auf die Eltern immer wieder andere Perspektiven ein, macht unvermeidliche Differenzierungserfahrungen, z. B. was Alter und Geschlecht angeht, und entwickelt so eine „exzentrische Position" (Buchholz 1993). Die Entstehung von Konflikten wird als selbstverständlich betrachtet, nicht aber die Umsetzung ungelöster Konflikte z. B. in Symptomen, Verhaltensauffälligkeiten oder Krankheiten.

7.5.6 Beratung von Familien: einige ausgewählte Aspekte

Astrid Woog legte 1998 (mit weiteren Auflagen bis 2006) ein grundlegendes theoretisches und praktisches Werk zur Sozialen Arbeit mit Familien vor. Sie setzt am Alltag der Familien an und empfiehlt – in Anlehnung an Hans Thiersch – erfahrungsbezogenes Lernen zu realisieren (2006, S. 180).

> Pädagogische Förderung in der Familie bedeutet, sich auf einen Prozess mit unbekanntem Ausgang einzulassen, weil der Prozess wegen seiner Eigendynamik nur bedingt planbar ist. […] Welche Kompetenzen – also welches Fachwissen und Können – für die Arbeit gebraucht werden, zeigt sich meist erst im Prozessverlauf.
>
> *(Woog 2006, S. 183)*

Das Besondere an Familien ist, dass sie für viele Menschen mit großer Sehnsucht verbunden sind: der Sehnsucht nach Geborgenheit, nach Platzierung und Sicherheit, nach Beziehung und Liebe. Vielleicht ist sogar davon ausgehen, dass Familie auf der unbewussten Ebene so etwas wie Stabilität oder sogar Stagnation bedeuten soll, weil hinter der Vorstellung von Familie der Wunsch nach etwas Unveränderlichem steht: Wenn sich alles ändert, wenn das Leben sich ändert und nicht einmal die eigene Person „stabil bleibt", sondern einem ständigen Veränderungsprozess unterworfen ist und dieser ja auch teilweise gewollt ist, dann – so könnte die Illusion lauten – muss doch etwas stabil bleiben, das mehr ist als die eigene Identität. Diese Vorstellung ist unbewusst gleichzeitig mit der Erwartung verbunden, andere müssten diese Stabilität (mit-)gewährleisten und zu Verfügung stellen. In diesem Sinne hat z. B. Heidi Rosenbaum (1978) die Familie als „Gegenstruktur zur Gesellschaft" bezeichnet – als Ort, wo gesellschaftliche Regeln nicht gelten sollen, wenn auch nur auf einer unbewussten Ebene. Offenkundig kann dies lediglich eine Illusion sein und kann nur versagt bleiben.

Es könnte also sein, dass mit dem Konzept Familie überhaupt ein Paradox verknüpft ist: Familie kann nicht unabhängig von ihren Kontexten gedacht und gelebt werden, ist aber möglicherweise in besonderer Weise mit ebendiesem Wunsch sehr deutlich ausgestattet. Die Folgen können Enttäuschungen, Ratlosigkeit, Konflikte und Krisen sowie unterschiedliche Strategien zu ihrer Bewältigung sein – was ohne ein Verständnis für die Prozesse im Binnenraum der Familie die Zerrissenheit eher vergrößert und die Angst wachsen lässt. Konflikte in der Familie können angesichts dessen höchst bedrohlich wirken, sind aber gleichwohl unvermeidbar und notwendig, da die Familienmitglieder sich ändern: Kinder werden älter, die Eltern entwickeln neue Interessen, die Liebe verändert sich, Außenbedingungen können finanzielle Probleme aufkommen lassen, Anforderungen von außen werden gestellt, die erhöhte Anpassung erfordern, die möglicherweise nicht geleistet werden kann etc. Die Krise bedroht dann nicht „nur" die Stabilität der Familie, sondern auch die Sehnsucht nach „der gewünschten Familie".

Sensibilität gegenüber der Familie und eine Vorstellung darüber, was in einer Familie „heilig" ist, sind unabdingbare Voraussetzungen für die Arbeit mit Familien. Oft findet die Beratung von Familien in deren Raum und deren Räumlichkeiten statt. Dort hat die Familie das Sagen, die Beraterin/der Berater ist Gast. Das verändert die üblichen Beratungsrollen erheblich und verlangt ebenfalls eine gute Balance zwischen Behutsamkeit und Klarheit, auch in den Forderungen nach Veränderung.
Von daher ist es richtig und gut, an den Ressourcen der Familie anzusetzen, aber es müssen auch die Erwartungen, die Sehnsüchte, die Hoffnungen und Ängste der Familienmitglieder berücksichtigt werden. Und zwar auch dann, wenn diese verschlüsselt sind und sich sehr anders darstellen als im Konzept der Beraterin oder des Beraters.

In der pädagogischen wie der sozialpädagogischen Beratung von Familien sind die genannten Überlegungen zur Dynamik in der Regel selten explizit Thema der Beratung. Implizites Thema aber sind sie auf jeden Fall, da die Familie sich mit ihren Sorgen, die sich z. B. im Wunsch nach einer Diagnostik verbergen, selbst einbringt. Einzeldaten aus der Geschichte der Familie, Wissen über ihre Struktur und strukturelle Geschichte, Vorstellungen über das Binnenklima der Familie, Hypothesen zu möglichen Konflikten in der Familie oder in der Paarbeziehung, Zuschreibungen (im Sinne Richters), Delegationen (im Sinne Stierlins), unbewusste Themen, herrührend möglicherweise aus den Generationenbeziehungen (im Sinne Buchholz') können Schwerpunkte der Beratung sein, auch wenn zunächst die vordergründigen Beratungsanlässe formuliert werden.

7.5.7 Literatur

Beck, Ulrich: Risikogesellschaft. Auf dem Weg in eine andere Moderne. Frankfurt/M. 1986

– / Beck-Gernsheim, Elisabeth: Das ganz normale Chaos der Liebe, Frankfurt/M. 1990

Beck-Gernsheim, Elisabeth: Familie und Alter. Neue Herausforderungen, Chancen und Konflikte. In: Naegele, Gerhard / Tews, Hans Peter (Hg.): Lebenslagen im Strukturwandel des Alters. Alternde Gesellschaft – Folgen für die Politik, Opladen 1993, S. 158–169

Bertram, Hans: Familien leben. Neue Wege zur flexiblen Gestaltung von Lebenszeit, Arbeitszeit und Familienzeit, Gütersloh 1997

–: Die verborgenen familiären Beziehungen in Deutschland. Die multilokale Mehrgenerationenfamilie. In: Kohli, Martin / Szydlik, Marc (Hg.): Generationen in Familie und Gesellschaft, Opladen 2000, S. 97–121

–: Generationenkonflikt oder Generationensolidarität? In: Ministerium für Generationen, Familie, Frauen und Integration des Landes NRW; MGFFI (Hg.): Demografischer Wandel. Die Stadt, die Frauen und die Zukunft, Düsseldorf 2006, S. 249–254

Buchholz, Michael: Dreiecksgeschichten. Eine klinische Theorie psychoanalytischer Familientherapie, Göttingen, Zürich 1993

Bundesministerium für Familie, Senioren, Frauen und Jugend; BMFSFJ (Hg.): Siebter Familienbericht. Familie zwischen Flexibilität und Verlässlichkeit – Perspektiven für eine lebenslaufbezogene Familienpolitik, Berlin 2006

Cierpka, Manfred: Wie normal ist die Normalfamilie? Berlin, Heidelberg, New York u. a. 1988

Hantel-Quitmann, Wolfgang: Beziehungsweise Familie. Arbeits- und Lesebuch Familienpsychologie und Familientherapie. Band 1: Metamorphosen, Band 2: Grundlagen, Freiburg 1999

Höpflinger, François: Frauen und Generationenbeziehungen in der zweiten Lebenshälfte. In: Ministerium für Generationen, Familie, Frauen und Integration des Landes NRW; MGFFI (Hg.): Demografischer Wandel. Die Stadt, die Frauen und die Zukunft, Düsseldorf 2006, S. 255–268

König, Oliver: Die Rolle der Familie in der Soziologie unter besonderer Berücksichtigung der Familiensoziologie René Königs. In: Familiendynamik. Jg. 21, Heft 3, 1996, S. 239–267

Kohli, Martin / Szydlik, Marc (Hg.): Generationen in Familie und Gesellschaft, Opladen 2000

Lehr, Ursula: Die Rolle der Mutter in der Sozialisation des Kindes. Praxis der Sozialpsychologie, Bd. 3, Darmstadt 1974

Pfau-Effinger, Birgit: Wandel wohlfahrtsstaatlicher Geschlechterpolitiken im soziokulturellen Kontext. In: Heintz, Bettina (Hg.): Geschlechtersoziologie. Kölner Zeitschrift für Soziologie und Sozialpsychologie. Sonderheft 41/2001, S. 487–511

Richter, Horst Eberhard: Eltern, Kind und Neurose. Reinbek bei Hamburg 1962

Rosenbaum, Heidi: Familie als Gegenstruktur zur Gesellschaft, Stuttgart 1978

Schelsky, Helmut: Wandlungen der deutschen Familie in der Gegenwart. Darstellung und Deutung einer empirisch-soziologischen Tatbestandsaufnahme, Stuttgart 1953

Stierlin, Helm: „Rolle“ und „Auftrag“ in der Familientheorie und -therapie. In: Ders.: Delegation und Familie, Frankfurt/M. 1978

Szydlik, Marc: Lebenslange Solidarität? Generationenbeziehungen zwischen erwachsenen Kindern und Eltern, Opladen 2000

Tyrell, Hartmann: Literaturbericht. In: Bundesminister für Jugend, Familie und Gesundheit (BMJFG) (Hg.): Nichteheliche Lebensgemeinschaften in der Bundesrepublik Deutschland. Schriftenreihe des Bundesministers für Jugend, Familie und Gesundheit. Bd. 170. Stuttgart u. a. 1985, S. 93–140

Wetterer, Angelika: Rhetorische Modernisierung. Das Verschwinden der Ungleichheit aus dem zeitgenössischen Differenzwissen. In: Knapp, Gudrun-Axeli / Wetterer, Angelika (Hg.): Achsen der Differenz. Gesellschaftstheorie und feministische Kritik II, Münster 2003, S. 286–319

Woog, Astrid: Soziale Arbeit mit Familien. 3. Aufl., Weinheim / München 2006

7.6 Praxis feministischer Frauenberatung bei Gewalt. Beispiel aus einer allgemeinen Frauenberatungsstelle (NRW)

Cornelia Neumann

Das folgende Kapitel befasst sich mit feministischer Beratung bei Gewalterfahrungen aus der Perspektive einer Praktikerin. Arbeitshintergrund ist die Beratungspraxis in einer allgemeinen Frauenberatungsstelle, deren Schwerpunkt die Beratung bei Gewalterfahrungen ist. Die Ausführungen geben ausschnittsweise einen Einblick in Wissensbestände dieses Praxisfeldes unter Einbeziehung wissenschaftlicher Erkenntnisse insbesondere aus der Frauen- und Geschlechterforschung und der Psycho(traumato)logie. Leitfragen sind:

1. Welcher Gewaltbegriff und welches Verständnis von Frauenberatung werden zugrunde gelegt?
2. Welche Grundwerte hat die aktuelle Praxis feministischer Frauenberatung?
3. Welche Standards werden im Beratungsprozess bei Gewalt berücksichtigt?
4. Wie sieht konkret ein Beratungsprozess bei Gewalt aus?

7.6.1 Zum Gewaltbegriff und Verständnis feministischer Frauenberatung

Die Konstruktion von Geschlecht und der daraus abgeleitete Herrschaftsanspruch bietet weltweit die Grundlage von Gewalt gegen Mädchen und Frauen. Der jeweils in Theorie und/oder Praxis gewählte Gewaltbegriff setzt einen exklusiven Rahmen für den Denkansatz und bestimmt den Fokus des Handlungsspielraums. Für die gegenwärtige Beratungspraxis sind vor allem drei nebeneinander verwendete und sich ergänzende Termini von Bedeutung: *sexualisierte Gewalt*, *häusliche Gewalt* und *Gewalt im Geschlechterverhältnis.*

Der Begriff „sexualisierte Gewalt“ umfasst sowohl den Aspekt struktureller Gewalt – Instrumentalisierung von Sexualität zur Ausübung von Macht und Aggression – als auch den der direkten interpersonalen Gewalt. Er geht über die strafrechtlich relevante Definition hinaus,[1] indem er neben invasiven Formen der Machtausübung (wie der Vergewaltigung) auch nicht-körperliche sexuelle Übergriffe wie anzügliche Gesten, Blicke oder Bemerkungen mit berücksichtigt. Durch die Fokussierung auf eine Gewaltform[2] bleiben andere Formen interpersonaler

1 Die der gegenwärtigen Rechtsprechung zugrunde liegende Begriffsbestimmung bei sexueller Nötigung/Vergewaltigung (§177 StGB) lautet in Abs. 1: „Wer eine andere Person 1. mit Gewalt, 2. durch Drohung mit gegenwärtiger Gefahr für Leib oder Leben oder 3. unter Ausnutzung einer Lage, in der das Opfer der Einwirkung des Täters schutzlos ausgeliefert ist, nötigt, sexuelle Handlungen des Täters oder eines Dritten an sich zu dulden oder an dem Täter oder einem Dritten vorzunehmen, wird mit Freiheitsstrafe nicht unter einem Jahr bestraft.“

2 Unter Formen von Gewalt gegen Mädchen und Frauen sind emotionale und körperliche Vernachlässigung, sexualisierte Gewalt, physische Gewalt, psychische Gewalt, ökonomische Gewalt, soziale Gewalt, Zwangsprostitution, Zwangsheirat, Zwangsbeschneidung zu verstehen.

Gewalt, die auch im Kontext sexualisierter Gewalt eine Rolle spielen, ungenannt. Offen lässt dieser Begriff auch die Frage nach der Beziehung des Täters zum Opfer (aus dem nahen sozialen Umfeld, Fremdtäter).

Mit dem Terminus „häusliche Gewalt" wird Gewalt in einen Beziehungskontext gestellt, der Ort der Gewalterfahrung vieler Frauen in den Mittelpunkt gerückt: das Zuhause. Die Berliner Initiative gegen Gewalt an Frauen – BIG e.V. definiert den Begriff wie folgt:

Häusliche Gewalt ist ein gesamtgesellschaftliches Problem, das sich durch alle Schichten und sozialen Milieus zieht. Der Begriff ‚Häusliche Gewalt' umfasst alle Formen der körperlichen, sexuellen, seelischen, sozialen und ökonomischen Gewalt zwischen erwachsenen Menschen, die in einer nahen Beziehung zueinander stehen oder gestanden haben. Das sind vor allem Personen in Lebensgemeinschaften, aber auch in anderen Verwandtschaftsbeziehungen. Gewalt im vermeintlichen Schutzraum des eigenen ‚Zuhauses' wird fast ausschließlich von Männern gegen Frauen ausgeübt. Sie ist Ausdruck des strukturellen Machtverhältnisses zwischen Männern und Frauen in der Gesellschaft.

(Berliner Initiative gegen Gewalt an Frauen – BIG e.V. 2011)

Kann Gewalt in Paarbeziehungen, auch Stalking durch Partner und Ex-Partner, beschreibbar gemacht und im strukturellen Kontext so dargestellt werden, bleibt Gewalt gegen Kinder sowie interpersonale Gewalt durch Fremdtäter hier unberücksichtigt.

Carol Hagemann-Whites Terminus „Gewalt im Geschlechterverhältnis" (1992) basiert auf der Annahme, dass die Ursachen von Gewalt in der hierarchischen Struktur des Geschlechterverhältnisses liegen. Gewalt ist „jede Verletzung der körperlichen oder seelischen Integrität einer Person, welche mit der Geschlechtlichkeit des Opfers und des Täters zusammenhängt und unter Ausnutzung eines Machtverhältnisses durch die strukturell stärkere Person zugefügt wird" (Hagemann-White 2001, S. 29). In dieser weiten Definition kann sowohl der Aspekt der strukturellen Gewalt, das Benennen der Geschlechtlichkeit von Täter und Opfer ohne Geschlechtszuordnung zur Täter- bzw. Opferkategorie wie die Verletzung der psychischen und physischen Integrität Raum finden. Strukturell spezifisch benachteiligte Zielgruppen können identifiziert werden wie z. B. alte pflegebedürftige Frauen, Frauen mit körperlichen/seelischen Beeinträchtigungen, Mädchen oder Jungen. Dieser Gewaltbegriff individualisiert Gewalt nicht, erklärt Frauen nicht ausschließlich zu Opfern, sondern lässt auch den Blick auf die Mittäter- oder Komplizenschaft zu, so Scherl / Fritz (2010, S. 25ff.) in Anlehnung an Thürmer-Rohr.

Auch wenn hinter dem Begriff „Frau" kein einheitliches feministisches Subjekt steht, auch wenn das „Bild der Frau als gezwungenem, enteigneten, ortlosen Opfer der Vergangenheit angehört" und Geschlecht in seiner Pluralität und Uneindeutigkeit ernst zu nehmen ist, hat der Feminismus in Form von Unterstützungsleistungen, solange geschlechtsbedingte Diskriminierung und sexistische Gewalt existieren, in einem menschenrechtlichen Kontext seinen Platz (Thürmer-Rohr, 2007, S. 62). Feminismus ist damit ein nach wie vor notwendiger Beitrag zur Veränderung der Lebenssituation und gesellschaftlichen Positionierung von Frauen als auch der politischen, ökonomischen, kulturellen und sozialen Strukturen und Prozesse, die die Unterordnung von Frauen hervorbringen (Thiessen 2004, S. 36).

„Feministische[3] Frauenberatung" ist eine Begriffsschöpfung der autonomen Frauenbewegung. Gröning hat in den 1990er Jahren die Praktiken von Beratung in feministischen Organisationen wie folgt beschrieben: „Feministische Frauenberatung ist determiniert durch Gewalt im Geschlechterverhältnis und setzt die politische Emanzipation der Frauen in spezifischen Orten und Institutionen mit entsprechenden Hilfekonzepten um" (Gröning 1993, S. 238ff.). Unter „feministischer Frauenberatung" wird im Folgenden Beratung verstanden, die auf der Analyse der gesellschaftlichen Machtverhältnisse basiert, von (unterschiedlicher individueller) Betroffenheit von Diskriminierung(-en unterschiedlicher Art) bei Mädchen und Frauen ausgeht und für das Beratungswissen alltagsorientierte Erkenntnisse und relevante Forschungsergebnisse vor allem aus der Frauen- und Geschlechterforschung sowie der psycho(traumato)logischen, erziehungswissenschaftlichen, soziologischen und rechtlichen Forschung einbezieht und kritisch reflektiert. Das Beratungskonzept basiert auf feministischen Grundwerten und deren prozesshafter Weiterentwicklung und integriert diese je nach Ausbildung der Beraterin in einen humanistischen, systemischen oder tiefenpsychologischen Beratungsansatz (Frauen beraten Frauen 2010).

Orte feministischer Frauenberatung sind selbst verwaltete Organisationen mit verschiedenen Aufgabenstellungen (z. B. Frauenhaus, Frauenberatung, Frauennotruf). Nach innen differenziert sich feministische Frauenberatung entsprechend der jeweiligen Aufgabenstellung der Organisation und der Heterogenität der Nutzerinnen und ihrer Bedürfnisse. Feministische Frauenberatung ist im Feld psychosozialer Versorgungsangebote durch den politischen Auftrag – Beratung von Frauen – als geschlechtsspezifische Institution ausgewiesen.

7.6.2 Grundwerte feministischer Frauenberatung

Den Ausgangspunkt für Haltung und Handeln feministischer Frauenberatung bilden Grundwerte wie z. B. Parteilichkeit, Frauenraum, Differenz, Empower-

3 Zunächst im Begriffspaar „feministische Therapie", dann im Kontext „feministischer Beratung" wurde das Attribut „feministisch" umgedeutet. Ursprünglich im Kontext von Sexismus-Kritik an gesellschaftlichen Verhältnissen, Theorien und Konzepten verwandt, wurde es für die Umsetzung dieser Grundsätze in Therapie und Beratung eingesetzt. Damit wurde die Gestaltung und Möglichkeit von gesellschaftlicher Veränderung – wie sie die Frauenbewegung im Blick hatte – enger an Psychotherapie und Beratung gebunden (Großmaß 1994, S. 9).

ment, Rollenreflexion und Geschlechterdekonstruktion (Sickendieck / Engel / Nestmann 2008, S. 74ff.; Scheffler 2007, S. 42ff.). Diese offengelegten Werte werden durch Praxiswissen unter Einbeziehung wissenschaftlicher Erkenntnisse prozesshaft weiter entwickelt. Sie bauen aufeinander auf, es gibt zwischen ihnen Überschneidungen, die eine trennscharfe Abgrenzung in der Darstellung als nicht sinnvoll erscheinen lassen.

Ausgangspunkt feministischer Therapie und Beratung war eine (potenziell) gleiche Betroffenheit aller Frauen von *Ungleichbehandlung und Diskriminierung*. Die in den 1970er Jahren ursprünglich postulierte Gleichheit in der Betroffenheit von männlicher Vorherrschaft ist in der Folgezeit abgestuft worden. „In Anerkennung der Differenz" werden heute Unterschiedlichkeiten in Bildungs- und ethnischem Hintergrund, sozialem, ökonomischem, rechtlichem Status, psychischen Ressourcen anerkannt und haben zu einer differenzierteren Betrachtung geführt.

Ein weiterer zentraler Grundwert seit den Anfängen feministischer Beratung ist eine nicht neutral-vermittelnde oder abstinente, sondern *parteiliche Haltung*. Dahinter steht die Unterstützung von Frauen bei der Durchsetzung ihrer legitimen Ansprüche, z. B. bezogen auf selbstbestimmte Lebensgestaltung, ökonomische Unabhängigkeit, vor allem aber die Positionierung gegen jede Form von geschlechtsspezifischer Gewalt und Diskriminierung. Strukturelle Gewalt mit ihren Erscheinungsformen und Auswirkungen wird als Ursache und Ausdruck ungleich verteilter Machtverhältnisse zwischen Frauen und Männern gesehen und reflektiert (Sickendieck 2004, S. 773f.). Im Mittelpunkt der parteilichen Beratung steht das individuelle Erleben bzw. Leiden der Ratsuchenden. Die Lebensgeschichte, die momentane Situation und die Aussagen der betroffenen Frauen werden mit allgemeinen Kenntnissen über die Einschreibung von Herrschaftsverhältnissen in die Psyche verbunden (Freytag 1992, S. 17). Auch wenn sich die Betroffenheit und Bewältigung einer Gewalt- und Diskriminierungserfahrung individuell unterscheidet, wird die Gewalttat bzw. der Akt der Diskriminierung in der Beratung nicht als individuelles Problem gesehen, sondern in den gesellschaftlichen Zusammenhang und den menschenrechtlichen Kontext eingeordnet (vgl. Prasad 2011).

Parteiliche Haltung der Beraterin meint auch, sich zu positionieren ***gegen*** *Gewalt in Beziehungen* als Mittel der Konfliktlösung. Notwendig ist dabei eine differenzierte und solidarisch-kritische Sichtweise auf die Art der gewaltförmigen Beziehung im Kontext häuslicher Gewalt und die jeweilige Opfer-Täter-Zuschreibung. Ute Rösemann unterscheidet in Anlehnung an ein amerikanisches Gruppentraining für Frauen, die Gewalt angewandt haben, drei Gewaltmuster:

- Dominanzgewalt, d. h. die ständige Ausübung von Zwang und Kontrolle, Einschüchterung und Gewalt gegenüber einem Opfer und einer daraus resultierenden Reduktion von Sicherheit und Selbstbestimmung,
- Widerstandsgewalt als legale und illegale Gewalthandlungen von Opfern von Dominanzgewalt, um sich gegen das Zwangs- und Kontrollverhalten des Misshandelnden zu wehren und

- Gewalt ohne Dominanzanspruch (pathologische Gewalt, Anomie und gewöhnliche Paargewalt), ohne Zwangsmuster und Verstrickung (Rösemann 2011).

Darüber hinaus ist ein wichtiges Element der Beratung, die Verbindung zwischen *erfahrener und angewandter Gewalt* der Opfer bewusst zu machen mit dem Ziel, beides beenden zu können. Der parteiliche Ansatz berücksichtigt dabei auch Kinder als Zeugen und Opfer häuslicher Gewalt.

Frauen werden in der feministischen Beratung unterstützt, ihre kognitiven, emotionalen, spirituellen (Bilden / Blessing / Hilsenbeck 1992, S. 276f.) und sozialen Fähigkeiten und Potenziale (wieder) zu erinnern und zu entwickeln, legitime Ansprüche zu wahren und durchzusetzen und sich für einen selbstfürsorglichen Umgang, eine befriedigende Lebensgestaltung sowie trag- und konfliktfähige Lebens- und Arbeitsbeziehungen einzusetzen (Scheffler 2007, S. 48). Parteilichkeit bedeutet auch, den Aufbau von stärkenden Frauenfreundschaften und Netzwerken zu fördern sowie die Entwicklung von Lebensentwürfen jenseits von Normvorstellungen zu unterstützen (Hilsenbeck 1997, S. 84).

Die Auseinandersetzung mit Macht hat zu verschiedenen Implikationen geführt: In Hinblick auf die Beratungsbeziehung ist der ursprünglich formulierte Anspruch egalitärer Verhältnisse zwischen Beraterin und Ratsuchender einem reflektierten Machtverständnis gewichen, in dem das *Ungleichgewicht von Macht im Beratungsverhältnis* transparent gemacht wird. Gleichheit wird nicht suggeriert, Differenz akzeptiert (Sickendieck 2004, S. 771).

Eine weitere Positivformulierung des Machtaspektes drückt sich im Begriff der *Selbstermächtigung* aus: „Ziel parteilicher Unterstützung ist es, statt einer möglichen Opferidentität die Handlungsfähigkeit und Selbstbestimmung der Betroffenen zu stärken (Empowerment)“ (Bundesverband Frauenberatungsstellen und Frauennotrufe 2007, S. 17f.). Diese *Hilfe zur Selbsthilfe* dient der Ermächtigung der betroffenen Frau, die Kontrolle und Entscheidungsfreiheit über das eigene Leben (wieder) zu gewinnen und dies selbstbestimmt den eigenen Bedürfnissen entsprechend zu gestalten. Dabei orientiert sich die Intensität des Unterstützungsbedarfs an den Bedürfnissen, Kompetenzen und Ressourcen der Ratsuchenden.

Aber auch die Macht von Institutionen, die Gesundheit und Krankheit, Normalität und Abweichung, und daraus abgeleitet Behandlungsbedürftigkeit definieren, ohne Geschlechterunterschiede zu berücksichtigen, wurde kritisiert. Organisatorische und konzeptionell-inhaltliche Gegenmodelle, in denen Grundwerte wie Autonomie, Frauenraum und Ganzheitlichkeit formuliert sind, wurden entworfen.

Autonomie enthält im Ursprung sowohl die Forderung nach individueller Selbstbestimmung wie auch nach institutioneller Unabhängigkeit und steht für eine Absage an männlich dominierte Institutions-, Denk- und Handlungslogiken und die Entwicklung eigenständiger Denk-, Organisations- und Handlungsmodelle. In sogenannten „Frauenprojekten“ fand dieser Gegenentwurf zu traditionellen Organisationen seinen Ausdruck. Feministische Organisationen gründeten sich als eingetragene Vereine, ohne parteipolitische und konfessionelle Bindung, als Nicht-Regierungsorganisationen.

Radikale Forderungen wie das Postulat antihierarchischer Arbeitsstrukturen und Basisdemokratie sind in den Beratungseinrichtungen dahingehend modifiziert worden, dass die Notwendigkeit von Steuerung und klarer Aufgabenteilung zunehmend mehr Akzeptanz findet (Hörmann 2002, S. 89ff.). Heute steht Autonomie für die Selbstorganisation von Frauenunterstützungseinrichtungen im Rahmen der Spielräume von öffentlichen und privaten Kostenträgern und politischem Auftrag.

Das Postulat des *Frauenraums* dagegen hat Bestand, als Ort, an dem Frauen sich selbst definieren, jenseits patriarchaler Zuschreibungen und staatlicher Kontrolle. Frauenraum in feministischen Organisationen steht für die Möglichkeit, einen Erfahrungsraum ausschließlich mit Frauen zu gestalten, der Ratsuchenden und Beraterinnen einen Freiraum für Bezugssysteme und Beziehungsausgestaltung ohne männlich bewertenden Blick eröffnet und an ihrer differenten Lebensrealität orientiert ist. Er bietet die Möglichkeit für Schutz, gewaltfreie Erfahrungen, solidarische Begegnungen, Kontakt ebenso wie Abgrenzung und Distanz (unter Frauen). Im menschenrechtlichen Kontext bietet er einen besonderen Schutz- und Orientierungsrahmen bei interpersonalen oder institutionellen Grenzverletzungen und Gewalterfahrungen.

Der Frauenraum ist in seinem Ansatz anti-psychiatrisch konzipiert, d. h. vom Auftrag her nicht eingebunden in die pathologisierende Diagnostik des Gesundheitssystems. Frauen werden ganzheitlich als geistig-seelisch-körperliche Einheit in ihren soziokulturellen, historischen, ökonomischen und spirituellen Zusammenhängen wahrgenommen. Dem feministisch-ganzheitlichen Gesundheitsverständnis liegen Elemente aus Aaron Antonovskys Konzept der Salutogenese zugrunde, nach dem psychische und psychosomatische Störungen als Lösungsversuch verstanden werden, mit widersprüchlichen und/oder ausweglos erscheinenden Lebensumständen umzugehen bzw. sie zu überleben.

In den internationalen Leitlinien zur Diagnostik und Therapie von psychischen Störungen haben traumatische Folgen interpersonaler Gewalt seit den 1990er Jahren Eingang gefunden, z. B. im ICD-10 als Reaktionen auf schwere Belastungen oder „dissoziative Störungen (die der kontinuierlichen fachlichen Begleitung in einem eigenständigen Alltagsleben bedürfen)" (Großmaß 2010, S. 65), entsprechende Traumatherapie- und Beratungskonzepte sind entstanden und befinden sich durch neue Erkenntnisse in stetiger Weiterentwicklung. Die Teilhabe am Traumadiskurs ist grundlegend notwendig im Beratungskontext, um im Kontakt mit Ratsuchenden mit und ohne Diagnose entsprechend aufklären zu können und professionell handlungsfähig zu sein.

In der *an Ressourcen orientierten Beratung* bedeutet dies für Beraterin und Ratsuchende, die gesamte Lebenssituation der Frau in den Blick zu nehmen: von der Veränderung real belastender Lebensumstände über die Stärkung und/oder

Entwicklung von Ressourcen, Achtsamkeit und Kompetenzen hin zur Auseinandersetzung mit der sozialen Umwelt und den Folgen für die psychische und körperliche Gesundheit, von der Prüfung und Veränderung der Einstellungen, die an selbstbestimmtem Handeln hindern, hin zum Auf- und Ausbau förderlicher (Frauen-)Netzwerke. Nicht nur eine umsorgende Haltung, die an eine umfassende ‚Mütterlichkeit' erinnert, auch bewusste Momente der Distanz dienen der Entfaltung von Entwicklungsräumen (Brückner 2002, S. 153).

Rollenreflexion und Geschlechterdekonstruktion sind weitere Grundwerte feministischer Frauenberatung. Sprachnormen und geschlechtsspezifische Rollenbilder werden hinterfragt, Ratsuchende werden ermutigt, ihr eigenes Rollenverständnis sowie das ihres Umfeldes/der Gesellschaft zu überprüfen und andere Lebens- und Arbeitsformen auszuprobieren. Dazu zählt auch das Einüben von Konfliktfähigkeit, um mit Ablehnung und Widerstand im sozialen Umfeld umgehen zu können. Ebenso wie die Ratsuchende ist die Beraterin gefordert, sich fortlaufend mit den verinnerlichten gesellschaftlich geprägten, stereotyp sexistischen, rassistischen, homophoben Denk- und Handlungsmustern auseinanderzusetzen (Sickendieck 2004, S. 774f.; Sickendieck et al. 2008, S. 81ff.).

Über die konkrete Einzelfallhilfe hinaus geht die öffentliche politische Vertretung von Frauenrechten für anzuprangernde Missstände (Sickendieck 2004, S. 775f.; Scheffler 2007, S. 48). Akteurinnen sind die Mitarbeiterinnen der feministischen Organisationen, sie fordern für das individuell geäußerte Leiden die gesellschaftliche Ächtung von Gewalt ein. Die politische Motivation basiert auf der Analyse der nach wie vor ungleichen gesellschaftlichen Machtverhältnisse zwischen den Geschlechtern, gesellschaftlichen Gruppen mit erhöhter Vulnerabilität, Erkenntnissen der Frauen- und Geschlechterforschung sowie Erfahrungen aus der praktischen Arbeit und wird gestützt durch den internationalen Menschenrechtsdiskurs.

7.6.3 Standards im Beratungsprozess bei Gewalterfahrung

Zu den allgemeinen Standards im prozesshaften Vorgehen einer Beratung gehört die Erstberatung mit einem oder mehreren persönlichen Gesprächen zur „Orientierung und der Klärung des Bedarfs der Nutzerin sowie des Handlungsrahmens zwischen Beraterin und Nutzerin und der dafür geeigneten Hilfen." (Nicolai/Derr 2004, S. 44) Thematisiert werden Anliegen und aktueller Anlass, die Beratung aufzusuchen, die gegenwärtige Lebens- und Sicherheitssituation, die Vorgeschichte, Ressourcen und Erwartungen an die Beratung. Die Beraterin klärt die Zuständigkeit für das vorliegende Anliegen, informiert über zeitlichen Umfang und Bedingungen der Beratung, Arbeitsansatz und Arbeitsweise der Beratungsstelle, Umgang mit Daten (Datenschutz) und Schweigepflicht gegenüber Dritten. Ziel der Erstberatung ist die erste Auftragsklärung oder Vermittlung an eine andere Einrichtung. Im Mittelpunkt des Beratungsprozesses nach häufig komplexen Erfahrungen von innerfamiliärer bzw. Beziehungsgewalt steht *Stabilisierung*. Priorität haben die Schaffung äußerer Sicherheit und der Rückgewinn des persönlichen Sicherheitsgefühls. Zur Stabilisierung gehört auch Stärkung des Vertrauens in die Wahrnehmung (von Gewalt) und in die eigene Handlungsfähigkeit, Auf- und Ausbau der eigenen Ressourcen und Kompetenzen, Förderung des Selbsthilfepotenzials sowie des Vertrauens in den (Wieder-)Aufbau und Ausbau zwischenmenschlicher Beziehungen, Unterstützung bei der Durchsetzung von Rechtsansprüchen, Lernen des Umgangs mit Gefühlen (wie Hilflosigkeit, Ohnmacht und Angst, Wut und Trauer).

Grundlegende Maßnahmen sind ein Schutzraum in einer Frauenorganisation, ein an Sicherheit und Schutz der betroffenen – auf Wunsch auch *anonym* bleibenden – Frau orientiertes *unbürokratisches Vorgehen*, verbunden mit Aufklärung (z. B. über Gewaltdynamik in Beziehungen, Häufigkeiten von Gewalt, transgenerationaler Weitergabe von Gewalt) und Psychoedukation (z. B. über den innerpsychischen Verarbeitungsprozess von traumatischen Erfahrungen, Entsteheung von Symptomen). Der Beratungsprozess wird auf der Grundlage der in den Ethikleitlinien des Dachverbandes autonomer Frauenberatungsstellen NRW e. V. festgelegten Werte – wie z. B. parteilicher Arbeitsansatz, der Aufbau einer von Struktur und Klarheit geprägten wertschätzenden Beratungsbeziehungen (S. 1ff.) – gestaltet. Dies soll die Ratsuchenden unterstützen, die durch die traumatische Erfahrung hervorgerufene Sprach- und Gefühlslosigkeit zu überwinden und wieder Zugang zum eigenen Körper finden.

Eingesetzt werden ressourcenorientierte Methoden zur *Stressregulierung und Verarbeitung der Gewalterfahrung*. Feministische Beratung hat kein eigenes Verfahren hervorgebracht, „es handelt sich eher um eine vor die Methodik gesetzte Analyse der gesellschaftlichen Verhältnisse“ (Scherl / Fritz 2010, S. 31). Feministische Beratung hat vielmehr kontextuelle Aspekte – d. h. die Lebensverhältnisse von Männern und Frauen – mit zu berücksichtigen. Notwendig ist ein vernetztes Zusammenarbeiten im Einzelfall z. B. mit Rechtsanwältinnen, Kliniken, Selbsthilfegruppen und weiteren psychosozialen Angeboten sowie ein gesellschaftspolitisches Vorgehen zur Öffentlichmachung und gesellschaftlichen Ächtung von Gewalt auf Landes-, Bundes- und EU-Ebene. Bettina Zehetner fordert in Anlehnung an Großmaß eine Kombination engagierter psychosozialer Beratung mit kritischer Gesellschaftsbeobachtung, in dem Beraterinnen psychosoziale Defizite übersetzt in Bedarfe an Politik und Öffentlichkeit herantragen (Zehetner 2010, S. 242).

7.6.4 Fallbeispiel aus der Frauenberatung

Im Folgenden zeigt ein Beispiel aus einer Frauenberatungsstelle, wie in einem Beratungsprozess Schritte aus einer Gewaltbeziehung entwickelt werden. Persönlicher Hintergrund und Verlauf des Prozesses sind soweit geändert worden, dass keine Rückschlüsse auf eine Person gezogen werden können.

Beratungen können kurzfristige einmalige oder mehrmalige Kriseninterventionen, Beratungsreihen oder einen längerfristigen Beratungsprozess umfassen. Aufgrund der begrenzten personellen Ressourcen sind in der Regel für die Arbeit in einer Frauenberatungsstelle Kriseninterventionen und Beratungen mit kürzeren Verläufen mit einem einmaligen Beratungsgespräch bis hin zu einer Gesprächsreihe mit einer Dauer bis zu einem halben Jahr typisch. Für die folgende Darstellung wurde ein längerfristiger Beratungsprozess ausgewählt. Dieser veranschaulicht die Hürden, die es zu überwinden gilt, um sich aus vergangener und aktueller häuslicher Gewalt physisch, emotional und kognitiv zu lösen.

Kontaktaufnahme

Frau A. hat vom Beratungsangebot der Frauenberatungsstelle durch die Mitarbeiterin einer Bildungseinrichtung erfahren. Über die Arbeit der Frauenberatung hat sie sich über die Homepage informiert und telefonisch in der offenen Sprechzeit einen ersten Kontakt hergestellt.

Aktuelle Problembeschreibung

Frau A. berichtet im telefonischen Erstkontakt, dass sie mit ihrer Kraft völlig am Ende sei, und fragt sich: „Warum passiert gerade mir das?" Es quält sie die Frage, ob ihr Mann eine psychische Krankheit habe und was sie für ihn tun könne. Auf die Frage der Beraterin, welche Symptome einer psychischen Krankheit sie wahrnehme, antwortet sie, dass er ihr seit einiger Zeit ungerechtfertigter Weise eine Affäre unterstelle und unter Eifersuchtsattacken leide. Sie habe sich bereits bei einem Psychiater erkundigt, sei auch bereit, wie dieser ihr empfohlen habe, mit ihrem Mann eine Paarberatung zu machen, damit ihr Mann etwas für sich tut, wozu er bisher nicht zu motivieren gewesen sei. Auf Nachfrage der Beraterin, wie es Frau A. selbst in dieser Situation gehe, sie habe ja berichtet, dass sie mit ihrer Kraft völlig am Ende sei, kann Frau A. zunächst nicht antworten. Dann äußert sie, dass sie natürlich darunter leide, dass es ihm so schlecht gehe, und dass sie davon ausgehe, dass sich auch ihr Zustand bessern würde, wenn es ihm besser gehe. Sie wünscht sich Unterstützung, um ihr weiteres Vorgehen zu planen, ein weiterer persönlicher Beratungstermin wird zeitnah vereinbart.

Persönliches Erstgespräch und aktuelle Situation

Frau A., 32 Jahre, Zuwanderungshintergrund, abgeschlossene Berufsausbildung, verheiratet, z. Zt. Hausfrau, drei Kinder, davon sind zwei Grundschulkinder, ein Kind in der Kindertagesstätte, deutsche Staatsangehörigkeit.

Sie berichtet, dass sie ihren Mann seit der Jugendzeit kennt; er sei eher rebellisch, ohne Ausbildung in die Selbstständigkeit gegangen; sie sei eher angepasst, Schule abgeschlossen, Berufsausbildung, erste Arbeitsstelle. Als sie Anfang zwanzig ist, beginnt er um sie zu werben, zwei Jahre später sei sie zu ihm gezogen, d. h. migriert, und habe ihn geheiratet, bald nach der Heirat folgen Hauskauf, Schwangerschaft, das erste Kind, das zweite Kind. Sie habe zu dem Zeitpunkt noch kein Deutsch gesprochen, für die Schulden beim Hauskauf mit gebürgt, sei zu dem Zeitpunkt noch rechtlich und finanziell von ihm abhängig gewesen.

Sie habe angefangen, die deutsche Sprache zu lernen, eine Fortbildung begonnen und sei dann wieder schwanger geworden. Das Misstrauen ihres Mannes sei während dieser Schwangerschaft angestiegen. Mit wachsender Häufigkeit habe er sie mit Eifersuchtsattacken gequält, wollte wechselweise sie verlassen bzw. sie dazu bewegen, ihn zu verlassen. Er habe sie immer solange gequält, bis sie geweint habe. Einige Zeit nach der jeweiligen Attacke sei er auf sie zugekommen, habe davon gesprochen, dass er „geheilt" sei, sie habe ihm dies geglaubt und die Vorfälle in Zusammenhang mit seinen negativen Kindheitserfahrungen gebracht: Er sei massiv geschlagen worden, nicht nur durch die Eltern, sondern auch durch weitere Familienmitglieder.

Vor zwei Monaten habe sie ihm erstmals mitgeteilt, dass es so nicht weitergehen könne, entweder er müsse etwas ändern oder sie müsse was unternehmen. Daraufhin habe er sie mehrere Tage mit Schweigen bestraft. Danach habe der Telefonterror begonnen: Er rufe sie x-Mal am Tag, auch während ihrer Fortbildung, auf dem Handy an, um nachzufragen, was sie gerade mache, ob sie schon bei ihrer Affäre sei. Sie traue sich nicht mehr, das Handy auszumachen oder spontane Aktivitäten zu unternehmen und den Tagesplan zu verändern. Sie fühle sich unter Druck gesetzt, falle in ein Loch, habe das Gefühl „immer mehr und mehr ein Stück von sich zu verlieren".

Damit rückt schnell ihr aktueller körperlicher und psychischer Zustand in den Vordergrund: Sie klagt über Ängste, Schlafstörungen, Übelkeit, Konzentrationsschwierigkeiten, Schweißausbrüche, Schwindel, Magenschmerzen. Ihr Erregungsniveau ist hoch, sie hat Selbstmordgedanken, findet ihr Leben mit ihrem Mann nicht lebenswert, aber auch nicht ohne ihn. Die Nachfrage und Spiegelung der Beraterin, seit wann ihr Körper die zahlreichen Signale einer hohen Belastung und Überforderung zeige, nimmt den Fokus weg von der Beschäftigung mit dem Partner, Frau A. konzentriert sich auf sich und ihre schon lang andauernde Belastungssituation. Sie entscheidet sich dafür, die Paarberatung zurückzustellen, vielmehr zunächst Unterstützung für sich selbst und eine Klärung ihrer Situation zu brauchen.

Auf die Frage nach Stärken oder Kraftquellen antwortet sie sofort, dass ihr Glauben eine wichtige Kraftquelle sei. Als weitere Ressource bezieht sie sich auf die Zeit ihrer Ausbildung, an die sie gern zurückdenke, in der sie aufgrund ihrer Intelligenz, ihrer sozialen Kompetenz und ihres Mutes von anderen Auszubildenden und Ausbildern sehr geschätzt worden sei und ein anderes Selbstwertgefühl gehabt habe als jetzt. Das Erinnern an dieses Selbstwertgefühl lässt sie als Ziel formulieren, dass sie an dieses Gefühl wieder anknüpfen wolle.

Lebensgeschichtliche Daten

Bis zu ihrem achten Lebensjahr sei sie in einer behüteten Atmosphäre aufgewachsen. Während der zweiten Schwangerschaft ihrer Mutter habe der Vater das Haus gebaut, dann seine Arbeit verloren, finanzielle Schwierigkeiten haben die Familie in eine Krise geführt. Ihr Vater habe begonnen, ihre Mutter zu demütigen und zu misshandeln in ihrer Gegenwart, und wenn sie versucht habe, die Mutter zu verteidigen oder zu schützen, sei sie selbst vom Vater beschimpft und geschlagen worden. Wegen ihr seien die Eltern zusammen geblieben. Sie habe mit der Geburt des jüngeren Bruders, da sei sie selbst acht Jahre alt gewesen, dessen Schutz und Versorgung übernommen, und sich damit vollkommen überfordert und allein gelassen gefühlt. Nach außen angepasst und leistungsmotiviert, habe sie für ihre ausgezeichneten schulischen Leistungen nie die ersehnte Anerkennung von Mutter und Vater bekommen.

Hypothesen zu Ursprung und Aufrechterhaltung des Problems
a) *Tiefenpsychologische Aspekte*
Frau A. wächst bis zu ihrem achten Lebensjahr in einer behüteten Atmosphäre auf. Mit der Geburt ihres Bruders verändert sich die Situation in der Familie dramatisch: Arbeitslosigkeit des Vaters, finanzielle Krisen, Beziehungskrise der Eltern, die Mutter überfordert mit der Versorgung eines Säuglings und nicht mehr in der Lage, Zuwendung und Schutz für die Kinder zu gewährleisten. Ein Rollenwechsel findet statt. In einer zunehmend durch häusliche Gewalt geprägten Atmosphäre wird Frau A. zur Mutter der Mutter und des Bruders, sorgt sich um sie, übernimmt die Verantwortung und meint, sie schützen zu müssen. Diese Übernahme der Elternrolle führt zu einem Gefühl ständiger Überforderung und ist begleitet von Anspannung und Angst, Unzulänglichkeits- und Schuldgefühlen. Frau A. kann in der gewählten Rolle nie genügen, da sie der häuslichen Gewalt kein Ende setzen kann. Gleichzeitig werden die eigenen Bedürfnisse geleugnet, das Kindsein geht verloren.
Hatte sie angenommen, sie habe sich mit der ersten Ausbildung von dem bedürftigen Anteil emanzipiert, so ist es genau dieser, der sie sich einem bedürftigen Mann anschließen lässt. Sie heiratet als „Trotzreaktion" gegen den Vater. Ihre Abhängigkeit wird noch verstärkt durch die Isolation im Migrationsprozess ohne Kenntnisse von Sprache, Rechten und sozialen Kontakten. Im Verlauf der Beziehung werden die alten Erfahrungen verstärkt (Abwertungen, Demütigungen, Kontrolle), neue traumatische Erfahrungen kommen dazu.

b) Aspekte feministischer Deutung und Ansätze für das Vorgehen im Beratungsprozess

- Frau A. ist als Kind ab ihrem achten Lebensjahr aufgewachsen in einer Atmosphäre von häuslicher Gewalt mit Demütigung und Misshandlung. Sie erfährt als Zeugin, wie sich die Mutter dem Vater unterordnet, sich seinen Anforderungen anpasst. Sie erlebt Ihre Mutter als ohnmächtig, der Gewalt des Partners ein Ende zu setzen.
- Sie erlebt, dass Gewalttätigkeit an Geschlecht gebunden ist: Der Vater als Mann schlägt, die Mutter als Frau wird geschlagen und abgewertet.
- Sie erlebt ihre Mutter als von ihrem Vater abhängig; sie trennt sich nicht.
- Sie erlebt als Opfer physische Gewalt durch den Vater und integriert diese Gewalt als Bestandteil von Normalität in Beziehungen zwischen Frau und Mann.
- Sie hat ab dem Alter von acht Jahren kein Gefühl eines äußeren sicheren Orts, kein Gefühl von Schutz.
- In bedrohlichen Situationen ist Frau A. als Kind auf sich allein gestellt und überfordert. Sie hat keine Person, die sie um Unterstützung bitten könnte, vielmehr muss sie ihren Bruder unterstützen.

- Sie lernt als Kind, sich mehr auf das Wohlergehen ihrer Mutter zu konzentrieren als auf ihr eigenes, da dies für ihr Wohlergehen von existenzieller Bedeutung ist: Wäre die Mutter nicht mehr da (totgeschlagen, weggelaufen), dann wäre sie der Willkür des Vaters allein ausgesetzt und allein zuständig für ihren Bruder.
- Ihre Selbstbeschreibung von angepasst, fürsorglich für den Bruder, leistungsorientiert und unauffällig kann als Versuch verstanden werden, ihrer Mutter eine Stütze zu sein, um den Vater von (weiteren) Gewalttätigkeiten abzuhalten.
- Sowohl die zweite Schwangerschaft der Mutter, Arbeitslosigkeit des Vaters, finanzielle Krisensituation und Beziehungskrise sind in ihrem Elternhaus mit steigender Gewalt verbunden. Dies stimmt mit den Auslösern ihrer aktuellen Situation überein.
- Hatte sie durch ihre Berufsausbildung und Arbeitstätigkeit im Herkunftsland einen gewissen Grad an Unabhängigkeit erreicht, so landet sie durch die unerfüllten, nicht reflektierten Beziehungs- und Liebessehnsüchte verstärkt durch die mit dem Migrationsprozess einhergehenden Aspekte von Sprach-, Recht- und Kontaktlosigkeit in Abhängigkeit.
- Der Bildungsstand und berufliche Status von Frau A. ist höher als der ihres Mannes. Es besteht ein Machtgefälle, traditionelle Geschlechtsrollenvorstellungen werden (offen oder impliziert) infrage gestellt.
- Die neue traumatische Situation triggert, verstärkt also alte Erfahrungen und ist gleichzeitig mit einem hohen Grad an realer Bedrohung für sie und ihre Kinder verbunden.

Zielvereinbarungen

- Vereinbart wird im prozesshaften Vorgehen:
- Stabilisierung in der Krisensituation,
- Planung und Umsetzung von Maßnahmen zur äußeren Sicherheit und zur psychischen Stabilisierung,
- Unterstützung beim Reflexionsprozess und Stärkung
- Unterstützung beim Trennungs-/Scheidungsprozess und Loslösung aus der Co-Abhängigkeit,
- Be- und Verarbeitung von traumatischen Erfahrungen.

Vorgehen im Beratungsprozess – Einzelne Bausteine

Zur psychischen Stabilisierung, zur Wiedergewinnung der Kontrolle und zur Steigerung der Leistungsfähigkeit wird Frau A. der Zusammenhang zwischen Gewalterfahrungen und psychobiologischen Abläufen der Verarbeitung von traumatisierendem Stress erklärt (Psychoedukation). Auch im weiteren Prozess ist Psychoedukation ein regelmäßiger Bestandteil in den Beratungsstunden und umfasst neben Aufklärung das Vorstellen und Einüben von unterschiedlichen Stressbewältigungstechniken. Auch Fragen zum Entstehen von Gewalt, Gewaltformen, Gewaltdynamik, Täterstrategien, Häufigkeit von Gewalt in bestimmten Situationen, Verantwortungsübernahme werden immer wieder thematisiert und besprochen. Die Informationen helfen, sich mit der Gewalterfahrung

nicht isoliert als „außerirdisch" oder „blöd" zu fühlen, sondern sich in einem gesellschaftlichen Zusammenhang zu sehen, in dem das Erleben häuslicher Gewalt nicht ein Einzelfall ist, wie u. a. in Studien belegt (vgl. Müller / Schröttle / Glammeier 2004).
In der psychischen und physischen Verfassung, in der sich Frau A. am Anfang der Beratung befindet, ist es ihr größter Wunsch, Abstand zu der angespannten Situation in ihrem häuslichen Umfeld zu gewinnen, ohne ihre Kinder allein lassen zu müssen. Die Beraterin schlägt Frau A. eine Mutter-Kind-Kur vor, um sich zu regenerieren, Abstand zur gewaltförmigen Beziehung zu gewinnen, aus der Isolation und in Kontakt mit anderen Frauen zu kommen. Zur Beschleunigung des Verfahrens, für einen Eilantrag, ist es notwendig, Gründe zu benennen. Nach Reflexion in der Beratung „veröffentlicht" Frau A. erstmals, dass sie in einer gewaltförmigen Beziehung lebt, in der der Partner psychische Gewalt ausübt. Kopien des Antrags wie auch in der Folgezeit Materialien zu Trennung/Scheidung oder Kopien über die Finanzsituation des Ehemannes hinterlegt sie an einem sicheren Ort bei Bekannten. Sie erlebt in der Mutter-Kind-Kur, dass sie mit ihren Erfahrungen von Gewalt nicht allein ist, sie mit anderen Frauen teilt und sie erfährt – im Gegensatz zur Demütigung und Abwertung durch ihren Mann – Wertschätzung anderer Frauen. Sie erlebt, dass Frauen mit Kindern auch ohne Mann (über-)leben können. Gestärkt durch die Erfahrungen aus der Kur holt sich Frau A. in Begleitung der Beraterin rechtlichen Rat für den Fall einer Entscheidung für eine Trennung/Scheidung.
Ein Thema in der Beratung ist der Umgang mit dem Handy als Kontrollinstrument ihres Mannes. Die Arbeit mit einer Karte aus den „Warnsignalen"[4] erweist sich als hilfreich. Verschiedene Möglichkeiten, sich dieser Kontrolle zu entziehen, werden in der Beratung erwogen. Frau A. geht schrittweise vor. Zunächst übt sie, ab und zu nicht ans Handy zu gehen, es zu Hause zu vergessen, Notlügen zu verwenden. Dann teilt sie ihrem Mann mit, dass sie z. B., wenn sie in der Fortbildung ist, ihr Handy ausstellen wird. Es gibt immer wieder Einbrüche und Rückschritte. Als sie es schließlich schafft, nur noch dann Anrufe auf dem Handy anzunehmen, wenn sie es will, hat sie ein Gefühl von Kontrollgewinn.
Jeder Teilschritt wird von der Beraterin als Schritt zur Selbstbestimmung anerkannt. Bei jedem Rückschritt wird das gewürdigt, was Frau A. bereits für sich erreicht hat. Wichtig ist für Frau A., dass die Beraterin aus ihrer fachlichen Erfahrung im Umgang mit gewaltbelasteten Frauen eine Perspektive sieht, weiß, dass andere Frauen diesen Weg geschafft haben und auch Frau A. es schaffen kann, ihren eigenen Weg aus der Gewalt zu finden. Und dass Rückschritte passieren dürfen, wenn es darum geht, sich aus der Abhängigkeit und Kontrolle zu befreien.

---

4 Das Kartenset „Warnsignale", hg. vom Dachverband der autonomen Frauenberatungsstellen NRW e. V. besteht aus 15 Karten mit verschiedenen Szenen, die auf eine beginnende Gewaltdynamik verweisen (können). Die Bilder sind ausgekoppelt aus dem Buch von Rosalind B. Penfold (2004): *Und das soll Liebe sein? Geschichte einer bedrohlichen Beziehung.* Diese Karten können in der Beratung als Spiegel für Frauen (und Unterstützerinnen) eingesetzt werden, um eine Gewaltdynamik zu erkennen, bzw. zur Stärkung, um sich aus einer Gewaltbeziehung lösen zu können. Informationen zu Buch und Materialien unter: www.warnsignale-gewalt.de

Auch in anderen Zusammenhängen beginnt Frau A. ansatzweise, ihren eigenen Bedürfnissen zu folgen. Sie verabredet sich auf einen Spaziergang mit einer Frau, die sie nett findet. Sie bleibt länger bei einer Bekannten, als geplant war. Einmal geht sie spontan mit zu einer Geburtstagsfeier. Die darauf folgende verbale Attacke mit Demütigungen, Beleidigungen und Abwertungen und der anschließende schweigende Rückzug ihres Mannes über einige Tage lässt sie wieder vorsichtiger werden. In der Beratung ist der Wechsel von Anschreien und Schweigen, Kontaktabbruch Thema. Sie erkennt diese Verhaltensweise als etwas, das ihr auch schon im Elternhaus begegnet ist. So fürsorglich, wie sie in dieser Situation für ihre eigenen Kinder sorgt, beginnt sie in Ansätzen, auch für ihre inneren Kindanteile zu sorgen.

Indem Fortschritte erreicht werden, traut Frau A. sich auch zunehmend, sich dem Thema Trennung anzunähern. In ihr beginnt der Entschluss zu reifen, sich von ihrem Mann zu trennen. In der Arbeit mit der Vorstellung eines äußeren sicheren Ortes wird deutlich, wie schwer es ihr fällt, eine kontinuierliche Vorstellung dafür zu entwickeln. Frau A. arbeitet mit dem Aufbau dieser Vorstellung des äußeren sicheren Ortes während des gesamten Beratungsprozesses. Die Vorstellung eines sicheren inneren Ortes ist ihr nicht möglich. Tragend in dieser Zeit ist die Erfahrung von Sicherheit in der parteilichen Beratungsbeziehung. Auch erinnert die Beraterin sie immer wieder an ihre spirituelle Ressource. Frau A. greift die Anregung auf, um Zuversicht und Glauben daran zu entwickeln, dass sie ihren Lösungsweg finden wird.

Für die Trennung beschäftigt Frau A. sich mit Unterstützung der Beraterin mit verschiedenen Fragen: Wie will sie die Trennungsabsicht mitteilen, was sind ihre Befürchtungen, was ist für ihre Sicherheit und die ihrer Kinder zu berücksichtigen (persönlicher Sicherheitsplan)? Geht sie in ein Frauenhaus oder nicht, wie, was und wann teilt sie ihren Kindern, vor allem den beiden älteren mit, dass sie sich von ihrem Vater trennen wird? Welche Vor- und Nachteile hat eine Trennung, welche Gefühle tauchen auf bei der Vorstellung, sich zu trennen?

Schließlich beginnt Frau A., die Trennungsabsicht im geschützten Rahmen der Beratung bewusst auszusprechen. In der Folgezeit unternimmt Frau A. wiederholt Trennungsversuche, die verstärkte Drohungen, Kontrolle (z. B. Belästigungen über das Handy) und sexuelle Nötigung zur Folge haben. Ihr Mann droht damit, ihr die Kinder wegzunehmen, oder mit Selbstmord. Frau A. fühlt sich schuldig (an der Zerstörung der Familie) und hilflos in der Situation. Die Beraterin positioniert sich, indem sie die Verantwortung an der Zerstörung der Familie dem Mann zuweist. Diese klare Positionierung entlastet Frau A., hat sie doch die Aussagen der Mutter im Ohr, die sagt: „So ist das eben. Das muss man aushalten können."

Verstärkt durch Andeutungen aus ihrem sozialen Umfeld beschäftigen sie längere Zeit Ängste vor Tötung. In der Beratung wird der persönliche Sicherheitsplan überprüft, sie trägt eine Notfallkarte mit den wichtigsten Rufnummern bei sich. In den Beratungsstunden wird immer wieder eine erneute Risikoeinschätzung vorgenommen, in der die Beraterin Frau A. als Expertin für die häusliche Situation bestätigt, das weitere Vorgehen wird überlegt.

Frau A. erarbeitet sich mit Unterstützung der Beraterin den Trennungsprozess in einzelnen Teilschritten:

- Über passiven Widerstand (indem sie in die innere Emigration geht und für die Bedrohungen durch ihren Mann immer schwerer erreichbar wird). Sie entwickelt dadurch eine Möglichkeit, nicht immer nur zu reagieren, sondern als Beobachterin wahrzunehmen, was an Demütigung, Beschimpfungen, Abwertungen, Drohungen geschieht. Dies stärkt ihre Wahrnehmung von gewaltförmigen Strukturen.
- Aussprechen der Trennungsabsichten, deutliche Grenzziehungen wie das Ausstellen des Handys, Ausziehen aus dem gemeinsamen Schlafzimmer ins Wohnzimmer. Abschluss ihrer Fortbildung, erste befristete Arbeitsmöglichkeit und damit erste finanzielle Unabhängigkeit. Mehrfach ist während der Trennungsphase die Beendigung der Fortbildung gefährdet. Die Beraterin erinnert sie an die von ihr in der Beratung erarbeitete Vision, nach Beendigung der Fortbildung und mit erster finanzieller Unabhängigkeit sich trennen zu wollen. Diese Vision trägt Frau A. immer wieder weiter.
- Das Trennungsgespräch wird in der Beratungssituation in mehreren Variationen durchgespielt, Sicherheitsüberlegungen für Frau A. und ihre Kinder einbezogen, ebenso werden Vorkehrungen für die Tage danach getroffen.
- Auf- und Ausbau eines eigenen sozialen Unterstützungssystems. Frau A. erlebt in der Beratungsbeziehung Unterstützung, öffnet sich innerhalb ihres Sozialraumes und spricht über das, was ihr widerfährt. Bei der Auswahl neuer Kontakte prüft sie genau, wem sie vertrauen kann. So wählt sie z. B. eine Mitarbeiterin der Kita aus, in die ihr Sohn geht, trifft dort auf Verständnis. Für ihren Sohn ist diese Information in diesem Fall auch schützend, da in einer schwierigen Situation im Trennungsprozess die Mitarbeiterinnen in der Kita entsprechend gut reagieren können.
- Auszug aus dem Haus. Dieser Schritt, der mit Verlust (großzügige Räume, Garten, soziales Umfeld) verbunden ist, wird durchdacht und betrauert. Die Perspektiven und Möglichkeiten, die eine neue Wohnung bietet, werden eher erahnt als gefühlt. Ihr Mann bietet ihr beim Umzug seine Hilfe an, Frau A. nutzt die Beratung und spielt Szenen durch, wie es sein würde, wenn sie seine Hilfe annehmen würde. Sie entscheidet sich gegen seine Hilfe, gleichzeitig erlebt sie Ambivalenz und Schuldgefühle.
- Die Einwilligung des Mannes in die Scheidung ist von seiner Seite aus ökonomischen Gründen an eine einvernehmliche Lösung vor dem Gerichtstermin geknüpft; Frau A. erwägt in der Beratung Vor- und Nachteile dieses Vorgehens. Sie entscheidet über die Wahl des Rechtsanwaltes und Notars, ihr Ziel ist es, aus der Bürgschaftsverpflichtung zu kommen, dafür nimmt sie ökonomische Verluste hin.

Während des gesamten Trennungsprozesses hat Frau A. einfühlsam für ihre Kinder gesorgt, so wie sie es auch schon für ihren Bruder getan hat. Dennoch ist sie unsicher, ob sie wirklich alles „richtig" gemacht hat. Die Beraterin schlägt ihr zur Selbstvergewisserung das Aufsuchen einer Erziehungsberatungsstelle vor. Frau A. stimmt dem zu und bekommt positive Rückmeldungen zu ihrem Umgang mit den Kindern. Frau A. beginnt ein Freudetagebuch zu führen und stellt fest, dass es viele kleine, helle Moment in ihrem Leben gibt – an manchen Tagen.

In der nächsten Phase geht es um die Fürsorge für die eigene Bedürftigkeit, beginnend mit der Bearbeitung der Gefühle von Schuld und Versagen, „ich habe es nicht richtig gemacht, habe keine Familie mehr". Erst jetzt, nachdem die äußere Sicherheit weitestgehend gewährleistet ist, wird es möglich, intrapsychische Themen zu bearbeiten. Hier sind die inneren Kindanteile angesprochen, die sich in die Pflicht genommen sehen, die Ehe der Eltern zusammenzuhalten, die überfordert auf den Bruder aufpassen, die sich völlig anpassen. Eine Würdigung, was diese geleistet haben, wie es möglich war, sich auf die Bedürfnisse anderer einzustellen, ist von großer Bedeutung in diesem Teil des Beratungsprozesses. Die Einbeziehung der kraftgebenden Ressourcen gehört mit dazu, auch der Verweis, dass sich von der körperlichen Ebene zur Gefühlsebene eine Entwicklung abbildet.
Beziehungswünsche und Beziehungsvorstellungen werden thematisiert; verbunden sind diese mit der Thematisierung von Ängsten vor der Wiederholung einer gewaltförmigen Beziehungsstruktur. Die Auseinandersetzung mit eigenen Wünschen an eine Partnerschaft, das In-Beziehung-Setzen zu Frauenfreundschaften weitet den Blick für unterschiedliche Lebensformen und -modelle, ohne sich zum gegebenen Zeitpunkt für eine Form entscheiden zu müssen.
Und letztlich wird der Abschiedsprozess aus der Beratungsbeziehung eingeleitet.

7.6.5 Literatur

Berliner Initiative gegen Gewalt an Frauen; BIG e.V. (2011): BIG. Bei häuslicher Gewalt. Hilfe für Frauen und ihre Kinder. [online] URL: http://www.big-koordinierung.de/projekt/ [Stand: 1. 6. 2011]

Bilden, Helga / Blessing, Annemie / Hilsenbeck, Polina: Nachwort. Schwerpunkte, Tendenzen, Kontroversen – und was wir uns wünschen. In: Bilden, Helga (Hg.): Das Frauentherapie Handbuch, München 1992, S. 270–277

Brückner, Margrit: Wege aus der Gewalt gegen Frauen und Mädchen. 2. Aufl. Band 51. Frankfurt/M. 2002

Bundesverband Frauenberatungsstellen und Frauennotrufe; BFF (Hg.): Standpunkte gegen Gewalt 2007. Kooperation, Qualität, politische Perspektiven. Dokumentation der Fachtagung des Bundesverbandes Frauenberatungsstellen und Frauennotrufe 11.9.–13.9.2007 in Freising 2007

Dachverband autonomer Frauenberatungsstellen NRW e.V. (2005): Ethik-Leitlinien des Dachverbandes autonomer Frauenberatungsstellen NRW e.V., o. O.

Ebermann, Traude: Feminismus und KIP oder: Was wir von den Amazonen lernen können. In: Frauen beraten Frauen (Hg.): In Anerkennung der Differenz. Feministische Beratung und Psychotherapie, Gießen 2010, S. 147–160

Frauen beraten Frauen (Hg.): In Anerkennung der Differenz. Feministische Beratung und Psychotherapie, Gießen 2002

Freytag, Gabriele: Grundlagen der Feministischen Therapie. In: Bilden, Helga (Hg.): Handbuch feministische Therapie, München 1992, S. 11–35

Gröning, Katharina: Beratung für Frauen. In: Neue Praxis 1993, 3, S. 227–248

Großmaß, Ruth: Feminismus und Therapie. Vortrag v. 16.3.1994 in Bielefeld, S. 1–18 (Unveröffentl. Vortragsmanuskript) 1994

–: Frauenberatung im Spiegel von Beratungstheorie und Gender-Diskursen. In: Frauen beraten Frauen (Hg.): In Anerkennung der Differenz. Feministische Beratung und Psychotherapie, Gießen 2010, S. 61–73

Hagemann-White, Carol: Gewalt gegen Frauen. Ein Überblick deutschsprachiger Forschung. In: Journal für Konflikt- und Gewaltforschung 2001, 2, S. 23–44

Hilsenbeck, Polina: Feministische Alternativen zur Psychiatrie. In: Wildwasser Bielefeld e. V. (Hg.): Der aufgestörte Blick. Multiple Persönlichkeiten, Frauenbewegung und Gewalt. Erweiterter Sammelband zum ersten bundesdeutschen Kongreß mit dem Schwerpunktthema Multiple Persönlichkeitsspaltung. Bielefeld 1997, S. 80–95

Hörmann, Martina: Vom kreativen Chaos zum professionellen Management. Organisationsentwicklung in Frauenprojekten, Opladen 2002

Müller, Ursula / Schröttle, Monika / Glammeier, Sandra: Lebenssituation, Sicherheit und Gesundheit von Frauen in Deutschland. Eine repräsentative Untersuchung zu Gewalt gegen Frauen in Deutschland im Auftrag des Bundesministeriums für Familien, Senioren, Frauen und Jugend, Berlin 2004

Nicolai, Eva-Maria / Derr, Regine (2004): Qualitätsstandards für die Arbeit in den feministischen Fachberatungsstellen gegen sexualisierte Gewalt an Mädchen und Frauen. Forschungsprojekt Qualitätssicherung BAG FORSA, Berlin

Prasad, Nivredita (2011): Mit Recht gegen Gewalt. Die UN-Menschenrechte und ihre Bedeutung für die soziale Arbeit. Heruasgegeben im Auftrag des Bundesverbands Frauenberatungsstellen und Frauennotrufe (bbf). Opladen

Rösemann, Ute: Häusliche Gewalt ist … Differenzierung eines Begriffs. Unveröffentl. Vortrag 2011

Scheffler, Sabine: Beratung kann mehr! In: Bundesverband der Frauenberatungsstellen und Frauennotrufe/Frauen gegen Gewalt e. V. (Hg.): Standpunkte gegen Gewalt 2007. Kooperation, Qualität, politische Perspektiven. Dokumentation der Fachtagung in Freising 2007, Berlin 2007, S. 42–49

Scherl, Margot / Fritz, Julia: „Vom Sand im Getriebe zum polierten Stein?" Margot Scherl im Gespräch mit Christina Thürmer-Rohr und Sabine Scheffler. In: Frauen beraten Frauen (Hg.): In Anerkennung der Differenz. Feministische Beratung und Psychotherapie, Gießen 2010, S. 21–39

Schigl, Brigitte: Frauenspezifische/Feministische Arbeit mit Integrativer Gestalttherapie. In: Frauen beraten Frauen (Hg.): In Anerkennung der Differenz. Feministische Beratung und Psychotherapie, Gießen 2010, S. 135–146

Sickendieck, Ursel: Feministische Beratung. In: Nestmann, Frank / Engel, Frank / Sickendieck, Ursel (Hg.): Das Handbuch der Beratung: Ansätze, Methoden und Felder, 2. Aufl., Band 2, Tübingen 2004, S. 765–779

– / Engel, Frank / Nestmann, Frank: Beratung. Eine Einführung in sozialpädagogische und psychosoziale Beratungsansätze, 3. Aufl., Weinheim / München 2008

Thiessen, Barbara: Feminismus: Differenzen und Kontroversen. In: Becker, Ruth / Kortendiek, Beate (Hg.): Handbuch Frauen- und Geschlechterforschung. Theorie, Methoden, Empirie, Wiesbaden 2004, S. 35–41

Thürmer-Rohr, Christina: Alter und neuer Feminismus – Die Wahrheit über eine zweigeschlechtliche Welt gibt es nicht. In: Bundesverband Frauenberatungsstellen und Frauennotrufe/Frauen gegen Gewalt e. V. (Hg.): Standpunkte gegen Gewalt 2007. Kooperation, Qualität, politische Perspektiven. Dokumentation der Fachtagung in Freising 2007, S. 50–62

Zehetner, Bettina: „Schnipselkörper" und subversives Begehren. In: Frauen beraten Frauen (Hg.): In Anerkennung der Differenz. Feministische Beratung und Psychotherapie, Gießen 2010, S. 237–242

7.7 Die Beratung pflegender Angehöriger

Anne-Christin Kunstmann und Brunhild Sander

Angebote zur Unterstützung der familialen Pflege und zur Beratung pflegender Angehöriger leiten sich aus den langjährigen Diskussionen zur häuslichen Pflege und zahlreichen Forschungen ab, die seit der Etablierung der Pflegeversicherung 1995 durchgeführt wurden. Bereits vor deren Einführung wird z. B. davon ausgegangen, dass in der deutschen „Pflegelandschaft" das familiale Hilfesystem eindeutig dominiert. Die seitdem durchgeführten Studien widerlegen denn auch den Mythos von leichtfertig in Institutionen abgeschobenen, pflegebedürftigen und/oder alten Menschen kontinuierlich. Gleichwohl wird die Zukunft der familialen Pflege in verschiedener Hinsicht für unsicher und aus sozialpolitischen Gründen für stabilisierungsbedürftig gehalten. Die Beratung zur familialen Pflege versteht sich sowohl als *psychosoziale Beratung,* wie dies zum Beispiel vom Bundesverband der Angehörigenberatung oder von der Alzheimer-Gesellschaft vertreten wird, wie auch als *Sozialberatung* (vgl. Thiersch 1993), wenn vor allem Beratung über das Pflegeversicherungsgesetz gemeint ist. Welche Beratungsvorstellungen die derzeit sich institutionalisierenden Pflegestützpunkte haben, ist noch nicht geklärt. An der Universität Bielefeld wird die Beratung von Angehörigen als *sozialpädagogische Beratung* im Sinne von Hans Thiersch verstanden, da die familiale Pflege hier als Entwicklungsaufgabe interpretiert wird, in der ein deutliches soziales und alltagsbezogenes Lernen in Familien stattfinden muss, um u. a. den Anforderungen der Sorge zu entsprechen.

7.7.1 Befunde zur familialen Pflege – eine Skizze

Die Befunde und Diskussionen zur familialen Pflege verweisen auf verschiedenen Ebenen auf die Instabilität der familialen Pflege und auf die Notwendigkeit einer Implementierung von Unterstützungs- und/oder Beratungsangeboten. Was die Zukunft der Sorge und Pflege in Familien betrifft, erscheint die Gesellschaft gespalten: Einerseits wird die große Belastung betont, die gesellschaftliche Beschleunigung und damit verbunden die alltäglichen Schwierigkeiten, sich um einen alten Menschen in der Familie kümmern zu können, andererseits hält der Gesetzgeber an der Bedeutung der familialen Pflege fest. Sie wird als wichtige Institution bei der Bewältigung des demografischen Wandels verstanden und genießt Vorrang vor der professionellen Pflege und der Versorgung im Heim. Die sozialpolitische Deutung der späten, pflegenden Familie als nützliche Institution verdeckt jedoch verschiedene Widersprüche innerhalb der Familie wie zum Beispiel die Frage der *Gerechtigkeit* bei der Pflege oder Widersprüche in Bezug auf das *Verhältnis von professioneller und privater Pflege.* Bei aller rhetorischen Akzeptanz der späten Familie und der familialen Sorge sind pflegende Angehörige sozialrechtlich benachteiligt, beruflich unter schwerem Druck und innerhalb der Familie sehr häufig wenig akzeptiert und anerkannt (Gröning / Kunstmann 2008). Schließlich kommen Wunsch und Wille der älteren Menschen selbst hinzu. Auch diese sind einem deutlichen Wandel unterworfen.

Beispielhaft werden im Folgenden drei Facetten der Diskussion zur häuslichen Pflege beleuchtet, wobei jeweils die Konsequenzen skizziert werden, die sich für die Beratung aus den genannten Perspektiven ableiten. Für Berater und Beraterinnen in diesem Feld stellen diese wissenschaftlichen und sozialpolitischen Diskurse ein wichtiges Hintergrundwissen dar. Sie zu verstehen und sich mit ihnen auseinanderzusetzen ist für die Standortfindung einer „guten Beratung“ von hoher Bedeutung.

1. Demografischer Wandel und Auflösung traditioneller Strukturen

Problematisiert werden erstens *demografische Veränderungen und gesellschaftliche Modernisierungsprozesse.* Weil in der „alternden Gesellschaft“ (Naegele / Tews 1993) immer weniger junge Menschen für die Versorgung immer mehr alter und sehr alter Menschen aufkommen müssen, wird angenommen, dass sich sowohl die Asymmetrien im Generationenverhältnis auf gesellschaftlicher Ebene als auch die Bedingungen familialer Altenfürsorge verschärfen. Aufgrund gesellschaftlicher Modernisierungsprozesse lösen sich – so die These – traditionelle Familienstrukturen auf und vormals gültige Normen, Sicherheiten und verbindliche Versorgungszusammenhänge werden fragil. Die Prognose lautet, dass die familiale Altenfürsorge nicht mehr „zu jedem Preis“ übernommen und insbesondere die derzeit hohe Pflegebereitschaft der Frauen sinken werde. Damit würden mittelfristig familiale Unterstützungsoptionen verloren gehen. Zwar lässt sich diese Prognose empirisch bislang nicht bestätigen, weil die familiale Pflegebereitschaft ungebrochen ist, sie bildet jedoch eine wesentliche Argumentationsgrundlage für die Etablierung von Beratungs- und Entlastungsangeboten für die häusliche Pflege.

Kritisch an dieser Sicht auf die familiale Pflege ist, dass sie auf einem funktionalen Verständnis basiert: Familiale Pflege wird unter ökonomischen Gesichtspunkten und hinsichtlich der Integration alter, ggf. pflegebedürftiger Menschen als gesellschaftlich nützlich betrachtet und gilt deshalb als unterstützungswürdig. Wird eine solche Interpretation zur Basis von Beratung, birgt dies das Risiko, dass auch hier die Fürsorge funktional betrachtet und versachlicht wird: als eine zweckrationale Form der Zuwendung, als eine zu organisierende Dienstleistung, als umzusetzende Pflegetechnik. Die Lebenswirklichkeit der Familien, ihr Verständnis von Fürsorge und ihre emotionalen Gründe, die Pflege zu übernehmen, sowie die Anforderung, ihren Alltag mit einem pflegebedürftigen Familienmitglied zu gestalten, drohen dann aus dem Blick zu geraten. Gleichzeitig würde eine funktionale Vorstellung von Familie zur Beratungsgrundlage, nämlich das Bild von der Familie als Zweckgemeinschaft, in der die Entscheidung zur Pflege primär aus Gründen der Konventionen oder des Kalkül getroffen wird.

2. Pflege als Belastung
Stabilisierungsbemühungen leiten sich zweitens aus den Befunden zu den Belastungen durch die Pflege ab. Hier zeichnen quantitative und qualitative Studien ein insgesamt pessimistisches bis dramatisches Bild der daraus resultierenden gesundheitlichen und sozialen Konsequenzen für die Pflegenden. Die Dokumentation der mit der Pflege verbundenen Anforderungen hat erheblich dazu beigetragen, ein gesellschaftliches Bewusstsein für die Bedeutung der familialen Altenfürsorge zu schaffen und auf einen prinzipiellen Interventionsbedarf im Feld familialer Pflege aufmerksam gemacht. Die diesbezüglichen Forschungsergebnisse sind sozialpolitisch vor allem in der Diskussion zur Einführung der Pflegeversicherung aufgegriffen worden und bleiben z. B. im Zusammenhang mit Fragen zur Reformierung des Gesetzes relevant. Bedeutsam sind die Befunde der Belastungsforschung auch deshalb, weil sie die Pflege generell als kritisches Lebensereignis konzeptionalisieren: Die Pflegeverantwortung gilt als prinzipiell und universell – wenngleich auch graduell unterschiedlich stark – belastend, weil die Pflege nicht nur mit spezifischen unvermeidbaren Belastungsfaktoren verbunden ist, sondern auch, weil Krankheit und/oder Pflegebedürftigkeit per se psychosozialen Stress auslösen, da zumindest der Beginn der Pflegeverantwortung sowie Zuspitzungen im Pflegeverlauf verunsichernd oder bedrohlich wirken.

Problematisch an dieser Sicht auf die familiale Altenfürsorge und Pflege ist, dass mit Ausnahme der unvermeidbaren Belastungsfaktoren sämtliche sowohl individuelle als auch familiale und gesellschaftliche Einflüsse auf die häusliche Pflege unberücksichtigt bleiben. Dies hat den paradoxen Effekt, dass der Blick darauf, durch welche Einflüsse die Belastung (potenziell) moderiert werden kann, verstellt wird. Für die Beratung relevant ist das z. B. bezogen auf die Gestaltung spezifischer Anforderungen an die Pflegenden: Wenn die Pflege eines Familienmitglieds prinzipiell belastend ist, wäre es unerheblich, ob der Hilfebedarf plötzlich auftritt oder sich langsam entwickelt; es wäre nachrangig zu thematisieren, unter welchen Voraussetzungen und aus welchen Motiven die Pflege übernommen wird; es bliebe ohne Einfluss, von wem die Hilfeleistung verantwortet und übernommen wird etc. Hinter dieser Perspektive auf die familiale Pflege steht die Vorstellung, den Belastungen durch die Pflege könne durch Angebote zur partiellen Entlastung der Hauptpflegeperson strukturell begegnet werden. Optionen der Beratung leiten sich aus dieser Sicht allerdings letztlich nur im Hinblick auf eine Information zu entlastenden institutionellen Angeboten der (partiellen) Versorgung der Pflegebedürftigen ab.

Um zu vermeiden, dass mögliche belastungsmoderierende Einflüsse analytisch ausgeklammert werden, haben weitere Forschungen zu den Belastungen pflegender Angehöriger deren subjektive Wahrnehmung, Interpretation und Verarbeitung einbezogen. Stress und Belastung werden hier nicht als objektiv gegeben, sondern als subjektiv gebrochen verstanden. Damit wird ergänzend *das subjektive Belastungserleben der Pflegenden* berücksichtigt, das, so die Annahme, wesentlich für die Übernahme und Aufrechterhaltung der Pflegeverantwortung ist. Ausgehend von dieser Perspektive können nicht nur die Belastungen, sondern auch die Potenziale zur Bewältigung thematisiert werden. In diesem Kontext sind z. B. die Persönlichkeit der Pflegenden oder die Motive zur Pflege relevant.

Für die Beratung von pflegenden Angehörigen ist dies deshalb wichtig, weil die aktive Auseinandersetzung mit der Belastung und ihrer angemessenen Bewältigung als bedeutsam anerkannt wird. Nicht nur Informationen über Entlastungsangebote oder über Zugangs- und Finanzierungsmöglichkeiten sind dann Beratungsinhalt, sondern Beratung ist deutlicher reflexiv und lebensweltorientiert zu konzipieren. Sie könnte dadurch eine offensive Auseinandersetzung mit als problematisch erlebten Situationen sowie die Nutzung wirkungsvoller Bewältigungsstrategien unterstützen. Das Risiko für die Beratung liegt hier allerdings darin, dass ein eher klinischer Blick auf die Pflege und die Pflegenden eingenommen wird: Konflikte und Belastungen werden individualisiert, als Teil der Persönlichkeit der Pflegenden sowie der Beziehung zwischen Pflegenden und Pflegebedürftigen interpretiert.

3. Pflegende Frauen
Als Indiz für die Instabilität der familialen Pflege gilt drittens, dass für die familiale Pflege selbst eine *dyadische Struktur* zwischen einer meist weiblichen Pflegeperson und dem pflegebedürftigen Menschen charakteristisch zu sein scheint. Die Situation der pflegenden Frauen wird in der Forschung unter verschiedenen Perspektiven, meist entlang der Dimensionen „Belastung und Stress", „soziale Unterstützung und Motivation der Pflegeübernahme" analysiert. Pflegende Frauen unterliegen demnach der Gefahr, durch die Pflege „auszubrennen", sind von Überforderung, Autonomieverlust und dem Verlust sozialer Netzwerke bedroht. In diesem Zusammenhang wird auch auf die weitgehende Alleinverantwortung der (weiblichen) Hauptpflegeperson verwiesen, da eine Unterstützung durch andere Familienmitglieder eher indirekt, sporadisch oder lediglich zeitlich begrenzt erfolgt und die Inanspruchnahme formeller Hilfe auch nach Etablierung der Unterstützungsleistungen durch das Pflegeversicherungsgesetz unerwartet gering bleibt.

Mit der *Dualisierung der häuslichen Pflege* wird ein familiendynamischer Prozess beschrieben, der zumeist damit beginnt, dass die Familie, wenn sich die Frage der Pflegeverantwortung stellt, möglichst nach Normalisierung und Integration des Pflegebedürftigen strebt (vgl. Gröning / Kunstmann / Rensing 2005). In den meisten Fällen heißt „Normalisierung" allerdings, dass eine Hauptpflegeperson sich verantwortlich um den Hilfebedürftigen kümmert, während die anderen Familienmitglieder möglichst wie bisher „normal" weiterleben. Die Rollen innerhalb der Familie ändern sich unter diesen Bedingungen wenig, die Bedürfnisse und Erwartungen der anderen Familienmitglieder werden an die neue Situation kaum angepasst, Fürsorge- und Pflegeverantwortung werden nicht in das familiale Netz integriert. Vielmehr spalten sich Rollen und Verantwortlichkeiten in der Familie, was zur Folge hat, dass die Pflegenden mit der Verantwortung für den pflegebedürftigen Menschen zumeist allein sind (vgl. Gröning / Kunstmann / Rensing 2005). Statt helfend und haltend reagieren Familienmitglieder konkurrierend und eifersüchtig, betonen eigene Ansprüche oder grenzen sich ab. Die Folge ist, dass sich die Pflegepersonen emotional isoliert und moralisch unter Druck gesetzt fühlen, zumal auch Konflikte in der Herkunftsfamilie auftreten können, weil z. B. Geschwister in relativer Autonomie entscheiden, ob und wann sie die Pflegeperson unterstützen. Die Versuche der Pflegenden, allen Anforderungen „gerecht zu werden", scheitern fast zwangsläufig. Bereits in dieser *innerfamilialen Isolation* des Pflegeverhältnisses liegt ein beachtliches Risiko. Gehen diese Spaltungen mit dem Geschlecht einher, sind es also die Frauen, die Fürsorge und mitmenschliche Verantwortung übernehmen, so reproduziert die Pflegeverantwortung die Geschlechterhierarchie und wird zum Mittel der Durchsetzung einer patriarchalischen Ordnung. In dem Maße, wie die Pflege auch gesellschaftlich so angelegt und buchstabiert ist, ändert sich ihr Charakter: Sie büßt ihre moralische Legitimation ein und wandelt sich von der Solidarität und Fürsorge zur *billigen Lösung* auf Kosten der Frauen (Gröning / Kunstmann / Rensing 2005; Kunstmann 2010).

Es sind aber nicht primär diese Aspekte der „Weiblichkeit der Hilfe" (Blinkert / Klie 1999) – nicht die Alleinverantwortlichkeit für die Pflege wegen geringer Unterstützung durch die Familie, nicht die geschlechtsspezifisch strukturierte Form, in der die „familiale" Pflege geleistet wird, nicht die Überforderung infolge einer gewissen Anspruchsinflation, mit der pflegende Frauen konfrontiert sind –, die als Risiko für die familiale Pflege diskutiert werden. Vielmehr wird argumentiert, die Zukunft der Altenfürsorge sei prekär, weil die Frauen in ihrer Bereitschaft zur Übernahme der Pflege nachließen. Für diese Argumentation ist die These zentral, zunehmende Individualisierungstendenzen würden zu einem Wandel der weiblichen Normalbiografie und einer deutlicheren Berufsorientierung führen, was negative Konsequenzen für die Zukunft der Altenfürsorge habe, weil eine relative Unvereinbarkeit von Beruf und Pflege bestehe. Entsprechend werden nicht die Möglichkeiten einer *Gestaltung der Pflege* als „familiales Projekt" (Gröning / Kunstmann / Rensing 2004, 2005) durch Einbeziehung aller erwachsenen Familienmitglieder diskutiert, sondern die Diskussion dreht sich um die Möglichkeiten der Vereinbarkeit von Erwerbstätigkeit und Pflege (für Frauen). Dies geht einher mit einem Plädoyer für eine Ausweitung ambulanter und teilstationärer Angebote zur Versorgung Pflegebedürftiger im Rahmen eines Pflege-Mix. Familiendynamische Prozesse wie die Dualisierung der häuslichen Pflege oder innerfamiliale und gesellschaftliche Machtverhältnisse, die in eine Feminisierung der Fürsorgeverantwortung münden, werden systematisch ausgeblendet, die Analysen der familialen Pflege bleiben einseitig und unzureichend.

Für die Beratung pflegender Angehöriger ist die Übernahme dieser Perspektive auf die häusliche Pflege problematisch, da zu erwarten ist, dass auch hier das Problem des dualisierten Pflegeverhältnisses, das Problem der Anerkennungs- und Aushandlungsdefizite und das Problem des Mangels an innerfamilialer Gerechtigkeit weitgehend unberücksichtigt bleiben. Die Familie würde eher im Umfeld der „eigentlichen Pflegebeziehung" zwischen Pflegebedürftigen und (weiblichen) Pflegenden verortet, wodurch eine Polarisierung zwischen den Pflegenden und ihren Familien im ungünstigsten Fall noch forciert und die Dualisierung der Pflegebeziehung, also eine höchst problematische Pflegekonstellation, institutionalisiert wird. Fragen zur Familiendynamik und zu weiteren Einflüssen auf die Pflegearrangements, in denen Frauen pflegen, die z. B. verschiedenen Generationen angehören, in unterschiedlichen familialen Konstellationen leben und unterschiedliche emotionale Beziehungen und Bindungen zu den Hilfebedürftigen haben, blieben dann unreflektiert. Ebenso Fragen zu spezifischen Anforderungen, mit denen pflegende Frauen konfrontiert sind, und Fragen zu ihrem Erleben, zur Bedeutung der Pflege in ihrer Biografie und dem subjektiven Sinn der Übernahme von Fürsorge- und Pflegeverantwortung (vgl. Kunstmann 2010).

Aus den skizzierten theoretischen Zugängen und den Interpretationen der empirischen Daten zur familialen Pflege leiten sich implizit oder explizit Konzepte der Arbeit mit pflegenden Angehörigen ab. Im Weiteren werden deshalb die wesentlichen Angebotsformen zur Angehörigenberatung knapp beschrieben und bezugnehmend auf die Situation der pflegenden Familien sowie hinsichtlich ihrer Anschlussfähigkeit an die pädagogische Beratung reflektiert.

7.7.2 Angebote zur Beratung pflegender Angehöriger

Ausgehend von der Frage, wie pflegende Angehörige dabei unterstützt werden können, die häusliche Pflege aufrechtzuerhalten, entwickelten sich erste Angebote zur Angehörigenberatung in den 1980er Jahren. Seit 1991 existiert die Bundesarbeitsgemeinschaft der Beratungsstellen für alte Menschen und ihre Angehörigen (BAGA). 1995 wurde die Notwendigkeit einer Etablierung von Beratungs- und Bildungsangeboten mit den Bestimmungen der Pflegeversicherung prinzipiell anerkannt und mit Inkrafttreten des Pflege-Weiterentwicklungsgesetzes 2008 wurde ein *Anspruch auf Pflegeberatung* gesetzlich verankert. Angebote zur Beratung von pflegenden Angehörigen sind inzwischen Regelangebote im Kontext der Altenhilfe geworden. Sie werden neben den im § 37 SGB XI verankerten Pflichteinsätzen, die als Sondersituation im Feld der Beratung pflegender Angehöriger per Gesetz vorgeschrieben sind, als Sach- und Sozialberatung bzw. als Case-Management sowie als psychosoziale Beratung und in Form von Gesprächsgruppen für Angehörige durchgeführt.

Die Beratung pflegender Angehöriger nach den Bestimmungen des SGB XI

Die Pflegeversicherung (SGB XI) folgt der Idee des Wohlfahrtspluralismus und propagiert eine neue Kultur des Helfens, an der sich Markt und Staat, zum Teil auch mit Angeboten, die für die Angehörigen verpflichtend sind, beteiligen. Die Notwendigkeit einer Etablierung von Beratungs- und Bildungsangeboten wird mit den Bestimmungen des SGB XI grundsätzlich anerkannt. Vorgesehen sind hier sowohl die Möglichkeit einer kostenlosen Teilnahme an Pflegekursen für Angehörige und ehrenamtliche Pflegekräfte als auch die verpflichtende Nutzung regelmäßiger Pflegeberatung bei Bezug von Geldleistungen.

Kurse zur Hauskrankenpflege werden faktisch als das zentrale Element der Angehörigenbildung aufgefasst – entgegen der gesetzlichen Zielvorgabe, ein möglichst breit gefächertes Spektrum von Bildungsangeboten zu etablieren. In diesen Pflegekursen steht die Vermittlung von „Fertigkeiten für eine eigenständige Durchführung der Pflege“ (§ 45 SGB XI) deutlich im Vordergrund. Daneben werden zum Teil Gefühle der Be- bzw. Überlastung sowie Ängste angesichts der Anforderungen der Pflege thematisiert. Allerdings konzentriert sich das Berufsgruppenkonzept des Gesetzes nicht auf Pädagogen, Pädagoginnen oder Sozialarbeiter, sondern primär auf die Pflegeberufe (Gröning 2006). Dadurch sind die Angebote zur Bildung von pflegenden Angehörigen, die nach Einführung des Pflegeversicherungsgesetzes konzipiert wurden, vorrangig *verrichtungsorientiert* und zielen auf die Vermittlung von pflegebezogenen Informationen und Fertigkeiten. Die Prozessplanung der Kurse ist stark themen- und nur wenig teilnehmerorientiert, wobei die Themen wiederum stärker pflegefachlichen denn lebensweltorientierten Fragestellungen folgen und wenig bis gar keinen Raum für reflexive Elemente lassen (Sander 2005). Dies widerspricht der ursprünglichen Intention einer „Unterstützung bei seelischen und körperlichen Belastungen, (dem) Abbau von Versagensängsten, (dem) Erfahrungsaustausch der Pflegepersonen untereinander“ (Begründung der Bundesregierung, nach Klie 1999, S. 234).

Die auf pflegerische Verrichtungen konzentrierten Kurse sind einerseits thematisch „überfrachtet“, andererseits werden wesentliche Themen nicht angesprochen und bearbeitet (Gröning 2006, S. 231ff.). Anerkennungskonflikte, Beziehungsdynamiken oder das Thema der Geschlechtergerechtigkeit in der familialen Pflege können sowohl aufgrund des methodisch-didaktischen Vorgehens, das Schulungscharakter hat und ein prozessorientiertes, reflexives Lernen tendenziell ausschließt, als auch aufgrund der Orientierung an pflegefachlichen Prinzipien statt an der Lebenswelt der Pflegenden, nicht angemessen aufgegriffen werden. Die Kurse stehen überdies in keinem systematischen Zusammenhang zu weiteren, die häusliche Pflege unterstützenden Angeboten der Pflegeversicherung (a. a. O.).

Mit § 37 des Pflegeversicherungsgesetzes ist eine Form der *Pflichtberatung* für diejenigen pflegenden Angehörigen geschaffen worden, die Geldleistungen nach SGB XI in Anspruch nehmen: Mit der Gewährung von Pflegegeld ist die Auflage verbunden, je nach Pflegestufe in viertel- bzw. halbjährlichem Abstand eine Pflegeberatung durch eine zugelassene Pflegeeinrichtung nachzuweisen. Diese soll einerseits fachliche Unterstützung und Beratung bieten, um die Pflegebereitschaft und -fähigkeit der Pflegenden zu erhalten und soll andererseits der Qualitätskontrolle der häuslichen Pflege dienen. Wird die „Beratung“ im Rahmen der sogenannten Pflichteinsätze nicht abgerufen, ist die Pflegekasse verpflichtet, das Pflegegeld zu kürzen bzw. im Wiederholungsfall zu entziehen.

Diese Form der „Beratung“ für pflegende Angehörige ist in verschiedener Hinsicht hoch problematisch und mit den Prinzipien pädagogischer Beratung unvereinbar (vgl. Kunstmann 2010): Erstens wird eine Form der Pflichtberatung etabliert, die für die familiale Pflege ein Spannungsfeld von Beratung und Kontrolle eröffnet, weil der Leistungsbezug mit einem Beratungs- und Begutachtungszusammenhang verknüpft wird. Eine prinzipiell mögliche alltagsnahe, lebensweltbezogene und aufsuchende Ausrichtung der Beratung pflegender Angehöriger wird dadurch konterkariert. Zweitens erfolgt die Beratung nicht ergebnisoffen, sondern explizit unter der Zielvorgabe, auf eine Entlastung der Pflegepersonen hinzuwirken, damit die häusliche Pflege weiterhin ermöglicht und die Aufnahme der Pflegebedürftigen in eine stationären Einrichtung verhindert werden kann. Dieser *ergebnisorientierten Ausrichtung* der Beratung werden die Bedürfnisse der Angehörigen letztlich untergeordnet. Da Angehörige drittens ausschließlich oder schwerpunktmäßig bezogen auf ihren „Einsatz“ für die Pflegebedürftigen, also als funktional für die Erhaltung der häuslichen Pflege, gesehen werden, steht eine Vermittlung pflegetechnischer Fertigkeiten im Zentrum der Pflichtberatung. Darüber hinausgehende Beratungsbedürfnisse der pflegenden Angehörigen werden durch die funktionale Perspektive, die das SGB XI vorgibt, weitgehend ausgeblendet. Hinzu tritt viertens, dass Pflegeeinrichtungen die „Beratung und Hilfestellung“ gewährleisten sollen. Mit diesem Verfahren wird nicht nur ein asymmetrisches, hierarchisches Verhältnis zwischen professionell und privat Pflegenden angelegt, sondern es ist auch davon auszugehen, dass die Beratung nicht frei von Trägerinteressen angeboten werden kann. Zusammen mit der funktionalen und punktuellen Ausrichtung der Beratung durch Mitarbeiter und Mitarbeiterinnen der sozialen Dienste führt dies letztlich zu einer widersprüchlichen Wirkung auf die familiale Pflege. Zwar wird die Pflege zunächst stabilisiert, indem Angehörige auf praktischer Ebene entlastet werden, gleichzeitig aber wird die familiale Altenfürsorge und -pflege durch die Institutionalisierungsinteressen der Anbieter geschwächt. Die Pflichtberatungen nach § 37 SGB XI stehen damit in einem deutlichen Widerspruch zu den Prinzipien einer vertrauensvollen, zieloffenen und prozessorientierten Beratungstätigkeit, die zu einer wirksamen Entlastung der pflegenden Angehörigen beitragen könnte.

Die Sachberatung und das Case-Management

Die Sach- und Sozialberatung erfolgt entweder als allgemeine Pflegeberatung oder als spezielles Angebot, z. B. als Beratung im Problemfeld Demenz, kommunal oder in freier Trägerschaft über Angebote der Seniorenberatung und mittels unterschiedlich ausgerichteter Beratungsangebote für pflegende Angehörige. Sie bezieht sich primär auf die *Wissens- und Informationsvermittlung*, insbesondere im Hinblick auf Rechtsansprüche der Klienten und auf medizinisch-pflegerische Sachfragen. Gesamtziel der Beratung ist die Vernetzung und Integration vielfältiger möglicher Hilfen. Die Beratung erfolgt vorrangig punktuell. Die meisten Beratenden haben lediglich Einzelkontakte zu pflegenden Angehörigen; zum Teil erfolgt eine Informationsvermittlung auch oder ausschließlich telefonisch (Gröning / Kunstmann / Burmann / Radtke-Röwekamp 2008). Eine prozessorientierte Beratung und Begleitung der pflegenden Angehörigen ist zumeist nicht vorgesehen.

Sowohl vor der Pflegeübernahme als auch im Pflegeverlauf nutzen Angehörige das Angebot, um sich über Leistungen der Pflegeversicherung und andere sozialrechtliche Leistungen zu informieren. Gegebenenfalls finden juristische Fragen, zum Beispiel bezüglich der Einrichtung eines rechtlichen Betreuungsverhältnisses, Berücksichtigung. Daneben werden Empfehlungen zur konkreten Entlastung der Angehörigen ausgesprochen, die sich zum Teil auf die Ebene persönlicher Problemlösungsstrategien beziehen, meistens aber funktional auf die Pflege als Verrichtung orientiert sind (Gröning / Kunstmann / Rensing 2005). Die Beratenden versuchen beispielsweise, den Bedarf an pflegerischen Hilfsmitteln zu ermitteln, Möglichkeiten der Wohnraumgestaltung zu besprechen und Kenntnisse über spezifische Pflegetechniken zu erfragen. Die Angehörigen werden dann sowohl über allgemeine Angebote als auch über spezifische Unterstützungsmöglichkeiten in ihrer individuellen Situation informiert und oftmals gezielt an andere Institutionen weiterverwiesen.

Als Krise der häuslichen Pflege wird zumeist bezeichnet, dass Angehörige über unzureichende Unterstützung verfügen bzw. zu wenige sozialstaatliche Angebote in Anspruch nehmen. Die Beratung in Krisen zielt folglich darauf ab, auf Hilfeangebote und Maßnahmen zur Entlastung der häuslichen Situation hinzuweisen und die pflegenden Angehörigen zu motivieren, diese in Anspruch zu nehmen. Dagegen finden „Reflexionen über die häusliche Situation, psychische Entlastungen der Angehörigen, Beistand, Hilfe bei familialen Konflikten im Sinne der Verhandlung und Unterstützung der Pflegeperson [...] im Kontext klassischer Sozialberatung nicht statt“ (Gröning 2006).

Die Beratung pflegender Angehöriger versteht sich zunehmend stärker als Form des Case-Managements, das als *umfassende und trägerunabhängige Beratung* propagiert wird. Hinter dem Begriff Case-Management steht jedoch kein einheitliches Konzept, sondern eine Vielzahl unterschiedlicher konzeptioneller Ansätze, denen aber das Beratungsverständnis eines Fall- und Versorgungsmanagements mit der Zielsetzung gemeinsam ist, primär eine *Lotsenfunktion* für die Angehörigen zu übernehmen. Das Case-Management ist als eine Weiterentwicklung der Infrastruktur innerhalb der häuslichen Versorgung zu verstehen und wird ab 2008 mit dem Pflege-Weiterentwicklungsgesetz (PfWG) als *zentrale Form der Pflegeberatung* etabliert. Diese Pflegeberatung soll in sogenannten Pflegestützpunkten, einer zentralen und trägerunabhängigen Anlaufstelle für Hilfesuchende, angeboten werden. Die Beratenden sollen die Aufgabe übernehmen, auch unter komplexen Bedingungen Hilfen abzustimmen und die vorhandenen Ressourcen im Gemeinwesen zur Hilfe und Unterstützung eines einzelnen Falls heranzuziehen (z. B. Seidl / Labenbacher 2007). Ziel ist eine Erhaltung und Qualitätssicherung der häuslichen Pflege durch Koordination und Netzwerkarbeit. Beratungsgespräche im Kontext des Case-Managements sollen die Entscheidungsfindung am Übergang zur Pflegeverantwortung erleichtern, indem sie die Umstrukturierung des Alltags begleiten bzw. die Wahl zwischen verschiedenen Versorgungsalternativen unterstützen.

Die Beratung wird seit 2008 qua Gesetz als *Fall- und Versorgungsmanagement* definiert und soll den Hilfebedarf der pflegenden Angehörigen systematisch erfassen und analysieren, um auf dieser Basis einen individuellen Versorgungsplan zu erstellen. Mit der Gesetzesänderung durch das Pflege-Weiterentwicklungsgesetz werden die Hilfen für Pflegebedürftige und ihre Angehörigen stärker strukturiert, die darauf bezogene Beratung hat unabhängig und umfassend zu erfolgen. Die Pflegeberater und -beraterinnen sollen auf die Durchführung erforderlicher Maßnahmen einschließlich deren Genehmigung durch den jeweiligen Leistungsträger hinwirken, die Durchführung des Versorgungsplans überwachen und ggf. einer veränderten Bedarfslage anpassen. Bei komplexen Fallgestaltungen ist der Hilfeprozess auszuwerten und zu dokumentieren.

Die positive Wirkung der Sach- und Sozialberatung im Feld der Beratung pflegender Angehöriger resultiert daraus, dass sie problemlösungsbezogene Strategien im Umgang mit pflegebedingten Fragen oder Belastungen in den Blick nimmt und entsprechende Bewältigungsstrategien seitens der Angehörigen unterstützt. Empirische Befunde, die für dieses Vorgehen sprechen, finden sich z. B. bei Christiane Goerlich (2001), die auf mehrere Untersuchungen hinweist, die eine bessere Eignung problemlösungsbezogener gegenüber gefühlsbezogener Strategien zur Bewältigung pflegebedingter Schwierigkeiten bestätigen. Die Gesetzgebung hat diese Perspektive mit der Implementierung des am Hilfebedarf orientierten Fallmanagements im Pflege-Weiterentwicklungsgesetz aufgegriffen.

Es wird jedoch deutlich, dass die Sach- und Sozialberatung ebenso wie das Case-Management darüber hinaus prinzipiell davon ausgehen, die Pflege sei ein sachliches Problem: Angenommen wird, die Klienten benötigten angesichts der Vielfalt von Zuständigkeiten, Angeboten und Organisationen vor allem Orientierungshilfen, um die prinzipiell verfügbaren Hilfen zu nutzen und damit die Pflege zu organisieren. Be- und Überlastungen werden entsprechend vorrangig als Ausdruck eines Defizits an Funktionalität verstanden, durch das sich der Alltag entstrukturiere. Eine wirksame Beratung, so kritisiert Gröning bereits 2006, geht jedoch über eine funktional ausgerichtete Wissensvermittlung hinaus und hat stärker die Dimensionen der Bildung und Begleitung pflegender Angehöriger zu berücksichtigen. Damit werden die lebenspraktische Entlastung und die Hilfe zur Bewältigung des Alltags zentral, eine letztlich auf eine zunehmende Institutionalisierung hin orientierte Unterstützung wird vermieden (Gröning 2006).

Die Case-Manager und -Managerinnen stehen dagegen zwar als prozessbegleitende Ansprechpartner zur Verfügung und sollen durch diesen kontinuierlichen Kontakt auf Veränderungen in der Lebenssituation individuell und zeitnah reagieren. Gleichwohl sollen die Angehörigen primär hinsichtlich der Organisation der Pflege durch Nutzung externer Hilfe unterstützt werden. Damit wird Beratung an den Erfordernissen des „Pflegemarktes" ausgerichtet und der Hilfebedarf der Pflegebedürftigen und ihrer Angehörigen wird als eine Überforderung bezogen auf ihre marktbezogene Handlungsautonomie aufgefasst. Indem sich der Beratungsansatz auf das Problemfeld des „richtigen Konsums" von Versicherungsleistungen im Sinne der Dienstleistungsphilosophie richtet, kommt der Beratung eine *Steuerungsfunktion am Markt* zu (Gröning 2006). Das Beratungsverständnis bleibt funktional und fokussiert einseitig die Unterstützung bei der Suche nach externer Hilfe. Die Schattenseiten der Pflegebedürftigkeit und der Pflege, die damit verbundenen Gefühle der Unsicherheit und des Unverstandenseins, die Bedeutung der Trauer angesichts der (drohenden) Verlusterfahrungen, die Gefühle der Abhängigkeit, Angst oder Aggression, die durch die Pflege ausgelösten Prozesse die zu Regression oder Resignation führen können, werden in diesem Beratungsverständnis dagegen ausgeblendet (Kunstmann 2010).

Die Beratung selbst bleibt auf das Pflegedual bezogen, weil auch das Case-Management die familialen Bedingungen der häuslichen Pflegearrangements vernachlässigt. Das Beratungsangebot richtet sich vielmehr an die Hauptpflegepersonen oder die pflegebedürftigen alten Menschen. Eine netzwerkorientierte Beratung in dem Sinn, dass die Gesamtfamilie Beratung erhält oder zumindest als Unterstützungsnetzwerk Berücksichtigung findet, wird nur selten angeboten (Gröning 2006, Kunstmann 2010). Hier ist insbesondere eine *stärkere Familiensensibilität* der Beratenden zu fordern. Wenn z. B. die Gesamtfamilie frühzeitig in Beratungskontexte einbezogen würde, könnten die Brisanz einer Alleinverantwortlichkeit thematisiert, weitere Familienmitglieder in die Fürsorgeverantwortung einbezogen und so die problematischen Prozesse einer Dualisierung und Totalisierung der Pflege ggf. vermieden werden. Damit würde der präventive Charakter der Beratung gestärkt.

Die psychosoziale Beratung

Die psychosoziale Beratung geht von der Annahme aus, dass neben der objektiven pflegebedingten Belastung insbesondere das subjektive Belastungserleben das Wohlbefinden der Angehörigen beeinflusst, ihren Pflegestil prägt und letztlich über den Fortbestand der häuslichen Pflege entscheidet. Angenommen wird zudem, das Belastungserleben sei wesentlich von der *gemeinsamen Biografie* der Pflegebedürftigen und Pflegenden beeinflusst. Entsprechend zielen psychosozial ausgerichtete Konzepte der Angehörigenberatung sowohl auf eine *Modifikation des Erlebens als auch des Verhaltens der pflegenden Angehörigen.* Dies erleichtert den konkreten Umgang mit den Erkrankten und senkt dadurch die Belastungen der Pflegenden. Ziel ist es, die Angehörigen in Richtung Autonomie zu unterstützen, so dass sie sich von den Ansprüchen der Pflegebedürftigen abgrenzen können. Wesentliche Voraussetzung ist in diesem Zusammenhang die Vermittlung eines Bewusstseins dafür, eigene Bedürfnisse ohne Schuldgefühle zuzulassen und gegebenenfalls eine Begrenzung der Pflege sowie eine Abgrenzung zu den Pflegebedürftigen zu akzeptieren (Bruder 1998). Die Konzepte psychosozialer Beratung beruhen in der Regel auf einer *Kombination verschiedener therapeutischer Ansätze* und richten sich vor allem an Angehörige dementiell Erkrankter. Die Orientierung auf diese Zielgruppe ist dadurch bedingt, dass die Ergebnisse der Belastungsforschung besonders hohe Anforderungen für diese pflegenden Angehörigen belegen und daraus einen spezifischen Unterstützungsbedarf ableiten.

Ausgangspunkt der psychosozialen Beratung ist erstens die Annahme, vor allem frühere Beziehungsstörungen zwischen Pflegebedürftigen und Pflegenden würden zu (konflikt)belasteten Pflegeverläufen führen (z. B. Wilz / Adler / Gunzelmann 2001). Zweitens werden fehlende oder zu gering ausgeprägte Ablösungsprozesse der erwachsenen Pflegenden, insbesondere angesichts dementieller Erkrankungen der Eltern, für problematisch gehalten (z. B. Wilz et al. 1998; Danielzik 2004). Klinische Begriffe der „Rollenumkehr“, der „Parentifizierung“ etc. werden genutzt, um familiendynamische Phänomene im Kontext der familialen Pflege zu beschreiben: Die pflegenden Angehörigen erscheinen vor diesem Hintergrund als in infantile Abhängigkeit verstrickt.

Es wird eine (fast) ausschließliche Konzentration auf die *individuelle Analyseebene* deutlich, die sich nochmal zuspitzt, weil sich die Aufmerksamkeit vor allem auf das Verhalten der Pflegenden gegenüber den Erkrankten und auf die Wahrnehmung von Belastungen richtet. Zudem wird das Verhalten des Pflegenden mit seiner Gesamtpersönlichkeit verknüpft, die wiederum unter einer einseitigen Defizitperspektive betrachtet wird. Es wird angenommen, dass die Übernahme fürsorglicher Verantwortung durch eine enorme Bedürftigkeit motiviert sei und die Pflegenden darüber hinaus sehr verletzlich und nicht autonom seien, weil sie die Pflegeverantwortung weitgehend unbewusst übernommen hätten (Gröning / Kunstmann / Rensing 2004). Damit werden Assoziationen zu erheblichen bis krankheitswertigen Beeinträchtigungen der Persönlichkeitsentwicklung pflegender Angehöriger zumindest nahelegt.

Das Beratungsverständnis basiert auf der Vorstellung, die Übergänge zwischen Beratung und Therapie seien „fließend“, der Beratungsbegriff sei „kaum in eindeutiger Abgrenzung von Psychotherapie definiert“ (Wilz et al. 1998, S. 238). Obwohl auf die unterschiedliche Klientel verwiesen wird – einerseits psychisch gesunde Angehörige pflegebedürftiger Menschen und andererseits das Vorliegen pathologischer Verarbeitungsmuster in Beziehungen – wird argumentiert, es ginge in der Praxis eher um graduelle Unterschiede, da bereits die „Thematisierung von Konflikten in der Durchführung der Pflege, des Erlebens der Angehörigen und ihrer Beziehung zum Kranken [...] implizit therapeutische Elemente" enthalte (Wilz et al. 1998, S. 239). Weil zudem aber Konflikte und Störungen in der Pflegesituation als in der gemeinsamen Lebensgeschichte begründet aufgefasst werden, wird *Beratung faktisch als Therapie* verstanden (Wilz / Adler / Gunzelmann 2001). Der Aspekt der Sach- und Sozialberatung tritt hinter den der Bearbeitung der Beziehungsebene deutlich zurück, weil auch die Inanspruchnahme von Unterstützungsangeboten als durch Beziehungsdynamiken beeinflusst gilt.

Dieser speziellen Auffassung von Beratung entspricht das methodische Vorgehen: Neben einer Kombination aus psychoedukativen Elementen im Hinblick auf Wissensvermittlung sowie Sachinformation werden Anleihen bei verschiedenen psychotherapeutischen Methoden, insbesondere kognitiv-behavioralen und systemischen, gemacht. Diese Akzentsetzung auf *psychologische Deutungsmuster* hat in der häuslichen Pflege derzeit Konjunktur und führt über die damit verbundene Defizitorientierung und die klinische Wende zu direkten Konsequenzen in der beraterischen Praxis: Wird Beratung mit einer an der systemischen Familientherapie orientierten Diagnostik und Intervention verbunden, ist dies insofern problematisch, als die systemische Familientherapie in einem klinischen Kontext entwickelt und ausdifferenziert wurde, in dem die neurotischen oder psychotischen Symptome einzelner Familienmitglieder fokussiert werden. Diese gelten vor dem Hintergrund deutlicher Kommunikations- und Beziehungsstörungen erstens als durch das familiale System mitverursacht. Zweitens erscheinen die Störungen innerhalb der Familie so gravierend, dass die Familienmitglieder unbewusst an der Aufrechterhaltung der Erkrankung des Indexpatienten/der Indexpatientin beteiligt sind. Aus der einseitigen Konzentration auf die psychischen Aspekte der Pflege resultiert zudem eine völlige Ausblendung von körperbezogenen Pflegeaufgaben:

> Während durch Wissensvermittlung über Krankheitsbild und -verlauf Verständnis und Akzeptanz für die Demenz gefördert werden sollen, wird die Vermittlung von pflegefachlichen Praktiken und körperbezogenen Pflegetechniken nicht angestrebt. Über (Hilfs)Angebote der professionellen Altenpflege wird informiert und zu ihrer Inanspruchnahme ermutigt, die Zusammenarbeit und Beziehungsgestaltung zwischen pflegenden Angehörigen und professionellen Pflegefachkräften werden gleichwohl nicht thematisiert
>
> *(Sander 2005, S. 4)*

Die pflegenden Angehörigen wirken in dieser Konzeption einerseits als Opfer der Pflege – woraus ihr Beratungs- bzw. Therapiebedarf abgeleitet wird. Gleichzeitig wird ihre Hilflosigkeit biografisch gedeutet und ihre (zumindest emotionale, durch die systemische Orientierung prinzipielle) Beteiligung an der Ausprägung der Konflikte im Pflegeprozess konstatiert. Damit werden die Angehörigen andererseits zur (Mit-)Ursache der Probleme in der Pflegesituation. Es erscheint mehr als fraglich, ob es problemadäquat ist, der Beratung eine solche Perspektive zugrunde zu legen. Vor allem die mit der Pflege häufig verbundenen Schuld- und Schamgefühle dürften durch den Blick auf die „Mitverantwortlichkeit“ der Pflegenden an den Beeinträchtigungen der Pflegebedürftigen eher noch verstärkt werden (Kunstmann 2010).

Hinzu tritt ein Zweites, nämlich dass zwar (unter einer systemischen Perspektive) der Blick auf die Familie gerichtet wird, gleichzeitig aber ausschließlich das Pflegedual zwischen pflegender und pflegebedürftiger Person in die Beratung einbezogen wird. So wird vorrangig das Gefühl der Pflegenden und nicht das Verhalten der weiteren Familienmitglieder problematisiert. Dadurch drohen nicht nur andere wesentliche Aspekte der familialen Pflege aus dem Blick zu geraten, sondern durch diesen Fokus werden die Belastungen der Pflege letztlich auch zum persönlichen Problem der Pflegenden. Statt die professionelle Unterstützung darauf auszurichten, welche innerfamilialen Ressourcen in Richtung einer gemeinsam getragenen generativen Verantwortung vorhanden und welche Potenziale zu mobilisieren sind, um die *Fürsorge als familiales Projekt* zu gestalten, wird die Dualisierung der Pflege determiniert.

Zudem ist mit der Defizitperspektive drittens das Risiko verbunden, problematische Eltern-Kind-Beziehungen und die damit verbundenen Folgen für die Pflegebeziehung systematisch überzubewerten. Die positiven Konnotationen der Pflege werden trotz ihrer Relevanz dagegen lediglich marginal diskutiert. Stattdessen werden vorrangig die negativen Aspekte der Pflegeverantwortung und die Beziehungsstörung fokussiert.

Gesprächsgruppen für pflegende Angehörige

Gesprächsgruppen für Angehörige sind ab den 1980er Jahren zunächst für Familienmitglieder psychisch kranker Menschen, dann auch für Angehörige alter, pflegebedürftiger Menschen gegründet worden. Die Gruppen sind hinsichtlich ihrer Struktur (bezogen auf die institutionelle Anbindung, die Gruppengröße, die Teilnehmenden und die Professionalität der Leitungen) sowie im Hinblick auf Konzeption und entsprechende Methoden sehr heterogen (Sander 2005). Das Angebot von Gesprächsgruppen trägt dem Bedürfnis der pflegenden Angehörigen Rechnung, sich über die eigenen Erfahrungen auszutauschen und gemeinsame Erfahrungen mit der Pflegeverantwortung zu teilen. Angehörigengruppen orientieren sich an der emanzipatorisch-politischen Idee der *Selbsthilfe,* weil erstens davon ausgegangen wird, dass Selbsthilfeprozesse die Reflexivität, die Eigenverantwortung und das Selbstbewusstsein stärker fördern als die Aneignung von Wissen über Experten bzw. Expertinnen und zweitens darauf abgehoben wird, die eigene Lebenssituation durch gemeinsames (auch politisches) Handeln zu verbessern.

Der Beginn der Pflegebedürftigkeit eines Familienmitglieds wird in den Konzepten für Gesprächsgruppen zumeist als Krise für die gesamte Familie verstanden. Angenommen wird, dass die notwendige Neustrukturierung des Familienalltags als Lernprozess verläuft, der durch Bildungsarbeit strukturiert und flankiert werden kann (Sander 2005). Gesprächsgruppen für Angehörige zeichnen sich zudem durch eine ausgeprägte (auch sekundär-)präventive Orientierung aus: Weil der Pflegeprozess nicht krisenfrei zu bewältigen sei, gehe es primär um einen adäquaten Umgang mit sowie um die Vermeidung einer Eskalation von Krisen.

Angehörigengesprächsgruppen zielen erstens auf die *Informationsvermittlung und einen Erfahrungsaustausch* über die Pflegesituation. Hier wird die Bedeutung positiver sozialer Vergleichsprozesse für wesentlich gehalten, weil der Austausch mit Menschen in ähnlicher Lebenssituation die Wahrnehmung einer alleinigen Betroffenheit relativiert und entlastet. Die Erfahrung, von anderen Gruppenmitgliedern als kompetent und hilfreich erlebt zu werden sowie Verständnis und Bestätigung durch die Gruppe zu erhalten, kann zu einer Stärkung des Selbstwertgefühls führen (vgl. Hedtke-Becker 1999, Fuchs 2000). Die zweite Zielebene richtet sich auf die *Schaffung eines sozialen Rückhalts.* Pflegende Angehörige sind häufig mit Unverständnis oder Desinteresse konfrontiert, so dass sich ihre sozialen Kontakte im Pflegeverlauf reduzieren und das Risiko einer sozialen Isolation zunimmt. Darüber hinaus unterstützen Angehörigengruppen drittens die Entwicklung veränderter oder neuer Lebensperspektiven, indem sie den Rahmen zur Erarbeitung konkreter Handlungsalternativen und der Erprobung neuer Bewältigungsstrategien bieten. Die Gruppen haben insofern emanzipatorischen Charakter, als sie den Teilnehmenden oft erstmals ein Forum bieten, ihre Bedürfnisse und Ansprüche (öffentlich) zu artikulieren und zu vertreten (Fuchs 2000).

Konzepte für Gesprächsgruppen für pflegende Angehörige (z. B. von Hedtke-Becker 1999 oder Fuchs 2000) zeichnen sich dadurch aus, dass eine einseitige Konzentration auf die pflegebedingten Belastungen tendenziell vermieden und die positiv konnotierten Aspekte der Pflege nicht ausgeblendet, sondern eher betont werden. Dadurch nehmen allerdings die Vermittlung pflegefachlichen Wissens sowie verrichtungsbezogener Pflegekompetenzen eine absolut randständige Position ein bzw. fehlen völlig (Sander 2005) Die Bedeutung gruppendynamischer Prozesse hinsichtlich der Entlastung Pflegender wird demgegenüber herausgestellt und der emanzipatorische Charakter der Gruppenarbeit hervorgehoben. Das Gespräch wird zum wichtigsten didaktischen Element der Gruppenarbeit.

Problematisch wirkt, dass Angehörigengruppen ihre Zielgruppe insofern homogenisieren, als sie von einer „Gleichheit über die Rolle der pflegenden Angehörigen“ ausgehen (Sander 2005, S. 19). Dabei wird ausgeblendet, „dass pflegende Kinder oder Schwiegerkinder für ihre Rollenfindung vor anderen Fragen stehen als pflegende Ehegatten. Ausgeblendet bleibt auch die Geschlechtsrolle“ (ebd.). *Die Bildungskonzepte sind zudem letztlich auf das Pflegedual begrenzt, auch wenn sie konzeptionell als Angebote zur Familienbildung angelegt werden.* Die Gründe für die Dualisierung der häuslichen Pflege: unzureichende Unterstützung und entsprechende Be- bis Überlastung, mangelnde soziale Anerkennung und deshalb misslingende Integration in die Gesamtfamilie, geraten aus dem Blick. Indem familiendynamische Prozesse wie die Dualisierung der häuslichen Pflege oder innerfamiliale und gesellschaftliche Machtverhältnisse, die in eine Feminisierung der Fürsorgeverantwortung münden, systematisch ausgeblendet werden, bleiben nicht nur die Analysen der familialen Pflege einseitig und unzureichend, auch der emanzipatorische Charakter des Bildungsangebots verflacht.

Die Angehörigen selbst beurteilen die Angehörigengruppen überwiegend positiv und zwar sowohl angeleitete Gesprächsgruppen als auch Selbsthilfegruppen pflegender Angehöriger. Beispielhaft ist hier auf die Expertise der Bundesregierung (Gräßel / Erdmann / Jansen / Tschainer 2002) zu verweisen, in der die insgesamt sehr hohe Zufriedenheit der Teilnehmer und Teilnehmerinnen von Angehörigengruppen betont wird.

Bei der Recherche zu Angeboten der Angehörigenberatung fällt auf, dass nur wenige Konzepte publiziert wurden und dies wiederum vor allem Ende der 1990er bzw. Anfang der 2000er Jahre. Schwerpunkte liegen hier auf der Vermittlung von Informationen und Problemlösungsstrategien, auf der Vermittlung pflegebezogenen Wissens und der Anleitung zu entsprechenden Fertigkeiten sowie der Vermittlung an Institutionen. Daraus lässt sich ableiten, dass der Beratung implizit ein *Verständnis der familialen Altenfürsorge als sachlichem Problem* zugrunde liegt: Die Expressivität der häuslichen Pflege erscheint als problematisch; Belastungen werden als Ausdruck eines Defizits an Funktionalität und Sachlichkeit im familialen Alltag gesehen. Familiendynamische Prozesse bleiben gleichwohl unberücksichtigt. Konzeptionelle Veränderungen in der Folgezeit leiten sich primär aus veränderten gesetzlichen Vorgaben ab und weniger aus einer (fach-)öffentlichen Auseinandersetzung zu den bestehenden Konzepten. Zumeist sind Beratungskonzepte jedoch expertokratisch ausgerichtet. Die Bedingungen der Angehörigenberatung lassen sich zudem insgesamt als geschlechterparadox beschreiben: Mehrheitlich werden Frauen von Frauen beraten, wobei die Klientinnen ein „typisches Frauenproblem" haben – eines, das als solches jedoch nicht in den Blick genommen und reflektiert wird.

Ein einheitliches Beratungsverständnis oder eine allgemeingültige Ausrichtung der Konzepte zur Beratung pflegender Familien ist derzeit nicht feststellbar. Die Vielzahl der angewandten Methoden scheint jedoch eher der unterschiedlichen Qualifikation der Beratenden zu entsprechen und sich aus dieser abzuleiten und weniger auf beratungstheoretischen Überlegungen zu basieren. Hier fällt allerdings die *klinische Wende in der Angehörigenberatung* auf, die Konflikte und Schwierigkeiten in der familialen Pflege individualisiert. Die gesellschaftlichen Rahmenbedingungen der häuslichen Pflege werden demgegenüber systematisch ausgeblendet. Dass sich z. B. die Deutungen der Konflikte pflegender Frauen beachtlich verändern, wenn die Familien auch unter dem Gesichtspunkt der Geschlechtergerechtigkeit betrachtet werden, die Konflikte dann nämlich zu politischen Konflikten um mehr Gerechtigkeit, mehr Anerkennung und mehr Freiheit werden, bleibt unbeachtet.

Außerdem zeigt sich, dass ein eigenständiges Profil pädagogischer Beratung, jenseits einer entweder funktionalen Ausrichtung oder einer therapeutisch klinischen Orientierung, im Feld der Angehörigenberatung nicht etabliert ist, obschon sich aus den bisherigen Ausführungen einige Forderungen ergeben, die in eine Akzentverschiebung der Beratungskonzepte in Richtung pädagogischer Beratung münden müssten.

7.7.3 Implikationen für eine pädagogische Beratung im Feld der Beratung pflegender Angehöriger

Familiale Altenfürsorge ist nicht, wie vielfach angenommen, automatisch ein familiales Solidaritätsprojekt, sondern häufiger ein familiendynamischer Prozess der Polarisierung von Aufgaben und Rollen, ein Prozess zunehmender innerfamilialer Isolation und Alleinverantwortlichkeit der pflegenden Töchter und Frauen, ein Prozess, der mit Anerkennungsdefiziten auch innerhalb der Familie verbunden ist, ein Prozess der zunehmenden Sprachlosigkeit und Konflikthaftigkeit. Solidarität und gemeinsame Verantwortung sind deshalb wichtige Entwicklungs- und Beratungsziele (Gröning / Kunstmann / Rensing 2004). Diese leiten sich aus einem Verständnis der familiendynamischen Prozesse im Kontext der Pflegeverantwortung ab.

Pflegeverantwortung und Familiendynamik
Die Pflegenden erleben während der Entscheidung für oder gegen die Übernahme der Pflegeverantwortung sowie im Verlauf der Pflege, dass sie mit den unterschiedlichen Ansprüchen der verschiedenen Familienmitglieder konfrontiert werden und fühlen sich als Vermittelnde zwischen den jeweiligen Interessen innerhalb der Familie. Mit der Hauptverantwortlichkeit übernimmt die Pflegeperson zugleich ein Mandat für den pflegebedürftigen Menschen und wird innerhalb wie außerhalb der Familie zu seinem Anwalt bzw. zu seiner Anwältin. Die Pflegeverantwortung kann dann zur Desintegration führen, wenn die Pflegeperson, zusammen mit dem pflegebedürftigen Menschen, quasi verlassen wird, weil andere Angehörige ihrem normalen Alltag weiterhin nachgehen, ohne die Pflege darin zu integrieren. Die Pflegebeziehung zwischen pflegebedürftiger und pflegender Person wird in diesem Prozess immer enger und gestaltet sich zunehmend in einem Pflegedual, während die Gesamtfamilie gespalten ist. Parallel wird die Bedeutsamkeit der Pflege im Lebenszusammenhang der Pflegeperson total. Ihre Lebenswelt verarmt und wird von der Pflege dominiert. Dieser Prozess der *Totalisierung der Pflege* ist immer auch abhängig von der jeweiligen psychischen Verfassung der Familienmitglieder und den in der Familie herrschenden Denkweisen und Überzeugungen. Diese können offen oder verdeckt, bewusst oder unbewusst, latent oder manifest in den skizzierten familiendynamischen Prozessen wirksam sein. Bedeutsam ist insbesondere, dass das klassische Pflegearrangement innerfa-

milial offenbar häufig als etwas verstanden wird, was nur oder vorrangig Frauen angeht und auf die Frauen beschränkt ist. Diese Definition der Pflege als „Frauensache" begünstigt einen Sprachverlust in der Familie: Die Pflegesituation wird nicht reflektiert, eine Veränderung des Pflegesettings erscheint nicht möglich. Dadurch scheint das Problem der Pflegeverantwortung letztlich polarisiert zu sein: *Pflege entweder zu den Bedingungen des klassischen Arrangements oder im Heim* (vgl. Gröning / Kunstmann / Rensing 2005).

In diesem familiendynamischen Prozess ist neben der eigenen Familie auch die Herkunftsfamilie der pflegenden Person bedeutsam. Geschwister sind für die Familiendynamik insofern wichtig, weil sie durch ihre Unterstützung eine Dualisierung und Totalisierung der Pflege verhindern bzw. mildern können oder umgekehrt durch ihre Verweigerung oder ihren Rückzug aus der Verantwortung diese Prozesse forcieren und sich die familiale Spaltung auch auf die Herkunftsfamilie ausdehnt. Gilt beispielsweise in der Herkunftsfamilie (unhinterfragt) die Regelung: „Wer erbt, der pflegt", heißt das zumeist, dass jene Familie, die z. B. mit im Haus der alten Eltern wohnt, die Pflege übernimmt und die Geschwister aus der Herkunftsfamilie ihnen die Pflege allein überlässt. Teilweise reagieren Geschwister hier mit großer Aggressivität auf Unterstützungswünsche oder -forderungen durch die Hauptpflegeperson (Gröning / Kunstmann / Rensing 2004). Das Fehlen der Geschwister im familialen Netzwerk verschärft die Pflegesituation zusätzlich, weil auch die klassisch akzeptierten Pausen von der Pflege, wie z. B. während eines Urlaubes, nur teilweise oder gar nicht genutzt werden können, weil die pflegende Person beispielsweise bei Schwierigkeiten in der Kurzzeitpflege auch in dieser Zeit ansprechbar bleibt. Ist die Haltung der Geschwister zur Pflege unabhängig von Erbregelungen, ziehen Geschwister individuelle Bilanzen und entscheiden relativ autonom, ob, wie häufig und in welcher Form sie die Pflegeperson unterstützen. Wichtig ist auch hier, dass sich die „Auswahl" der Pflegeperson empirisch primär abhängig vom Geschlecht darstellt: Es pflegen z. B. wesentlich mehr Schwiegertöchter als Söhne und die meisten alten Eltern erwarten eher von der Tochter als vom Sohn fürsorgliche und pflegerische Unterstützung. Insofern bestimmen die alten Eltern, teilweise lange vor Beginn der eigentlichen Pflege und zum Teil unabhängig von erbrechtlichen Vereinbarungen, die Gestaltung des Pflegeverhältnisses mit (vgl. Gröning / Kunstmann / Rensing 2004).

Ansätze zur Beratung pflegender Angehöriger haben sich bisher diesen familiendynamischen Dimensionen der Pflege kaum gestellt. Sie haben damit auch Fragen zur Generationen- und Geschlechtergerechtigkeit in pflegenden Familien systematisch ausgeblendet. Angesichts der Konflikte in der häuslichen Pflege haben sie sich stattdessen auf ein funktionales oder klinisch orientiertes Beratungsverständnis zurückgezogen. Sie haben dadurch die strukturellen Bedingungen der familialen Pflege, die Deutung der Pflegeverantwortung als „Frauensache", für die die Familie lediglich den Rahmen bietet und punktuell entlastend wirkt, reproduziert (Kunstmann 2010). Aus diesem Verständnis der familialen Pflege lässt sich kein tragfähiges Modell pädagogischer Beratung ableiten, die immer mit den emanzipatorischen Gedanken der Mündigkeit und der Aufklärung verknüpft ist und deshalb nicht vom sozialen Ort der Pflege und Fürsorge abstrahieren kann. Die Berücksichtigung der Familiendynamik im Feld der Angehörigenberatung verlangt folglich auf Seiten der Beratenden einen ethischen Standpunkt und eine reflektierte Sichtweise auf die Konflikte der Familien. Nur dann kann es im Rahmen der Beratung pflegender Angehöriger gelingen, die Feminisierung der familialen Pflege zu thematisieren und geschlechtergerechte Lösungen mit und für pflegende Familien zu entwickeln.

Obwohl bislang eher die Risiken für die Familie und die Hauptpflegeperson umrissen worden sind, eröffnet die problemorientierte Perspektive auf die familiale Pflege gleichzeitig den Blick auf die Potenziale und Chancen der Übernahme von Fürsorge- und Pflegeverantwortung. Die häusliche Pflege muss nicht zwangsläufig ein Risiko für die individuelle und familiale Entwicklung sein, vielmehr kann die Sorge für ein hilfebedürftiges Familienmitglied auch eine Phase der persönlichen Weiterentwicklung und der neuen Lernerfahrungen sein, kann als sinnhafte Lebensphase erlebt und in die eigene Lebens- und Familiengeschichte integriert werden. Um diesen Prozess beratend unterstützen zu können, erscheint es unabdingbar, die *Fürsorge und Pflege als Entwicklungsaufgabe* zu verstehen: als individuelle Entwicklungsaufgabe, hier kommt den gewachsenen Bindungen in der Familie erhebliche Bedeutung zu, und als familiale Aufgabe, in die unter der Maßgabe einer gestärkten Geschlechtergerechtigkeit alle erwachsenen Mitglieder einer Familie potenziell einbezogen werden.

Familiale Bindungen und häusliche Pflege

In der Beratung gilt es, den subjektiven Sinn von Fürsorge und Verantwortung in (familialen) Generationenbeziehungen herauszustellen. Dies kann in Anlehnung an *entwicklungspsychologische und bindungstheoretische Ansätze* gelingen, die die Relevanz der Gestaltung von Generationenbeziehungen und der Integration daraus resultierender Verantwortlichkeit in die individuelle Biografie betonen. Aus bindungstheoretischer Sicht ist hier relevant, dass prinzipiell von der *positiven Bedeutung enger Bindungen* auszugehen ist, von denen zudem angenommen wird, dass sie lebenslang wichtig bleiben. Damit wird Bindungen gegenüber eine grundsätzlich wertschätzende Haltung eingenommen: Die Fähigkeit, Bindungen einzugehen und zu erhalten, ist nach John Bowlby (1997) Zeichen psychischer Gesundheit. Dies gilt auch bei einer Intensivierung des Bindungsverhaltens in krisenhaften Situationen wie der Konfrontation mit Krankheit, Unterstützungs- oder Pflegebedürftigkeit. Die Intensivierung der Bindung ist nicht als Zeichen mangelnder Autonomie zu interpretieren, sondern als Ausdruck einer Suche nach Sicherheit und als Versuch, diese angemessen zu gewähren. *Autonomie* ist in einem bindungstheoretischen Verständnis die Basis, um nahestehenden Menschen gegenüber eine sensible Haltung einzunehmen, sie ermöglicht es, (wechselnde Phasen von) Unabhängigkeit und Abhängigkeit in die bestehende Beziehung zu integrieren und bildet damit überhaupt erst die Voraussetzung einer stabilen fürsorglichen und ggf. pflegerischen Verantwortungsübernahme. *Die Fürsorge für andere ist aus bindungstheoretischer Sicht ein Zeichen kompetenten Verhaltens.* Die Vorstellung, es könne „zu enge“ Bindungen geben, ist aus dieser Perspektive abwegig.

Für die Angehörigenberatung bietet die Bindungstheorie einen alternativen Interpretationsrahmen für die Beziehungen in pflegenden Familien: Insofern das bindungstheoretische Verständnis gegenläufig zu dem klinischen Blick auf die familiale Pflege ist, wird erstens eine Pathologisierung enger Bindungen und die darauf basierende Therapeutisierung der familialen Fürsorge und Pflege vermieden. In Anlehnung an die Bindungstheorie lässt sich zweitens auch die Vorstellung zurückweisen, die Übernahme von Fürsorge- oder Pflegeverantwortung erfolge unreflektiert oder auf Basis rationalen Kalküls. Vielmehr ist aus bindungstheoretischer Sicht davon auszugehen, dass Fürsorge Ausdruck einer ethischen Haltung und das Ergebnis eines Abwägungs- oder auch Aushandlungsprozesses ist, in dem die jeweiligen Bedürfnisse der Beteiligten vor dem Hintergrund der gemeinsamen biografischen Erfahrungen berücksichtigt werden. Die Entscheidung selbst folgt keinen Kosten-Nutzen-Rechnungen, sondern bleibt stark emotional geprägt, weil die Durchsetzung eigener Interessen durch die bewusste Rücksichtnahme auf die Bedürfnisse und die Bedürftigkeit des Gegenübers relativiert wird.

Für die konkrete Beratungspraxis ist die bindungstheoretische Sicht auf die familiale Pflege hilfreich, weil sie sich eignet, das emotionale Gefüge pflegender Familien zu verstehen. Die positiven, tragfähigen Beziehungen in der Familie und die emotionale Nähe zu den pflegebedürftigen Familienmitgliedern werden wahrnehmbar und als mögliche Gründe für die Übernahme oder Aufrechterhaltung der Pflegeverantwortung reflektierbar. Im Weiteren ginge es dann in der Beratung um eine *Gestaltung der (Pflege-)Beziehung* im Sinne der Verbundenheit statt der Abgrenzung, also um eine Anerkennung von (beiderseitigen) Bindungs- und Autonomiebedürfnissen sowie der damit verbundenen Emotionen. Es ginge um die Wertschätzung und die Begleitung von Versuchen der Affektregulierung und deren Bewältigung sowie um die Auseinandersetzung mit der eigenen (Bindungs-)Biografie. Bezogen auf die Gesamtfamilie ginge es darum, ein Bewusstsein gegenseitiger Verbundenheit zu stärken, was potenzielle Rückzugsbestrebungen einzelner Familienmitglieder relativieren könnte (vgl. Gröning / Kunstmann / Rensing 2005; Kunstmann 2010).

Die Beratung wäre immer auch daran orientiert, dass die familiale Pflege krisenhaft ist, weil sie durch Erfahrungen des Verlustes, des Abschieds und der Trauer geprägt ist. Sie wäre gleichzeitig an der Vorstellung orientiert, dass die Übernahme fürsorglicher und pflegerischer Verantwortung eine Möglichkeit der

Krisenbewältigung sein kann. Hier besteht eine deutliche Nähe zu einer entwicklungspsychologischen Perspektive auf die familiale Pflege.

Fürsorgeverantwortung als Entwicklungsaufgabe
Bereits 1965 hat die Gerontologin Margret Blenkner das Verhältnis alter Menschen und ihrer erwachsenen Kindern in der Lebensmitte als Entwicklungsaufgabe und als eine neue, moderne Phase im Lebenszyklus der mittleren Generation beschrieben (Blenkner 1965). Blenkner benennt als Ziel dieser Entwicklungsphase die „filiale Reife", die sich dadurch kennzeichnen lässt, dass Fürsorgebereitschaft und Autonomiebestrebungen ausbalanciert werden: Wenn die Fürsorge- oder Pflegeverantwortung für die alten Eltern übernommen wird, hält Blenkner es im Sinne der Selbstsorge gleichzeitig für unabdingbar, dass eigene Ansprüche und Bedürfnisse „schuldfrei" zugelassen werden, auch wenn dies eine gewisse Abgrenzung von den Hilfebedürftigen bedeute. Vergleichbar geht Erik Eriksons Konzept der Entwicklungsaufgaben im Lebenszyklus von einer zentralen ethisch konnotierten Entwicklungsaufgabe des Erwachsenenalters aus, die er als „Generativität" bezeichnet und der das Prinzip der verantwortlichen Fürsorglichkeit zugrunde liegt (Erikson 1981, 1988, vgl. auch Conzen 2007). Laut Erikson gestalten Menschen ihren Lebenslauf durch ihre individuellen Erfahrungen in einer sozialen und historischen Zeit, durch ihre Auffassungen von sich und der Welt sowie durch ihre individuelle Form der Auseinandersetzung mit (Entwicklungs-)Aufgaben, die sich in früheren Lebensabschnitten gestellt haben. Die Bewältigung von Anforderungen führt dazu, dass Menschen sich weiterentwickeln können, während ein Scheitern an den Entwicklungsaufgaben zu einer Verzögerung oder Stagnation der weiteren Persönlichkeitsentwicklung führt (Conzen 2007). In jeder Lebensphase ereignen sich Krisen und Konflikte, deren Art der Bewältigung mit einem positiv-fortschreitenden oder einem negativ-fixierenden Entwicklungsmoment verbunden ist. Für das mittlere Erwachsenenalter hält Erikson die Übernahme von Verantwortung im Generationenkontext für zentral, wobei er Generativität als Ausdruck der seelischen Reife versteht.

Betrachtet man die Beziehung zwischen alten Eltern und ihren erwachsenen Kindern unter der Perspektive individueller Entwicklungsaufgaben, so ist in der Beratung zunächst davon auszugehen, dass die „filiale Krise" (Blenkner 1965; Bruder 1988, 1998), die entsteht, wenn die alten Eltern pflegebedürftig werden, alle Geschwister einer Familie erfasst. Angenommen werden kann zudem, dass sich die Krise auf der Geschwisterebene insofern auswirkt, als sich Gefühle nicht ausschließlich hinsichtlich der Beziehung zum pflegebedürftigen Elternteil, sondern auch zu den Geschwistern aktualisieren. Unter dem Einfluss dieser filialen Krise ist prinzipiell eine gewisse Regressionsbereitschaft erwartbar. Entscheidend ist hier, ob die Geschwister oder ein Teil der Geschwister in dieser Regression verharren oder ob eine der Situation angemessene, erwachsene Lösung gefunden werden kann. Verbundenheit, Versöhnungsbereitschaft und die Bereitschaft, die Aufgabe der Fürsorge gemeinsam zu bewältigen, bahnen den Weg aus der Regression. In der Regression zu verbleiben, bedeutet umgekehrt, sich auf alte, kindliche Gefühle zu fixieren und mündet in einer Stagnation der Persönlichkeitsentwicklung (vgl. Gröning / Kunstmann / Rensing 2005).

Gegen diese Formen der Regression steht die Idee der familialen Altenfürsorge als generatives Solidaritätsprojekt, in das die Geschwister der Herkunftsfamilie genauso wie die Ehepartner, wenn auch in unterschiedlicher Form und verschiedenem Ausmaß, einbezogen sind. Fürsorglichkeit im Generationenverhältnis, einschließlich der pflegerischen Verantwortung, lässt sich so nicht nur als Entwicklungsaufgabe im individuellen, sondern auch im familialen Lebenslauf verstehen.

Pflege als familiales Projekt – Perspektive für die Beratung

Die Pflege als familiales Projekt zu verstehen bedeutet, dass sich den individuellen Möglichkeiten entsprechend alle Erwachsenen für das pflegebedürftige Familienmitglied verantwortlich fühlen und sich durch verlässliche Unterstützungsleistungen an der Pflege beteiligen. Diese Idee bildet quasi die Klammer um die hier skizzierten Perspektiven einer pädagogischen Beratung im Feld der häuslichen Pflege. Aus dieser Idee leiten sich die Leitlinien der Beratung und die Haltung der Beratenden ebenso ab wie die konkrete Gestaltung des Beratungsangebots.

> Die grundsätzlichen Ziele einer pädagogischen Beratung für pflegende Familien lassen sich schlagwortartig benennen:
>
> 1. Es geht darum, Formen der Fürsorglichkeit für hilfebedürftige Familienmitglieder zu reflektieren und es den Familien zu ermöglichen, eine für sie adäquate Form der Pflegeverantwortung auszuhandeln.
> 2. Die Familien sind dabei zu unterstützen, diese ethisch fundiert, also generationen- und geschlechtergerecht zu gestalten.
> 3. Dazu gilt es, die Potenziale der Selbstsorge im Kontext der Pflege zu fördern.
> 4. Dies bedeutet auch, dass die Pflege von innerfamilialer und gesellschaftlicher Anerkennung begleitet und getragen sein muss.
>
> Diese Zielebenen der Beratung sind nicht trennscharf, sondern vielfältig miteinander verbunden. Zu berücksichtigen ist zudem, dass die Inhalte der Beratung im Prozess der Pflegeverantwortung erwartbar variieren.

Kaum eine Familie weiß, was mit der Übernahme der Fürsorge und Pflege auf sie zukommt, wie sich die Familienbeziehungen und der Alltag entwickeln werden und vor allem, wie lange die Pflegeverantwortung dauert. Gleiches gilt für Krisen im Verlauf der Pflege, wenn sich z. B. die gesundheitliche Situation der pflegebedürftigen Person rasch verändert und das bisherige Pflegesetting nicht mehr tragfähig erscheint. Familien, die sich mit der Frage der Übernahme von Pflegeverantwortung oder deren Aufrechterhaltung auseinandersetzen, benötigen folglich nicht nur punktuelle und sachliche Informationen, sondern Halt und Begleitung in einer durch viele Unsicherheiten gekennzeichneten Lebenssituation. Das heißt für die Angehörigenberatung, dass prinzipiell *prozessorientierte Angebote der Beratung* zu etablieren sind.

Der Beginn und die Krisen der Pflege stellen sich oftmals als eine von Zeit-, Entscheidungs- und Handlungsdruck geprägte Situation dar. Hier hat die Angehörigenberatung den Raum zu bieten, die aktuelle Situation und ihre möglichen Konsequenzen zunächst überhaupt zu realisieren und (zu Beginn der Pflege vielleicht erstmalig) zu besprechen. Erst auf dieser Basis können tragfähige Entscheidungen getroffen und ggf. mit Unterstützung umgesetzt werden. Für die Beratung ist zentral, dass die zu treffenden Entscheidungen in den Familien immer auch darauf abzielen, eine Kontinuität ihrer Lebensführung möglichst zu erhalten. Daraus leitet sich neben der Prozessorientierung die *Alltagsorientierung* als Prämisse der Beratung ab. Eine alltagsorientierte Beratung ist weder bürokratisch noch expertokratisch, sondern setzt an der alltäglichen Praxis und damit an den Alltagsressourcen der zu Beratenden an: Die Angehörigen werden als Experten und Expertinnen ihres eigenen Alltages, als mündige Erwachsene wahrgenommen. Die Beratenden lernen deren Alltag zunächst kennen und orientieren ihre Unterstützung daran, weil sie anerkennen, dass Unterstützungsangebote nicht nutzbar und nicht nützlich sind, wenn sie mit der Lebenswelt der zu Beratenden kollidieren. Folglich zielt die Beratung nicht auf das Erreichen eines (ggf. vorab definierten) Idealzustandes, sondern auf die Unterstützung eines „gelingenderen Alltages" (***Thiersch*** 1993) der pflegenden Familie. Hilfreich ist es hier, wenn es der Familie gelingt, flexibel und pragmatisch statt starr mit dem Alltag umzugehen.

Eine weitgehende Erhaltung des Alltags der Familie gelingt zumeist dann gut, wenn die Verantwortung für die Pflege in der Familie ausgehandelt und gerecht verteilt wird. Ideal ist es, wenn sich die Familienmitglieder schon vor dem Eintritt der Hilfe- oder Pflegebedürftigkeit über die praktische Ausgestaltung der Pflege verständigen und einigen können. Wenn also die Familie früh für eine aktive Gestaltung des Pflegenetzwerkes sensibilisiert werden kann, wenn Ressourcen der Familie wahrgenommen werden können, wenn gemeinsam Lösungen zur Gestaltung des zukünftigen Alltags besprochen und die Pflege entsprechend organisiert werden kann, lassen sich die Veränderungen des Alltags besser bewältigen (Gröning 2005). Eine solche Gestaltung der familialen Pflege trägt dann nicht nur dazu bei, die pflegerische Versorgung sicherzustellen, sondern ermöglicht allen Beteiligten ein höheres Maß an Mitbestimmung und Zufriedenheit. Hier sind Lösungsmodelle zu diskutieren, die aufzeigen, wie die Verantwortung für die alten Eltern mit dem Recht auf praktische Selbstverwirklichung und Selbstsorge vereinbart werden kann. Daraus leitet sich die Forderung ab, *Beratungsgespräche mit ganzen Familien* zu führen, um eine „echte" Aushandlung von Verantwortlichkeiten zu flankieren. Beratungsgrundlage ist eine *Haltung der Allparteilichkeit und der Solidarität* mit der Familie, wobei zumeist den Beratenden die Aufgabe zukommt,

Aspekte der Geschlechter- und Generationengerechtigkeit für die Familie reflektierbar zu machen.

Die Idee der Altenfürsorge als familiales Projekt setzt die Anerkennung der Verantwortung für die alten Eltern bei den Familienmitgliedern voraus. Hinsichtlich einer gerechten Gestaltung der Pflegeverantwortung ist für die Familien das Wissen um die gegenseitige Verbundenheit sowie um die Potenziale der innerfamilialen und individuellen Entwicklung im Lebenslauf hilfreich. Das heißt für die Beratenden, die Pflege selbst als Lebensphase der Verantwortung für die alten Eltern zu verstehen, innerhalb derer die verschiedenen Entwicklungsaufgaben zwischen Selbstsorge und Fürsorge, zwischen dem alten Menschen und eigenen Kindern, zwischen den Geschlechtern und Geschwistern zu reflektieren und zu klären sind. Dieses Wissen ist in der Beratung zu vermitteln, um die Familie zunächst für das Thema zu sensibilisieren und scheinbar rationale, aber einseitige und damit ungerechte Formen der Verantwortungsübernahme zu vermeiden. Dies ist nur möglich, wenn Beratung als längerfristig angelegter Lern- und Reflexionsprozess angelegt ist.

7.7.4 Literatur

Blenkner, Margret: Social Work and Family Relationships in Later Life with Some Thoughts on Filial Maturity. In: Shanas, Ethel / Streib, Gordon Franklin (Hg.): Social Structure and the Family: Generational Relations. Englewood Cliffs u. a. 1965, S. 46–59

Blinkert, Baldo / Klie, Thomas: Pflege im sozialen Wandel. Eine Untersuchung über die Situation von häuslich versorgten Pflegebedürftigen nach Einführung der Pflegeversicherung, Hannover 1999

Bowlby, John: Bindung: Historische Wurzeln, theoretische Konzepte und klinische Relevanz. In: Spangler, Gottfried / Zimmermann, Peter (Hg.): Die Bindungstheorie. Grundlagen, Forschung und Anwendung, Stuttgart 1997, S. 17–26

Bruder, Jens: Filiale Reife – ein wichtiges Konzept für die familiäre Versorgung kranker, insbesondere dementer alter Menschen. In: Zeitschrift für Gerontopsychologie und -psychiatrie. Jg. 1, 1988, Heft 1, S. 95–10

–: Beratung und Unterstützung von pflegenden Angehörigen demenzerkrankter Menschen. In: Kruse, Andreas (Hg.): Psychosoziale Gerontologie. Bd. 2: Intervention, Göttingen u. a. 1998, S. 275–295

Conzen, Peter (2007): Fürsorge für die alten Eltern – eine Kernaufgabe des Erwachsenenalters? Zu Eriksons Konzept der Generativität. In: Bauer, Annemarie / Gröning, Katharina (Hg.): Die späte Familie. Intergenerationenbeziehungen im hohen Lebensalter, Gießen 2007, S. 167–180

Danielzik, Antje / Haenselt, Roland / Waack, Kristine: Handbuch zur Durchführung von Pflege- und Betreuungskursen für pflegende Angehörige von Menschen mit Demenz. Reihe „vorgestellt“ 69, herausgegeben vom Kuratorium Deutsche Altershilfe. Köln: KDA 2004

Erikson, Erik H.: Identität und Lebenszyklus, Frankfurt/M. 1981

–: Der vollständige Lebenszyklus, Frankfurt/M. 1988

Fuchs, Susanne: Arbeitshilfe für die Bildungsarbeit mit pflegenden Angehörigen. „Manchmal wünschte ich, er wäre schon tot…“, Hagen 2000

Gräßel, Elmar / Erdmann, Daniela / Jansen, Sabine / Tschainer, Sabine: Angehörigengruppen für Demenzkranke in Deutschland aus der Sicht der Gruppenteilnehmerinnen und -teilnehmer. Expertise II des BMFSFJ. Ebersberg 2002

Goerlich, Christiane: Bestehende Systemstrukturen und ihre kritische Analyse; In: Deutscher Verein für öffentliche und private Fürsorge. Aspekte der Versorgung psychisch veränderter älterer Menschen, Frankfurt/M. 2001

Gröning, Katharina: Das Pflegeversicherungsgesetz und die Pädagogik. Eine Problematisierung unter besonderer Berücksichtigung der Beratung und Bildung von pflegenden Angehörigen. In: Neue Praxis. Jg. 36, Heft 2/2006, S. 225–235

– / Kunstmann, Anne-Christin / Burmann, Sandra / Radtke-Röwekamp, Bianca: Die Beratung pflegender Angehöriger. In: Dieffenbach, Susanne / Harms, Käte / Heßling-Hohl, Monika / Müller, Joachim / Rosenthal, Thomas / Schmidt, Hans-Ulrich / Thiele, Günter (Hg.): Management Handbuch Pflege. 20. Aktualisierung. Heidelberg 2008

– / Kunstmann, Anne-Christin / Rensing, Elisabeth: In guten wie in schlechten Tagen. Konfliktfelder in der häuslichen Pflege. Frankfurt/M. 2004

– / Kunstmann, Anne-Christin / Rensing, Elisabeth: Abschlussbericht des Projektes „Qualitätssicherung in der häuslichen Pflege dementiell Erkrankter“. Unveröffentl. Bericht zur Vorlage beim Ministerium für Gesundheit, Soziales, Frauen und Familie des Landes NRW. Bielefeld 2005

–: Vorüberlegungen für ein Rahmencurriculum zur Beratung und Bildung von pflegenden Angehörigen und Familien, die sich auf die familiale Altenfürsorge vorbereiten. Rahmenkonzept zur Krankenhausentlassung im Rahmen des Modellprogramms „G-DRG's und familiale Pflege“, Universität Bielefeld, Februar 2005

Hedtke-Becker, Astrid: Die Pflegenden pflegen – Gruppen für Angehörige pflegebedürftiger alter Menschen. Eine Arbeitshilfe. Freiburg i. Br. 1999

Klie, Thomas: Pflegeversicherung: Einführung, Lexikon, Gesetzestext SGB XI mit Begründungen, Ausschussempfehlungen und Rundschreiben der Pflegekassen, Nebengesetze, Materialien. 5., neubearb. und erw. Aufl. Hannover 1999

Kunstmann, Anne-Christin: Familiale Verbundenheit und Gerechtigkeit. Fehlende Perspektiven auf die Pflege von Angehörigen – Eine Diskursanalyse, Wiesbaden 2010 (zugleich Dissertation Universität Bielefeld)

Naegele, Gerhard / Tews, Hans Peter (Hg.): Lebenslagen im Strukturwandel des Alters: alternde Gesellschaft – Folgen für die Politik, Opladen 1993

Sander, Brunhild: Zur Methodik-Didaktik der Kurskonzepte für pflegende Angehörige. Unveröffentl. Manuskript Bielefeld 2005

Seidl, Elisabeth / Labenbacher, Sigrid (Hg.): Pflegende Angehörige im Mittelpunkt. Studien und Konzepte zur Unterstützung pflegender Angehöriger demenzkranker Menschen. Wien u. a. 2007

Thiersch, Hans: Lebensweltliche Sozialpädagogik, Weinheim 1993

Wilz, Gabriele / Adler, Corinne / Gunzelmann, Thomas: Gruppenarbeit mit Angehörigen von Demenzkranken. Ein therapeutischer Leitfaden, Göttingen u. a. 2001

– / Schumacher, Jörg / Machold, Cornelia / Gunzelmann, Thomas / Adler, Corinne: Angehörigenberatung bei Demenz. Erfahrungen aus der Leipziger Studie. In: Kruse, Andreas. (Hg.): Psychosoziale Gerontologie. Bd. 2: Intervention. Jahrbuch der Medizinischen Psychologie. Bd. 16. Göttingen u. a. 1998, S. 232–250

8. Pädagogische Beratung und Beratungswissenschaft

Das letzte Kapitel ist sozialtheoretischen und beratungswissenschaftlichen Fragen gewidmet und betrifft vor allem die sozialwissenschaftliche Fundierung. Im Folgenden wird dazu ein kursiver Überblick gegeben, der das Buch abschließt. Das Kapitel umfasst vor allem beratungswissenschaftliche Thesen im Umfeld der Pädagogik wie „Beratung als unspezifisches Unterstützungsangebot“, „Beratung als Instrument der Modernisierung der Gesellschaft“, „Beratung als Demokratisierung“ und „Beratung als Hilfe in komplexen sozialen Systemen“. Alle Abschnitte in diesem Kapitel stellen quasi Thesen und Streitpunkte der sich derzeit institutionalisierenden Beratungswissenschaft dar.

8.1 Die zunehmende Bedeutung von Beratung

In der Erziehungswissenschaft sind die Forschungen und Erkenntnisse hinsichtlich einer Methode, einer Verortung und einer Professionalisierung so weit vorangeschritten, dass triviale und eklektizistische Ansätze und kurzatmige Anleihen aus den Nachbardisziplinen nicht mehr notwendig sind. Besonders in der berufsbezogenen Beratung, aber auch in den klassischen Feldern der kritischen und emanzipatorischen Beratung eröffnen sich neue Professionalisierungschancen für Pädagoginnen und Pädagogen mit universitärem Studium.

Neurolinguistisches Programmieren, Kurztherapien und lösungsorientierte Beratungen bieten für sich keine ausreichende beratungswissenschaftlich fundierte Professionsperspektive und sollten in der pädagogischen Beratung nicht zur Anwendung kommen. Umgekehrt sind in den letzten fünfzehn Jahren besonders im Bereich der Biografieforschung, der strukturalen Hermeneutik, der Psychoanalyse und Tiefenhermeneutik wichtige Erkenntnisse entstanden, die für eine methodische Fundierung pädagogischer Beratung z. B. im Anwendungsfeld Supervision, Coaching, Bildungsberatung, aber auch in den Feldern der kritischen Beratung vielversprechend sind. Daneben bieten anerkennungstheoretische Perspektiven einen paradigmatischen Rahmen für die pädagogische Beratung. Allerdings ist hier noch weiterer Forschungsbedarf nötig.

Ein anderer Aspekt ist, dass aus pädagogischer Sicht keine Beratung gut ist, die nicht in Prozesse der Bildung, Selbstbildung und in Lernen mündet, also auf Mündigkeit ausgerichtet ist. Die systematische und theoretische Verbindung von Beratung und Bildung steht für die pädagogische Beratung als beratungswissenschaftliche Fragestellung jedoch noch aus. In diesem Kontext erwähnenswert ist das schwierige Verhältnis der erziehungswissenschaftlich begründeten pädagogischen Beratung zur Nachbardisziplin der Pädagogischen Psychologie. Sowohl hinsichtlich der Forschung und des Forschungsverständnisses als auch hinsichtlich der Methoden der Beratung und der Vorstellung über einen Beratungsprozess gehen die Positionen zwischen pädagogischer

Psychologie und pädagogischer Beratung deutlich auseinander, wie in Kapitel 6 dargelegt wurde.

Die künftige Beratungswissenschaft hat eine Reihe von Fragen, die sowohl die Definition von Beratung betreffen wie auch die Ausgestaltung der Beziehung zu den Klienten, die Gestaltung von Settings und die Professionalisierung von Beratung.

8.2 Beratung als unspezifisches Unterstützungsangebot

In der psychosozialen, der psychologischen, der pädagogischen und der pflegerischen/ärztlichen Praxis steht Beratung heute an herausragender Stelle. Beratungskompetenz gilt als Schlüsselkompetenz für eine Reihe von Professionen, die nicht ausschließlich beraten, sondern bilden, therapieren, pflegen und helfen. Diese Stellung der Beratung als Querschnittsmethode mache sie gleichzeitig zu einem unspezifischen Unterstützungsangebot, wie z. B. Claudia Sciborski in ihrem gemeinsam mit Matthias Elzer verfassten Buch zu den kommunikativen Kompetenzen in der Pflege (vgl. Elzer / Sciborski 2007, S. 167) kritisiert – ein Vorwurf, der in Bezug auf Beratung häufig ausgesprochen wird. Für Frank Nestmann hat dieses Unspezifische der Beratung damit zu tun, dass sie sich historisch aus den alltäglichen Hilfeformen entwickelt habe und als „guter Rat" in der alltäglichen Lebenswelt selbstverständlich sei (Nestmann 1988, 1991, 1999). Beratung wird hier gegenüber der Therapie unterschieden, die sich quasi aus der Hoheit der Profession als Methode entwickelt habe.

Die beratungswissenschaftliche Position, dass es sich bei Beratung um ein unspezifisches, aber gleichzeitiges wichtiges und modernes Unterstützungsangebot bei Problemen handele, vertritt auch Ruth Großmaß (1998, S. 2). Sie argumentiert, dass Beratung heute quasi überall vorkomme, als Verkaufsberatung, als Anlageberatung, als soziale Beratung, als Beratung im Rahmen von Bildung und Beruf und nicht zuletzt als psychosoziales Angebot, wodurch die Substanz von Beratung verwässere – eine These, die auch Ahlert auf der von Buer und Siller organisierten Tagung zur Supervision in Göttingen (2003) vertreten hat (vgl. Buer / Siller 2004).

8.3 Beratung als Instrument gesellschaftlicher Modernisierung

Eine zweite beratungswissenschaftliche These der Gruppe um Frank Nestmann ist, dass Beratung sich überall hin ausgeweitet habe und immer mehr nachgefragt werde. In ihrer Dissertation zur psychosozialen Beratung von Studierenden vertrat Ruth Großmaß die These vermehrter Nachfrage nach Beratung ebenso wie die einer Ausweitung von Beratung. Dies in Beziehung zur gesellschaftlichen Modernisierung im Sinne der These von Ulrich Beck, dass moderne Gesellschaften individualisierte Gesellschaften seien (Beck 1986). Je individualisierter und moderner Gesellschaften organisiert seien, so Großmaß, desto größer werde der Bedarf nach Hilfeformen ohne Lenkung und Zwang (vgl. Großmaß 1998, S. 2).

Gleichwohl hat Ulrich Beck auf ein Phänomen hingewiesen, welches die Modernisierungstheoretiker unter den Beratungswissenschaftlern kaum reflektieren, dass in modernen Gesellschaften nämlich Individualisierung und Demokratisierung sich nicht mehr gegenseitig bedingen, wie das in bestimmten historischen Epochen der Fall war. Im Gegenteil bedeutet Individualisierung heute eine zunehmende Abkopplung der Menschen vom Gemeinwesen und nicht Mündigkeit und Teilhabe. Dadurch werden Beratungsziele komplexer und Beratungsmethoden herausgefordert. Dies war nicht immer so. In bestimmten Zeiten der bundesrepublikanischen Nachkriegsgesellschaft konnten Berater sicher sein, dass ihr Angebot ohne Lenkung und Zwang nicht nur zu mehr Selbstverwirklichung der Klienten, sondern auch zu einer größeren Teilhabe und einem Mehr an Mündigkeit führte. Diese Verknüpfung von Beratung und Mündigkeit steht im Mittelpunkt von neuhumanistisch fundierten Konzepten reflexiver Beratung und hat sich programmatisch vor allem in der Supervision institutionalisieren können (vgl. Leuschner 1993, Wittenberger 2009, Gröning 2011b)

8.4 Beratung als Demokratisierung

Beratungsvorgänge, so sagte auch der pädagogische Berater Walter Bäuerle (1980), setzen offene Situationen voraus, fordern eine egalitäre Beziehung zwischen Ratsuchendem und Berater sowie ein demokratisches Konzept (vgl. Bäuerle 1980, S. 65). Auch Klaus Mollenhauer und C. Wolfgang Müller (1965), die als „Väter“ der Beratung in der Pädagogik nach 1945 gelten, diskutierten ähnlich im Sinne von Beratung als einem Mittel der Demokratisierung und Überwindung von obrigkeitlichen Strukturen. Das große Interesse an Beratung seit den 1960er Jahren sehen beide als Ausdruck einer gesellschaftlichen Demokratisierung, unter anderem in Erziehung und Unterricht (Stichworte sind hier: Kritik der Fürsorgeerziehung, deutsche Bildungskatastrophe, Demokratisierung des Schulwesens). In der Bedeutung der Beratung als einem „unpädagogischen“ Phänomen, also nicht mehr als fürsorgliche Lenkung, sondern als freie Entscheidung des Klienten, repräsentiere sich ein neues gesellschaftliches Verständnis, vor allem ein Erziehungsstil, „der unserer Gegenwart in besonderer Weise ‚liegt‘“ (Mollenhauer 1965, S. 26). Auch im Bereich des Gesundheitswesens ist seit den 1960er Jahren von einer umfassenden Modernisierung auszugehen, die deutlich demokratische Elemente in sich trägt. Dafür stehen die Antipsychiatriebewegung in Europa mit ihrer Kritik der Behandlung und Verwahrung psychisch erkrankter Menschen in Großanstalten, die Psychiatrieenquete von 1971 in Deutschland und die Einrichtung von lebensweltnäheren Behandlungsformen, die vermehrten psycho- und soziotherapeutischen Angebote in der Psychiatrie, die, wenn auch langsame Auflösung von Großkrankenhäusern und Anstalten und anderer Langzeiteinrichtungen, die Einrichtung ambulanter Angebote im Gesundheitswesen.

8.5 Beratung in komplexen sozialen Systemen

Eine in diesem Zusammenhang wichtige beratungswissenschaftliche Fragestellung betrifft die Bedeutung von Beratung in komplexen sozialen Systemen. Auffällig ist, dass vor allem in der Weiterentwicklung und Steuerung von komplexen sozialen Systemen, seien es Fürsorgesysteme, das Gesundheitssystem, das Wissenschaftssystem, die Wirtschaft oder auch einzelne Organisationen Beratung eine zunehmend bedeutendere Funktion erhält. Viele soziale Reformen, z. B. im Gesundheitswesen, haben die Beratung (z. B. § 11 SGB 5, § 7 SGB 11) aufgewertet, um besondere systemische Probleme zu lösen. So soll z. B. im Bereich der Pflege der befürchtete Automatismus vom Krankenhaus ins Pflegeheim durch Beratung verändert werden. Betriebsräte beginnen, gefördert durch das Betriebsverfassungsgesetz, betriebliche Beratungsprozesse, um zu drohenden Personalentlassungen alternative Konzepte zu entwickeln. In der Jugendhilfe wird Beratung als kollegiale Beratung oder Fallsupervision eingesetzt, um rechtlich wirksame Entscheidungen, wie z. B. Erziehungshilfen, Sorgerechtsentzug und ähnliche Maßnahmen zu reflektieren.

Beratung in dieser Systemperspektive bedeutet vielfach eine Reflexionsschleife und eine „Entschleunigung" oder eine Multiperspektivität zu institutionalisieren, um Handlungsmöglichkeiten und der Komplexität der Handlungsfolgen gerecht zu werden, Optionen zu vergrößern und zu verbessern. Damit wird Beratung zu einer Systemfunktion, eine Stellung, die sie immer wieder innehatte und die beratungswissenschaftlich unter dem Begriff der *funktionalen Beratung* lange problematisiert worden ist.

Vor allem im Bereich der Pädagogik ist die Erfahrung mit den funktionalen Beratungsangeboten groß – und auch die Enttäuschung über ihre begrenzte Reichweite. So hat bereits in den 1970er Jahren in der Pädagogik eine deutliche Kritik am funktionalen Beratungstypus, vor allem an der Bildungsberatung und der Schullaufbahnberatung stattgefunden, die im Bildungssystem eine ähnliche Orientierungsfunktion einnehmen sollte wie das z. B. heute dem Case Management im Bereich des Gesundheitswesen zugedacht ist. Beratung sei immer wieder „Kitt für steckengebliebene Reformen", wie Hornstein (1977) dies formuliert hat.

Die Konzeption von *Beratung als Systemfunktion* hat Auswirkungen auf das Beratungsverständnis, die Beratungshaltung und die Professionalisierung von Beratern und Beraterinnen, vor allem auf die Beratungswirklichkeit. Sie bricht zudem mit Professionsverständnissen, die Beratung nicht als ein funktionales Angebot in einem komplexen sozialen System sehen, sondern, gleichgestellt mit der Psychotherapie, als einen eigenständigen Professionsbereich, der mit den Systemen nur lose verkoppelt und vor allem personenbezogen organisiert und dem Klienten verpflichtet ist.

Aus der Systemperspektive können die oben beschriebenen Beratungsformen zu einem rein technischen Verfahren degradiert werden und eine Legitimationsproblematik zudecken. Dann ist die Organisationsberatung oder Supervision eben ein notwendiges Übel, welches man finanziert, aber nicht wirklich ernst nimmt, oder die kollegiale Beratung im Jugendamt wird absolviert, damit dies angekreuzt werden kann, aber eigentlich ist das Verfahren des Sorgerechtsentzugs schon gelaufen etc. Auch die gegenwärtig praktizierten Formen der Gesundheitsberatung sind mehrheitlich funktional konzipiert und sollen in den komplexen sozialen Systemen des Gesundheitswesens eine Art Kitt darstellen, Übersichtlichkeit und Orientierung schaffen und nicht zuletzt System und Lebenswelt miteinander verkoppeln.

Neben diesen konzeptionellen und grundsätzlichen Überlegungen, von denen sich in der beratungswissenschaftlichen Literatur viele Ansätze finden, sind die wenigen Arbeiten zu unterscheiden, die sich mit Problemen der Beratungswirklichkeit auseinandersetzen, die also Theorie und Praxis in Beziehung setzen und sich nicht nur damit begnügen, aus Theorien Konzepte abzuleiten. Die konkreten Beratungssituationen, das Verhältnis von Beratungsangebot und Beratungsnachfrage, die Konflikte zwischen Beratern und Ratsuchenden, die Hilflosigkeit auch der Beraterinnen, Berufskrisen von Beratern und Professionalisierungsprobleme sind in der Literatur nur selten beschrieben, statt dessen füllen Reihen von Methodenbüchern die Regale, deren Anwendungspraxis und -praktikabilität kaum überprüft wird.

Vorhanden ist eine feldorientierte Beratungsforschung am deutlichsten im Feld der geschlechtssensiblen Beratung, z. B. im Frauenhaus (Brückner 1982, Straub / Steinert 1988) oder in kommunalen Gleichstellungsstellen (Gröning 1993). Hier werden auch die problematischen Interaktionen in der Beratungssituation ausgesprochen und es wird beschrieben, was Beraterinnen und Berater von ihren Klientinnen und deren Problemen wirklich halten. Ähnliches hat Gerda Kasakos (1981) für die Jugendhilfe beschrieben und damit die Widersprüche und die Anspruchsdiskrepanzen in Beratungen deutlich aufgezeigt. Die Ergebnisse der Studien zeigen, wie sehr das sozialwissenschaftliche Hintergrundwissen die Beratungshaltung und die Beratungsgestaltung beeinflusst. Vor allem die humanistisch und psychologisch ausgebildeten Beraterinnen verfügen in den Beratungssituationen über sehr wenig angemessenes Hintergrundwissen und geraten schnell in Konflikte.

Zusammengefasst ergeben sich verschiedene Perspektiven und Themenfelder für eine künftige Beratungsforschung:

- *Problematik der Professionalisierung der Beratung*: Loses Unterstützungsangebot mit starken Alltagsbezügen oder professionelle Tätigkeit von Experten mit eigenständiger zertifizierter Ausbildung und Qualifikation?
- *Trivialisierung von Beratung*: Beratung als Allerweltsangebot und zunehmend anonymes Online-Angebot

- *Wert und Bedeutung der Beratungsdienstleistungen*: Anerkannt insbesondere im Bereich der Organisationsberatung und des Coachings
- *Verhältnis von Fachkompetenz und Beratungskompetenz:* Welches fachliche und sachliche Wissen benötigen Beraterinnen und Berater?
- *Beziehung zum Klienten*: Wie gestaltet sich die Beziehung zum Klienten, handeln Berater stellvertretend und als Anwalt/Anwältin oder halten sie sich aus der Lebenswelt ihrer Klienten heraus? Bringen sie ihre Positionsrolle in die Konfliktkonstellationen ein? Regeln und organisieren sie die Lebenswelt ihrer Klienten neu und wie stellen sie sicher, dass sie dabei nicht über das Ziel hinausschießen?

Unter dem Dach des Sozialstaates, so die Beratungskritik der 1980er Jahre, ist es vorgekommen, dass jemand, der nur eine sachliche Auskunft haben wollte, diese nicht bekam, dafür aber mit einem umfangreichen Maßnahmenpaket die Sprechstunde verließ oder sich gar in therapeutischen Settings wiederfand (Bude 1988).

Die nächste Fragestellung betrifft die Problematik von Beratung als *funktionales Angebot* im Kontext von *Steuerungsinteressen komplexer Systeme.* Hier stellt sich die Frage, wie stark das Angebot in die Systemrationalität eingebunden ist. Ist Beratung dann eine feste Systemfunktion, die von verschiedenen Professionellen im Ablaufplan einer Organisation angeboten wird, wie zum Beispiel in den amtlichen Beratungstypen? Oder ist sie nur lose verkoppelt, wie das bei den meisten Beratungsformen der Fall ist? Oder wird Beratung konzipiert als eine eigenständige lebensweltorientierte Tätigkeit, die in Spannung und im Gegensatz zur Dynamik von Systemen steht und der Systemrationalität entgegengesetzt ist? Dann ist Beratung auch eine Form der Kritik.

Die dritte Fragestellung der Beratungswissenschaft schließlich ist die Frage nach den *normativen und ethischen Dimensionen* von Beratung. Beratung als Modernisierung der Gesellschaft heißt nicht zwangsläufig mehr Demokratie, wie dies die erste Generation von Beratern in den 1960er Jahren noch angenommen hatte, die mittels Beratung die Fürsorgesysteme, das Bildungssystem und teilweise auch das Gesundheitssystem in der deutschen Nachkriegsgesellschaft reformieren wollte. Statt mehr Demokratie durch mehr Beratung entstand einerseits eine Kultur des Psychologischen bis hin zur Klientelifizierung von Personen und Therapeutisierung von Problemen (Gaertner 1995), zum anderen erwiesen sich die Beratungskonzepte selbst als ethisch problematisch, da die Ratsuchenden auf die alte Patientenrolle reduziert blieben und eine Reihe von ethischen Kurzschlüssen wie die Kopplung von Verkaufen und Beraten oder von Leiten und Beraten als normal galten. Die Unabhängigkeit des Beraters, der Beraterin, der Ort der Beratung und die Gestaltung von Beratungssettings und Beratungskontrakten sind wichtige Dimensionen einer Beratungsethik.

Allgemeine Literatur

Aichhorn, August: Erziehungsberatung und Erziehungshilfe, Reinbek bei Hamburg 1972

Aristoteles: Nikomachische Ethik, hg. v. Günther Bien, 4. Aufl. Hamburg 1985

Aurin, Kurt: Beratung. In: Schiefele, Ulrich u. a. (Hg.): Handbuch der pädagogischen Psychologie, München 1980, S. 42–47

Bäuerle, Walter: Beratung. In: Kreft, Dieter / Mielenz, Ingrid (Hg.): Wörterbuch Soziale Arbeit, Weinheim / Basel, S. 799–806

Beck, Ulrich: Risikogesellschaft – auf dem Weg in eine andere Moderne, Frankfurt/M. 1986

Bongaerts, Gregor: Über das Verstehen. In: Gröning, Katharina / Hoffmann, Cornelia (Hg.): Studienbrief Forschungsmethoden im Weiterbildenden Masterstudiengang Supervision und Beratung, Bielefeld 2010, S. 9–29.

Brumlik, Micha: Advokatorische Ethik, Bielefeld 1992

Brückner, Margit: Die Liebe der Frauen, Frankfurt/M. 1982

Bude, Hans: Beratung als trivialisierte Therapie. In: Zeitschrift für Pädagogik, Weinheim, 34. Jg., Heft 3/1988, S. 369–380

Buer, Ferdinand / Siller, Gertrud (Hg.): Die flexible Supervision, Wiesbaden 2004

Buhlert, Horst u. a.: Institutionen im Dritten Reich. Wie anfällig sind wir für den Machtmissbrauch? Cogoy, Renate / Kluge, Irene / Meckler, Brigitte (Hg.): Erinnerung einer Profession. Erziehungsberatung, Jugendhilfe und Nationalsozialismus, Münster 1989, S. 193–201

Conzen, Peter: Erik Erikson, Stuttgart 1996

–: Fanatismus. Psychoanalyse eines unheimlichen Phänomens, Stuttgart 2005

Czarnowski, Gabriele: Das kontrollierte Paar, Weinheim 1991

Elias, Norbert: Der Prozess der Zivilisation, Bd. 2, Frankfurt/M. 1976

Elzer, Mathias / Sciborski, Claudia: Kommunikative Kompetenz in der Pflege, Bern 2007

Freud, Sigmund: Bruchstücke einer Hysterieanalyse, in GW Studienausgabe, Bd. 5, Frankfurta. M. 1905/1974, S. 161–286

Freud, Sigmund: Massenpsychologie und Ich-Analyse. In: GW Studienausgabe Bd. 9, Frankfurt/M. 1921/1974, S. 61–134

Freudenberger, Sophie: Erziehungs- und Heilpädagogische Beratungsstellen, Leipzig 1928

Frevert, Pierre: Einführung in die Technik der Krisenintervention. Skript für die Ausbildung in tiefenpsychologisch fundierter Psychotherapie am Frankfurter Psychoanalytischen Institut 2008, 6 Seiten.. In: www.pierre-frevert.de/pdf/kriseninterventionsskriptx08-10.pdf, Zugriff am 28.10.2011.

Foucault, Michel: Das Wahrsprechen des Anderen. Zwei Vorlesungen. Frankfurt/M. 1988

–: Die Geburt der Klinik, Frankfurt/M. 1982

–: Was ist Kritik? Berlin 1984

– / Becker, Helmut (Hg.): Freiheit und Selbstsorge. Interview 1984 und Vorlesung am Collège de France 1982 „Hermeneutik des Subjekts". Eingeleitet von Helmut Becker und Lothar Wolfstetter, Frankfurt/M. 1984, S. 32ff.

Gaertner, Adrian: Gruppensupervision, Tübingen 1995

Gehlen, Arnold: Urmensch und Spätkultur. Frankfurt/M. 1964

Geuter, Ulrich: Die Professionalisierung der Deutschen Psychologie im Nationalsozialismus, Frankfurt/M. 1984

Goffman, Erving: Asyle, Frankfurt/M. 1973

Gröning, Katharina: Beratung in kommunalen Gleichstellungsstellen, Köln 1993

–: Entwicklungslinien pädagogischer Beratungsarbeit, Wiesbaden 2010

–: Pädagogische Beratung, Wiesbaden 2011a
–: Anerkennung als Theorie der Supervision. In: Forum Supervision, 19. Jg., Heft 38, Frankfurt/M. 2011b, S. 26–37
Großmaß, Ruth: Psychische Krisen und sozialer Raum, Berlin 1998
Hänsel, Dagmar: Carl Tornow. In: Zeitschrift für Sozialpädagogik, Heft 1, Weinheim 2008, S. 51–73
Heimann, Paula: Bemerkungen zur analen Phase. In: Eicke, Dieter (Hg.): Psychologie des 20sten Jahrhunderts, Bd. 2, Freud und die Folgen, Zürich 1976, S. 594–608
Hentig, Hartmut von: Die Menschen stärken, die Sachen klären, Stuttgart 1985
Hilgers, Micha: Scham. Gesichter eines Affekts, Göttingen 2006
Hoffmann, Cornelia: Beratung und Selbstevaluation. In: Gröning, Katharina / Hoffmann, Cornelia (Hg.): Studienbrief Forschungsmethoden im Weiterbildenden Masterstudiengang Supervision und Beratung, Bielefeld 2010, S. 30–64
–: Freiheit und Selbstsorge als theoretische Grundlage von Beratung und Supervision. In: Forum Supervision, 19. Jg., Heft 38, Frankfurt/M. 2011, S. 38–57
Honneth, Axel: Der Kampf um Anerkennung, Frankfurt/M. 1992
Hornstein, Walter: Beratung in der Erziehung – Ansatzpunkte, Voraussetzungen, Möglichkeiten. Eine Einführung. In: Hornstein, Walter / Bastine, Rainer / Junker, Helmut (Hg.): Funkkolleg Beratung in der Erziehung, Bd. 1. Frankfurt/M. 1977, S. 21–60
Jäggi, Urs: Institution – Organisation. In: Wulf, Christian (Hg.): Wörterbuch der Erziehung, München 1974, S. 308–113
Jaeggi, Eva: Der Wechselbalg Psychotherapie. In: Verhaltenstherapie und psychosoziale Praxis, 2/1991, S. 117–129
Junker, Helmut: Das Beratungsgespräch, München 1978
Kasakos, Gerda: Familienfürsorge zwischen Beratung und Zwang, Weinheim 1980
Krone, Wolfgang: Die Erziehung des Erziehers. Frankfurt/M. / Bern / New York / Paris 1988
Lamnek, Siegfried: Qualitative Sozialforschung, Weinheim / Basel 2005
Leuschner Gerhard: Wechselseitige Abhängigkeit und Diskurs. Aspekte angewandter Gruppendynamik in der Supervisionsausbildung. In: Forum Supervision, Jg. 1, Heft 1, 1993, S. 7–32
Liebau, Eckart: Klasse, Haut, Kultur oder Bourdieu für Pädagogen. In sozialwissenschaftliche Literaturrundschau, Heft 15, Jg. 10, 1987, Bielefeld, S. 79–89
Lorenzer, Alfred: Szenisches Verstehen. Zur Erkenntnis des Unbewußten, Marburg 2006
Luhmann, Niklas: Soziale Systeme, Frankfurt/M. 1984
Mader, Wilhelm: Alltagswissen, Diagnose, Deutung. Zur Wirksamkeit von Wissensbeständen in Beratungssituationen. In: Zeitschrift für Pädagogik, Weinheim, Jg. 22, Heft 5, Okt. 1976, S. 699ff.
Mannheim, Karl: Das Problem der Generationen, In: Kölner Vierteljahreszeitschrift für Soziologie, Heft 7, S. 154–184. Nachdruck in: Kohli, Martin (Hg.): Soziologie des Lebenslaufes, Neuwied 1978, S. 33–53
Mentzos, Stavros: Interpersonelle und institutionalisierte Abwehr, Frankfurt/M. 1984
–: Angstneurose. Frankfurt/M. 1990
Micheel, Heinz-Günter: Die Interdependenz der Forschungsmethoden. Methodentriangulation. In: Gröning, Katharina / Hoffmann, Cornelia (Hg.): Studienbrief Forschungsmethoden im Weiterbildenden Masterstudiengang Supervision und Beratung, Bielefeld 2010, S. 170–180
Mollenhauer, Klaus: Das pädagogische Phänomen Beratung. In: Mollenhauer, Klaus / Müller, C. Wolfgang: Führung und Beratung in pädagogischer Sicht, Heidelberg 1965

Müller, Burghardt: Die Last der großen Hoffnungen, Weinheim 1985
Münch, Winfried: Bemerkungen zur psychologischen Beratung, unveröffentl. Manuskript der Deutschen Gesellschaft für Supervision, AAW, 5 Seiten, Köln 2010
Neckel, Sighard: Status und Scham, Frankfurt/M. / New York 1991
–: Scham und Schamsituationen aus soziologischer Sicht. In: Forum Supervision, Jg. 14, Heft 2, Frankfurt/M. 2006, S. 37–50
Nestmann, Frank / Tappe, Ulrich: Thesen zu einem besseren Verständnis von Beratung. In: Psychologie und Gesellschaftskritik, Heft 9/10, Hannover 1979, S. 153–170
–: Die alltäglichen Helfer, Berlin 1988
–: Beratung, soziale Netzwerke und soziale Unterstützung. In: Beck, Manfred/Brückner, Gerhard / Thiel, Heinz-Ulrich (Hg.): Psychosoziale Beratung, Tübingen 1991, S. 47–69
–: Beratung als Ressourcenförderung. In: Nestmann, Frank (Hg.): Beratung, Tübingen, 1999, S. 15–38
– / Engel, Frank / Sickendieck, Ursula (Hg.): Das Handbuch der Beratung, Bd. 1, Tübingen 2004, S. 33–43
Oevermann, Ulrich: Die objektive Hermeneutik als unverzichtbare methodologische Grundlage für die Analyse von Subjektivität. Zugleich eine Kritik der Tiefenhermeneutik. In: Jung, Thomas / Müller-Dohm, Stefan (Hg.): Wirklichkeit im Deutungsprozess. Zugleich Kritik der Tiefenhermeneutik, Frankfurt/M. S. 106–189
Olk, Thomas: Jugendhilfe als Dienstleistung. In Widersprüche, Offenbach, Jg. 14, 1994) Heft 4, S. 11–33
Platon: Apologie des Sokrates, Ditzingen 1986
Radebold, Hartmut: Transgenerationale Weitergabe kriegsbelasteter Kindheiten. In: Radebold, Hartmut / Bohleber, Werner / Zinnecker, Jürgen (Hg.): Transgenerationale Weitergabe kriegsbelasteter Kindheiten, Weinheim 2009, S. 183–201
Reyer, Jürgen: Eugenik und Pädagogik, Weinheim 2003
Rogers, Carl: Die nicht-direktive Beratung, München 1981
–: Entwicklung der Persönlichkeit, Stuttgart 1973
Rosenthal, Gabriele: Erzählte und erlebte Lebensgeschichte, Frankfurt/M. / New York 1995
–: Biografisch-narrative Gesprächsführung. Zu den Bedingungen heilsamen Erzählens in forschungs- und Beratungskontexten. In: Psychotherapie und Sozialwissenschaft, Sonderheft 3, Göttingen 2002, S. 204–227
–: Interpretative Sozialforschung. Eine Einführung, Weinheim / Basel 2005
Schmitz, Enno / Bude, Hans / Koch, Claus: Beratung als Praxisform angewandter Aufklärung. In Beck, Ulrich / Bonß, Wolfgang (Hg.): Weder Sozialtechnologie noch Aufklärung. Frankfurt/M. 1989, S. 122–148
Schrage, Dominik: Psychotechnik und Radiophonie, München 2001
Schütze, Fritz: Was ist kommunikative Sozialforschung? In Gaertner, Adrian / Hering, Sabine (Hg.): Modellversuch soziale Studiengänge an der Gesamthochschule Kassel, Materialien 12, 1978, S. 117–131
Schütze Fritz: Kognitive Figuren des autobiografischen Stegreiferzählens. In Kohli, Martin / Robert, Günter (Hg.): Biografie und soziale Wirklichkeit, Stuttgart 1984, S. 78–117
Schulz von Thun, Friedemann: Miteinander reden. Bd. 1, Reinbek bei Hamburg 2006
Sickendieck, Ursel / Engel, Frank / Nestmann, Frank: Beratung. Eine Einführung in sozialpädagogische und psychosoziale Beratungsansätze, Weinheim / München 1999
Simmel, Georg: Zur Psychologie der Scham (1901). In: Dahme, Heinz-Jürgen / Rammstedt, Otthein (Hg.): Schriften zur Soziologie, Frankfurt/M. 1986, S. 151–158
Soden, Kristine von: Die Sexualberatungsstellen in der Weimarer Republik, Berlin 1988

Sprey, Thea: Beraten und Ratgeben in der Erziehung. Zur Differenzierung einer pädagogischen Handlungsform, Weinheim / Berlin / Basel 1968
Steinkamp, Hermann: Die sanfte Macht der Hirten, Mainz 1995
Stemmer-Lück, Magdalena: Beziehungsräume in der Sozialen Arbeit, Stuttgart 2004
Straub, Ute / Steinert, Erika: Interaktionsort Frauenhaus, Heidelberg 1988
Tausch, Reinhardt / Tausch, Annemarie: Erziehungspsychologie, Göttingen 1978
Thiersch, Hans: Soziale Beratung: In: Beck, Manfred / Brückner, Gerhard / Thiel, Heinz-Ulrich (Hg.): Psychosoziale Beratung, Tübingen 1991, S. 23–34
–: Lebensweltliche Sozialpädagogik, Weinheim 1993
Thomä, Hans / Kächele, Horst: Lehrbuch der Psychoanalytischen Therapie, Bd. 1, Grundlagen, Heidelberg 1989
Vogel, Christian: Schulsozialarbeit, Wiesbaden 2005
Völker, Jan: Die Geburt der Klinik. In: Kammler, Klemens / Parr, Rolf / Schneider, Ulrich Johannes (Hg.): Handbuch Foucault, Stuttgart 2008, S. 32–38
Weber, Wilfried: Wege zum helfenden Gespräch, 4. Aufl., München / Basel 1976
Weiss, Thomas: Familientherapie ohne Familie, München 1978
Wild, Elke / Gerber, Judith: Pädagogische Psychologie, Göttingen 2006
Willi, Jürg: Die Zweierbeziehung, Reinbek bei Hamburg 1975
Wittenberger, Gerhard: Supervision, Macht und öffentliches Vertrauen. Vortrag anlässlich der FIS-Tage 2008, „Lost in Space". In: Forum Supervision, Heft 33 und 34, im März und Okt. 2009a/b, 17. Jg. Frankfurt/M., S. 95–113 und S. 77–87
Wurmser, Leon: Die Maske der Scham, Heidelberg 1993a
–: Die Flucht vor dem Gewissen, Heidelberg 1993b